国家社科基金
后期资助项目

欧元区危机与治理
基于宏观经济失衡的视角

任嘉 著

Crisis and Governance in the Eurozone
From the Perspective of Macroeconomic Imbalance

上海社会科学院出版社
SHANGHAI ACADEMY OF SOCIAL SCIENCES PRESS

图书在版编目(CIP)数据

欧元区危机与治理：基于宏观经济失衡的视角 / 任嘉著.—上海：上海社会科学院出版社，2023
 ISBN 978-7-5520-4060-9

Ⅰ.①欧… Ⅱ.①任… Ⅲ.①欧元区—经济危机—研究 Ⅳ.①F835.059

中国国家版本馆 CIP 数据核字(2023)第 016727 号

欧元区危机与治理：基于宏观经济失衡的视角

著　　者：任　嘉
责任编辑：应韶荃
封面设计：周清华
出版发行：上海社会科学院出版社
　　　　　上海顺昌路 622 号　邮编 200025
　　　　　电话总机 021-63315947　销售热线 021-53063735
　　　　　http://www.sassp.cn　E-mail: sassp@sassp.cn
排　　版：南京展望文化发展有限公司
印　　刷：上海龙腾印务有限公司
开　　本：710 毫米×1010 毫米　1/16
印　　张：11.75
字　　数：206 千
版　　次：2023 年 5 月第 1 版　2023 年 5 月第 1 次印刷

ISBN 978-7-5520-4060-9/F·723　　　　定价：68.00 元

版权所有　翻印必究

国家社科基金后期资助项目
出版说明

后期资助项目是国家社科基金设立的一类重要项目,旨在鼓励广大社科研究者潜心治学,支持基础研究多出优秀成果。它是经过严格评审,从接近完成的科研成果中遴选立项的。为扩大后期资助项目的影响,更好地推动学术发展,促进成果转化,全国哲学社会科学工作办公室按照"统一设计、统一标识、统一版式、形成系列"的总体要求,组织出版国家社科基金后期资助项目成果。

全国哲学社会科学工作办公室

目 录

第一章　问题的提出：欧元区的危机与失衡 / 1
　　一、研究背景 / 2
　　二、研究意义 / 4
　　三、研究术语界定 / 6
　　四、研究方法与框架内容 / 10
　　五、研究创新 / 12

第二章　文献研究综述 / 15
　　第一节　欧洲一体化的研究 / 15
　　　　一、国际政治学领域的欧洲一体化研究 / 15
　　　　二、国际经济学领域的一体化研究 / 23
　　第二节　宏观经济失衡的研究 / 24
　　　　一、全球经济失衡的研究 / 24
　　　　二、欧元区宏观经济失衡的研究 / 31
　　第三节　研究评述 / 37

第三章　研究路径 / 41
　　第一节　研究假设 / 41
　　　　一、核心问题：国家利益 / 41
　　　　二、关键变量：经济偏好 / 42
　　　　三、相互依赖与不对称 / 43
　　　　四、谈判博弈的过程 / 44
　　第二节　分析框架 / 44
　　　　一、国家经济偏好：认识宏观经济失衡的形成逻辑 / 44

二、国家间博弈：分析宏观经济失衡调整的谈判过程 / 45
　　三、制度达成：关注宏观经济失衡调整的政策协调 / 46
　第三节　本章小结 / 48

第四章　欧元区宏观经济失衡的形成与主权债务危机 / 49
　第一节　异质性经济的决策难题 / 49
　　一、最优货币区理论与经济同质性要求 / 50
　　二、共同货币区成员国的经济分化 / 53
　第二节　统一货币政策的不对称分配效应 / 62
　　一、欧元区货币政策的决策机制 / 62
　　二、统一货币政策的偏向性：泰勒规则检验 / 64
　第三节　共同货币区经济趋同的实证检验 / 73
　　一、欧元区成员国名义趋同的检验 / 74
　　二、欧元区成员国实际趋同的检验 / 76
　第四节　非对称货币区内的经济偏好趋异 / 78
　　一、盈余国：出口导向的增长偏好 / 78
　　二、赤字国：内需与信贷驱动的增长模式 / 80
　　三、进一步理解成员国偏好：经济哲学与市场机制 / 83
　第五节　宏观经济失衡与主权债务危机的生成 / 87
　　一、共同货币区成员国的经济偏好互动 / 87
　　二、欧元区宏观经济失衡的形成 / 90
　　三、欧元区主权债务危机的生成 / 92
　第六节　本章小结 / 93

第五章　欧债危机后欧元区宏观经济失衡调整的政策博弈 / 97
　第一节　宏观经济失衡调整的理论分析 / 98
　　一、开放经济下宏观经济失衡调整的政策选项 / 98
　　二、宏观经济失衡调整的成本分配 / 100
　第二节　欧元区宏观经济失衡调整的政策谈判 / 102
　　一、核心国与外围国的宏观经济失衡调整主张 / 103
　　二、不同政策选项下的国家间博弈 / 107
　　三、宏观经济失衡调整问题中的法德关系 / 112
　第三节　欧元区宏观经济失衡调整困境的博弈论解释 / 116

第四节　本章小结 / 120

第六章　欧债危机后欧元区宏观经济失衡调整的制度协调 / 123

第一节　欧元区宏观经济失衡调整困境的求解 / 123

一、共同货币区成员国政策协调的可能性 / 123

二、共同货币区成员国政策协调的可行性 / 126

三、可信承诺：共同货币区成员国政策协调的关键 / 128

第二节　欧元区宏观经济治理的战略路线 / 129

第三节　欧元区宏观经济失衡调整的制度建设 / 131

一、欧洲学期：政策协调框架 / 131

二、宏观经济失衡程序：失衡预警与纠正 / 133

三、加强《稳约》：财政监督与协调 / 135

四、欧洲稳定机制：永久性救援安排 / 137

第四节　本章小结 / 139

第七章　欧债危机后欧元区宏观经济失衡的治理成效 / 141

第一节　欧元区宏观经济失衡的调整成效 / 141

一、欧元区经常账户收支状况有所改善 / 141

二、核心国经常账户继续保持盈余 / 142

三、外围国经常账户扭亏为盈 / 144

四、区内国际收支分化未根本逆转 / 145

第二节　欧元区宏观经济失衡调整成本的不对称分配 / 149

一、失衡调整决策的不对称权力 / 150

二、失衡调整成本主要由外围国承担 / 153

三、核心国承担部分失衡调整成本 / 156

四、结构性改革对失衡改善的贡献有限 / 159

第三节　欧元区宏观经济失衡治理的制约因素 / 160

一、失衡调整压力催生认同危机 / 160

二、失衡治理改革缺乏统一领导力 / 162

三、失衡治理机制的有效性不足 / 165

第四节　本章小结 / 167

第八章　欧元区危机治理与欧洲经济一体化的未来 / 171

后记 / 177

第一章 问题的提出：欧元区的危机与失衡

> 欧洲拥有太多的共同之处：欢乐与悲伤、光荣与耻辱、值得保护与应该忏悔的传统……然而，这就足以令欧洲真正地团结吗？
>
> ——翁贝托·艾柯（Umberto Eco）

长期对抗的痛苦记忆是欧洲一体化的主要驱动力量。历经纷争与硝烟，一体化设计者希冀以超越国家主权的机制建设，消除恩怨与分歧，实现长久的区域和平。自欧洲煤钢共同体计划实施起，欧洲一体化的梦想从经济领域开始务实推进。以货币联盟建设为主线的经济合作，构成战后欧洲区域一体化进程的最强音。1970年，《维尔纳报告》正式提出欧洲货币一体化构想。1992年，《马斯特里赫特条约》（以下简称《马约》）正式签署，为共同货币区建设规划了具体的实施步骤。欧元区成为区域经济合作的典型样本，欧洲经济一体化进程一度高歌猛进。1999年，由12个欧盟国家组成的欧元体系，打破传统的主权经济围囿，建立统一货币当局，以共同规则管理成员国经济。2002年，欧元正式成为共同货币区唯一的合法货币。截至目前，欧元区已经发展为20个欧洲国家共同参与的合作体系。

欧元区创立后，在消除贸易壁垒、减少内部交易成本、建立共同市场方面，为成员国创造的经济收益不容忽略。与此同时，先天缺陷、后天发育不良的共同货币区运行也为成员国经济埋下隐患。2009年爆发的欧元区主权债务危机（以下间或使用简称"欧债危机"）是欧洲经济与货币联盟（以下简称"欧洲经货联盟"）成立后遭受的最严重危机，重挫成员国经济竞争力，并催生诸多社会问题。成员国宏观经济失衡是这场债务危机生成的重要原因之一，也是欧元区危机治理的关键。在失衡调整与危机救助进程之中，欧元区各国利益冲突与政策分歧凸显，博弈谈判进程艰难。几经磋商协调，欧盟终于在各方努力下达成一系列宏观经济失衡治理的制度建设方案。欧元区在危机后迈入宏观经济的深度调整进程，成员国经常账户失衡得到相当程度的改善。但是，成员国失衡调整的成本分配不对称，区内国际收支分化依然显著，民众对一体化的认同感持续下降。近年，欧盟又相继遭遇英国脱欧、难民危机、能源危机等一系列政治经济冲击。在全球经济增速放缓、国际政治格局变革重组、不确定性因素加强的时代背景下，欧洲经济一体化面临内外多重考验。单一与多元如何共存？疲于应对各种危机冲击的欧元体系，能否继续引领成员国深化合作、重塑地区凝聚力，实现从货币合作到政治统一的和平梦想？

一、研究背景

自1957年《罗马条约》签订，欧洲一体化进程迄今已走过60多个春秋。经济先行是欧洲政治精英为这项历史工程规划的行动路径。在一体化的宏伟规划中，超越传统国家主权的欧元体系，被寄予促进成员国经济趋同并最终推动政治一体化的厚望。德国、法国等主权国家放弃了本国传统货币，加入欧元区，实施统一货币政策。欧元区的创立，是欧洲经济一体化建设的重要里程。2008年5月，欧元区迎接十周年华诞之际，欧盟委员会发表报告，回顾欧洲经济一体化成就，表示欧洲货币联盟是"现代欧洲经济史上史无前例的大胆创举……欧元区建设取得巨大成功，是欧洲一体化最切实的成就。共同货币区创造了稳定的经济环境，成员国经济'赶超'收益显著……向欧洲民众及国际社会传递出强劲的政治信息，欧洲有能力实现经济的共同繁荣"[1]。然而，"成功"的喜悦很快消逝在全球金融危机向欧洲的蔓延之中。2009年底，希腊债务问题率先浮出水面，随后爱尔兰、葡萄牙、西班牙、意大利等国相继陷入信用困境，欧债危机全面扩散升级，对欧洲经济一体化建设造成沉重打击。之后，英国脱欧更是打破了"只进不退"的欧洲一体化愿景，引发欧盟治理危机。与全球渐兴的"逆全球化"潮流遥相呼应，西班牙加泰罗尼亚地区试图强行独立，意大利五星运动（Five Star Movement）、法国国民联盟（Rassemblement National）等民粹主义政党崛起，德国极右翼政党德国选择党（AFD）进入联邦议院。地区分离、孤立主义势力抬头，欧盟内部秩序面临严峻挑战。从上层政治精英到底层社会民众，疑欧、脱欧情绪弥漫，欧洲一体化进程受到强烈冲击。政治分裂诉求的背后，是民众对一体化不对称的成本收益分配与成员国经济失速发展的强烈不满。

在欧债危机爆发后，国际社会与学界就将目光再度投向欧洲经济一体化

---

[1] European Commission, "EMU@ 10: successes and challenges after 10 years of Economic and Monetary Union", *European Economy*, Vol. 2, 2008.

设计的制度性缺陷。同时,长期隐匿于共同货币区总体均衡之下的成员国宏观经济失衡问题也受到广泛关注。欧债危机不仅昭告欧元区成员国债务堆积的不可持续,也揭开了隐藏在一体化内部的宏观经济失衡问题。在欧元区这个特殊的货币合作体系中,成员国宏观经济失衡问题具有鲜明的特殊性。就共同货币区总体而言,宏观经济的外部失衡似乎并不严重。但深入到一体化内部,各成员国在加入欧元区后经常账户状况分化明显。以德国为代表的核心国持有大量经常账户顺差,这些成员国同时也是区内主要的债权国;希腊等外围国经常账户逆差持续累积,是区内主要的债务国。与成员国国际收支状况分化相联系的,是一体化体系下成员国经济增长路径与国际竞争力的显著分化。

鉴于欧盟成员国在经济发展诸多层面的显著差异,早期研究已经关注到潜在经济失衡的风险。欧元区筹建伊始,学者已就不完全合作模式内出现宏观经济失衡的可能性提出警告[1][2][3]。形成欧洲经货联盟初步安排的《欧洲共同体经济和货币联盟的报告》中提出:"联盟旨在实现成员国经济的均衡发展……需要预防对经济稳定构成威胁的经济失衡。"该报告强调,区域失衡问题可能会使货币联盟面临严重的经济和政治风险。由于缺乏汇率政策工具,成员国宏观经济失衡的调整难度较大。因此,建立失衡的预防与监督机制十分重要[4]。但是,这个问题在欧洲经济一体化的政策实践中并未得到充分重视。在所谓"良性失衡"的语境下,共同货币区内的宏观经济失衡是欧洲一体化加深进程中经济趋同的自然结果,失衡将随着成员国经济的协调发展而被自动抹平。最优货币区的"内生性假定"(Endogeneity Hypothesis)认为,共同货币区将推动各国的贸易一体化进程,区内贸易自由化会加强成员国间经济周期的同步性。即使事前不满足最优货币区的条件,单一货币的引入也能有效消除区域经济差异,促进成员国的经济趋同[5]。伴随一体化进程的深化,各国会在政治经济领域加强合作、协调发展,并最终实现欧洲政治统一的梦想。对经济趋同的预期导致宏观经济失衡的潜在危害实质上被选择性忽

---

[1] Alogoskoufis, G., Portes, R., "International costs and benefits from EMU", *NBER Working Paper*, No. 3384, 1990.
[2] Frieden, J., "The euro: who wins? who loses?", *Foreign Policy*, Vol. 112, 1998, pp. 25–40.
[3] Coppel, J., Durand, M., Visco, I., "EMU, the euro and the european policy mix", *OECD Economics Department Working Paper*, No. 232, 2000.
[4] Delors, J., "Regional implications of economic and monetary integration", Report on Economic and Monetary Union in the European Community, Luxembourg: European Communities, 1989, p. 81.
[5] Frankel, J.A., Rose, A.K, "The endogeneity of the optimum currency area criteria", *The Economic Journal*, Vol. 108, No. 449, 1998, pp. 1009–1025.

视。在欧洲一体化建设过程中，宏观经济失衡预警制度长期缺位，内部监督机制形同虚设。

然而，欧元区运行后，成员国经济趋同的预期并未实现。统一货币政策非但没有产生有效的协调效应，反而由于共同货币区制度设计上的非对称性，进一步加剧了成员国间的经济趋异。欧元区成员国在经常账户、财政收支及竞争力等诸方面差距日益扩大，并出现严重的宏观经济失衡，最终引发大规模的主权债务危机。当外部冲击出现时，持续积累的失衡难以为继，宏观经济失衡调整就成为欧元区危机治理的重点问题。为纠正成员国经济失衡、重塑欧洲经济，欧盟在成员国主权债务危机后祭出多重纾困措施，要求成员国巩固财政、加强金融监督，实行结构性改革举措。欧元区赤字国在危机后被迫采取一系列内部紧缩措施，宏观经济失衡状况有所改善。盈余国为维护欧洲经济一体化的建设成果，也在实际上承担了部分的失衡调整成本。但是，欧元区失衡治理的结构性改革对宏观经济失衡改善的贡献有限，成员国经济始终未迈入同步增长通道。欧债危机爆发距今已逾十年，欧盟经济仍未真正摆脱危机泥淖，欧元区成员国经济基本面差异犹存，国际收支状况分化依然显著，经济增长中长期前景不稳。同时，在宏观经济失衡调整和危机治理的改革进程中，欧元区内各国利益与价值分歧难以化解，疑欧情绪不散，成员国宏观经济政策的协调合作面临诸多困难。

欧洲经济一体化所面临的困境，也与当前国际政治经济的发展动态密切联系。近年，逆全球化思潮高涨，民粹主义力量抬头，全球市场不确定性加强，国际合作呈现碎片化趋势。饱受内外多重社会政治冲击的欧洲经货联盟，意图深化发展，继续推进成员国间的经济协调合作，道阻且长。围绕欧元区危机的成因、演进与治理等问题，已经涌现了多方面的学术研究成果。与此同时，有待深入探讨的一系列问题还包括：如何解释共同货币区内的成员国宏观经济失衡？如何理解成员国宏观经济失衡与欧洲一体化危机的内在联系？如何理解合作体系内部国家经济利益的相互依赖与冲突？如何解释欧元区宏观经济失衡调整过程中成员国间的博弈与合作？如何看待欧元区危机治理改革的成效？共同货币区宏观经济失衡的调整成本如何分配？如何认识欧洲经济一体化未来的发展方向？本研究将围绕上述问题展开。

二、研究意义

当前，全球化进程处于历史关口，欧洲一体化亦站在十字路口。欧洲经货联盟建设近年呈现出许多新趋势、新特点，不仅影响到欧洲一体化进程，也对全球经济治理产生重大影响。本研究不设想从宽泛的角度分析欧洲一体化进程,而是试图基于欧元区成员国宏观经济失衡的视角看待欧洲一体化进程,分析经济一体化下宏观经济失衡的形成机理,讨论共同货币区宏观经济失衡的调整进程,探究货币合作体系中的危机治理与协调路径。

宏观经济失衡是欧洲经济一体化进程中的结构性难题。欧元区成员国在加入共同货币区后持续累积的外部失衡,不仅对本国经济造成无情伤害,还加大了成员国间的矛盾分歧,导致一体化的认同困境。虽然在欧盟成员国的经济发展历程中,部分国家也曾遭遇过宏观经济失衡危机(如 20 世纪 80 年代初期的葡萄牙和爱尔兰),但在宏观经济总体处于上升通道期间出现如此规模庞大的外部失衡尚属首次。成员国宏观经济失衡对欧元区造成严重的负面影响,加剧了共同货币区经济的脆弱性,并危及欧洲一体化进程的发展。伴随欧元区宏观经济失衡而至的成员国主权债务危机对一体化建设造成空前冲击,在欧盟经济、政治和社会领域均产生了深远的影响。系统研究欧元区成员国宏观经济失衡的形成机制、调整进程以及欧盟在欧债危机之后的治理改革与制度建设,对理解欧洲经济一体化进程具有重要意义。

欧洲一体化的理论研究伴随一体化的实践不断深化。从对欧洲一体化运行基础和关键变量的理论探究,到对欧洲一体化实践中的国家关系、成本收益以及政策协调等具体问题的讨论,欧洲一体化的理论与实践密切联系、互动发展。近年,欧洲一体化发展进程中出现了许多新动态、新问题,要求理论研究上的持续跟进与创新,从不同的视角补充完善对一体化问题的理解。欧元区成员国的宏观经济失衡问题,为我们提供了一个解读欧洲经济一体化进程的窗口。宏观经济失衡问题之所以重要,在于其不仅反映一国的经济增长路径与国际竞争力,还反映了一国在国际货币体系中的权力关系;既体现资源配置的结构与效率,又是一国内外部政治经济关系的映射。长期以来,宏观经济失衡问题一直受到学界的广泛关注。但在全球视野的研究中,关注重点是所谓的"全球经济失衡"问题,表现为全球经济中的外围国(或所谓的"赶超国家")与发达的核心国之间的失衡现象,聚焦于美国巨额的贸易赤字问题。在全球经济失衡的发展进程中,美国是全球最大的经常账户逆差国,主要盈余国包括战后崛起的德国、日本,较早融入全球市场的东南亚地区国家,20 世纪末以来迅速发展的中国等新兴市场国家。在现阶段的全球经济失衡中,赤字国是国际经济舞台上最强势的发达国家,也是全球主导货币的发行国。全球经济体系中的外围国通过购买美元债券,用贸易盈余创造的外汇储备持续为核心国的外部失衡融资。与全球经济失衡相比,欧洲一体化进程中的宏观经济失衡具有一定的特殊性。以欧元区为总体来看,宏观经济失衡问题并不严重。但在总体均衡的表象下,欧元区成员国的内外部失衡在危机前持续扩大,区内国际收支、财政状况及竞争力均出现显著分化。有别于全球宏观经济失衡现象,在欧元区内部,盈余国成了体系内的核心国家(包括德国、荷兰、比利时等国),赤字国则主要是经济相对落后的外围国家(包括希腊、西班牙等国)。在欧债危机爆发前,共同货币区内核心国盈余创造的资本,持续输出为外围国赤字融资。当过度失衡在危机后无法再以原有的模式持续时,宏观经济失衡调整就成为欧元区治理改革的关键问题。

本研究以欧元区成员国宏观经济失衡问题为研究对象,分析欧洲经济一体化的发展与挑战,旨在透过对欧元区宏观经济失衡的形成机制与调整进程的研究,理解欧盟成员国间经济合作的路径选择、危机协调与治理困境。在理论上,本研究构建研究假设与分析框架,研究成员国在合作体系内的相互依赖、利益冲突与成本收益分配,是对共同货币区成员国宏观经济失衡研究的理论尝试与补充,有助于加深对欧洲经济一体化进程的认识。更进一步来说,宏观经济失衡并非单纯的经济问题,而是区域合作过程中政治、社会、经济因素交织碰撞的结果。宏观经济失衡的形成、调整与博弈协调,是欧洲一体化困境的缩影,显示出欧盟各国社会体系、经济哲学与利益诉求分歧对欧洲经济一体化进程的掣肘。同时,欧元区成员国宏观经济失衡的动态发展也与区域货币体系中的权力关系密切联系。欧元区宏观经济失衡调整的制度建设与危机治理成效,是成员国在相互依赖的经济一体化进程中政策协调的结果,也是不对称权力下的博弈结果。欧盟为捍卫一体化而采取的危机应对、失衡调整与机制构建,有助于我们更好地理解欧洲经济合作的挑战与发展方向。通过对欧元区宏观经济失衡与调整的研究,我们既可以重新审视欧元区设计的制度缺陷,也可以观察欧洲经济一体化进程中的矛盾困境。

此外,无论是欧洲一体化进程中的国家间合作,还是欧盟成员国的失衡调整与经济改革,都有着时代意义。当今世界正经历"百年未有之大变局",民粹力量、单边主义抬头,主权国家间的矛盾有所激化。如何在高度相互依赖而又不确定的国际背景下,维护国家核心利益,加强国家间的经济协调与合作,达成全球经济治理变革的共识,也是中国未来发展面临的现实挑战。回望总结欧洲经济合作进程,尤其是欧元区这种特殊的以超国家机构共治经济的合作模式,研究区域经济合作的成本收益、协调路径与治理成效,具有现实的借鉴价值。

三、研究术语界定

(一)宏观经济失衡

宏观经济"失衡"是相对于经济"均衡"的经济目标而言的。通常认为,在开放经济条件下，一国宏观经济的政策目标包括内部均衡与外部均衡。内部均衡指的是国内经济处于物价稳定、充分就业的良性增长状态；外部均衡指的是国际收支结构处于与宏观经济相适应的状态，主要体现在经常账户余额的合理水平。从理论上而言，所谓的经济"失衡"反映的是一国经济与其内外部均衡目标的偏离，表现为"国家在宏观经济关键变量上大规模且不可持续的错配"①。在有关宏观经济失衡的学术研究中，关注重点是经济体的外部失衡问题，尤其是一国或地区经常账户的过度盈余或赤字问题。因此，在相当多文献中，"宏观经济失衡"（Macroeconomic Imbalance）被视同为"外部失衡"（External Imbalance）或"经常账户失衡"（Current Account Imbalance）。

如前所述，较长时期以来，有关宏观经济失衡的研究主要集中于"全球经济失衡"（Global Imbalance）的问题。全球经济失衡一般被解释为"一国经常账户出现巨额赤字，对应的经常账户盈余集中在其他的某些国家"②。而在欧元区，经常账户的巨额赤字方主要是希腊、葡萄牙等外围成员国，盈余方则是以德国为代表的主要核心国家。欧元区宏观经济失衡问题不仅是贸易问题，还与一国的财政收支以及竞争力失衡相联系，其本质上是"同一问题的不同方面"③。同时，经常账户盈余或赤字形成积累的过程中一般还会伴随着国际资本大规模的跨境流动，对金融稳定造成严重影响。理论上说，不论是经常账户的过度赤字，还是经常账户盈余的大量积累，均是一国的资源配置问题，本质是储蓄与投资的失衡，都应该引起充分重视。但在现实中，由于经常账户赤字往往比经常账户盈余对一国经济的潜在破坏性更强，因此更加令人担忧。经常账户的巨额赤字，经常伴随着"竞争力的严重缺失、资产价格水平的异常飙升、外部环境的恶化和公共及私人部门的资不抵债"，构成重大经济风险④。根据欧盟2011年引入的宏观经济失衡程序（Macroeconomic Imbalance Procedure），当成员国经常账户、实际有效汇率、单位劳动力成本等相关经济指标超过阈值水平，宏观经济发展动态"对经济正常运作产生现实或潜在的不利影响……危及或可能危及货币联盟的正常运作"时，即认定成

---

① Salvatore, D., "Structural imbalance and global monetary stability", *Economia Politica*, Vol. 25, No. 3, 2008, pp. 441–454.
② De Rato, R., "Correcting global imbalances — avoiding the blame game", Speech at Foreign Policy Association Financial Services Dinner, New York, February 23, 2005.
③ Eichengreen, B. J., "Imbalances in the Euro Area", *Research Paper*, 2010.
④ European Commission, *Proposal for a Regulation of the European Parliamnet and of the Council on the Prevention and Correction of Macroeconomic Imbalances*, Document 52010PC0527, September 29, 2010.

员国存在"过度失衡"问题①。

从定义上看,"失衡"指的是对"均衡"的偏离。现实中,经常账户的盈余与赤字都是经济的常态,因此宏观经济失衡的研究不仅仅关心失衡的规模大小,即与"合理水平"的偏离程度,更关注的是这种偏离"均衡"的状态是否具有可持续性。进一步而言,如果这种失衡是可持续的,那么其运行的基础或条件是什么;如若不可持续,应该如何进行调整。后者又涉及失衡的协调路径与成本分配问题。就欧洲一体化进程中的宏观经济失衡来说,共同货币区成员国外部失衡的形成路径、持续场景以及失衡调整的政策协调,都是相关研究的重点问题。

综合前期理论研究,本书将欧元区的宏观经济失衡定义为：欧元区内成员国经济的外部失衡,主要体现为欧元区部分成员国积累的大规模经常账户赤字,以及与此相对应的,部分成员国经常账户的持续盈余。在欧元区,成员国经济的外部失衡与其内部失衡紧密联系,赤字国的经常账户失衡同时伴随财政赤字与国际竞争力的持续恶化。欧元区成员国的宏观经济失衡不是一个孤立的问题,它既反映了经济资源在货币联盟内部的流动方向与配置效率,又是欧洲一体化进程中各种社会、政治、经济因素互动作用的结果。欧元区成员国的宏观经济失衡是各国在欧洲一体化下经济分化的表现,同时反映了赤字国与盈余国在共同货币区内的不对称状态。欧元区宏观经济失衡的形成与调整进程体现了合作体系内结构性的权力关系,是国家经济利益相互依赖、冲突、博弈与协调的过程。同时,欧元区的权力结构与成员国间的政治经济关系,也在失衡调整与危机治理进程中调整建构。

（二）核心国与外围国

本研究关注欧洲经济一体化进程中的宏观经济失衡,该问题尤为突出地反映在欧元区内部。一体化体系下成员国间的矛盾分歧、在危机救助与失衡治理上的不同立场,都深刻地反映在欧元区内盈余国与赤字国之间的关系上。由于德国为代表的核心国同时也是区内的盈余国,希腊等外围国是主要的赤字国和债务国。因此,欧元区宏观经济失衡调整的政策博弈在相当程度上也反映了主要核心国与外围国间的经济分化与利益分歧。

"核心"与"外围"的关系问题,伴随欧洲一体化的历史进程。"核心"与"外围",既是地理与历史范畴,也体现在经济与政治维度上。"核心"与"外

---

① European Commission, *Regulation of the Eurpean Parliament and of the Council on the Prevention and Correction of Macroeconomic Imbalances*, Document 32011R1176, November 16, 2011.

围"的分化通常是体系形成过程中的基本特征之一①。在合作体中,政治经济实力更强大的行为体,往往形成"力量的核心","在大多数情况下,总体进程都围绕着它发展"②。"外围"则是相对于"核心"而言,"外围"处于一个体系或合作体的边缘,并依赖于"核心"③。"外围"地区与"核心"地区通常在地理上存在一定距离,在社会文化上存在较大差异。经济上,"外围"地区的发展经常高度依赖于"核心"地区④。

一般认为,"德国及其位于莱茵河流域和阿尔卑斯山口的邻国,构成当代欧洲的核心",是欧洲一体化的火车头,一体化进程在很大程度上始终"围绕着这一地区运转"⑤。在欧洲经货联盟中,德国、法国、荷兰、比利时、卢森堡、奥地利等成员国通常被视为共同货币区的核心国家。毋庸置疑,从经济影响力来看,德国属于绝对的欧元区核心。从政治影响力来看,"法德轴心"一直是欧洲一体化的引擎力量。意大利是欧元区第三大经济体,在理论上属于核心国。但意大利在一体化进程中,经济增长相对缓慢吃力,国内南北经济二元分化明显,是欧债危机中的重债国,也是区内经常账户赤字较为严重的国家,其经济状况与危机治理的政策立场更趋近于外围国。而希腊、葡萄牙、西班牙和爱尔兰等国则被认为是欧元区的外围国。

欧元区内部"核心"与"外围"的分化,也反映在各国的对外经贸关系上。欧元区核心国多为经常账户的盈余国,外围国则是主要的经常账户赤字国。核心国盈余、外围国赤字,是欧元区宏观经济失衡的显著特点。随着欧洲经济一体化进程的深化,欧洲经货联盟成员国间的内部贸易得以加强,欧元区内贸易约占主要成员国对外贸易的50%以上。因此,欧元区成员国的国际收支状况存在显著的相关性。在很大程度上,欧元区外围国的经常账户赤字是核心国经常账户盈余的重要来源。

另外,"核心"与"外围"也体现了权力的不对称。欧元区核心国与外围国分别是欧洲经济一体化规则的主要制定者与接受者。作为区内主要的债权

---

① Lipset, S. M., Rokkan, S., "Cleavage structures, party systems, and voter alignments: an introduction", in Lipset S. M., Rokkan S. eds., *Party Systems and Voter Alignments: Cross-national Perspectives*, New York: Free Press, 1967, pp. 1–64.

② Deutsch, K. W., Burrell, S. A., Kann, R. A., et al, *Political Community and the North Atlantic Area: International Organization in the Light of Historical Experience*, New Jersey: Princeton Press, 1957.

③ Magone, J. M., Laffan, B., Schweiger, C., *Core-Periphery Relations in the European Union: Power and Conflict in a Dualist Political Economy*, London: Routledge, 2016.

④ Rokkan, S., Urwin, D. W., *Economy, Territory, Identity: Politics of West European Peripheries*, London: Sage, 1983.

⑤ Wallace, W., *The Transformation of Western Europe*, Chicago: Thomson Learning, 1990.

国与债务国,双方在欧元区危机治理决策中的话语权亦有所不同。从欧元区宏观经济失衡的形成和调整情况来看,核心国与外围国的成本收益分配存在明显的不对称性。

四、研究方法与框架内容

本研究综合运用国际政治学与国际经济学的基本理论与演绎推理,探析主权国家经济合作的政治过程,分析国家经济与政治力量在欧洲一体化进程中的偏好互动与博弈协调,讨论区域经济合作的条件与成本收益,评估一体化改革的治理成效,并分析欧洲经济一体化的发展前景。本研究借鉴自由政府间主义的研究范式,以国家利益为核心,经济偏好为关键变量,探究欧元区宏观经济失衡的形成与调整机制,分析不对称相互依赖下的欧元区危机与治理。同时,鉴于单一理论在解释欧洲一体化时的局限性,本研究在前期相关研究基础上,围绕一体化研究的基本单位,分析欧洲经济一体化下的成本收益与协调路径,辩证分析欧盟成员国政治经济的互动关系。

本研究采用了规范分析与实证分析相结合、定性分析与定量分析相结合、理论研究、历史研究与政策研究相结合、宏观分析与微观分析相结合的研究方法,对欧元区成员国宏观经济失衡的形成、调整与政策协调进行系统深入的分析。一体化的政治理论、开放经济条件下的国际收支调节理论、国际合作研究的理性人假设、博弈论、集体行动理论、制度选择理论以及国际货币权力理论,都是本研究的理论基础。

全书共八章。

本章提出研究问题,阐明研究意义,界定研究术语,并介绍研究方法与主要内容。

第二章为文献研究综述,主要对国际政治与国际经济领域在欧洲经济一体化与宏观经济失衡方面的前期研究成果进行梳理及评述。既有研究作为学术研究的逻辑起点,为本研究的框架设计与分析方法提供理论支持。

第三章建立研究路径,提出研究假设与分析框架。本研究以"偏好形成—国家间博弈—制度达成"为路径,分析欧元区宏观经济失衡的形成与调整。通过对共同货币区内成员国经济偏好的研究,理解欧元区宏观经济失衡的形成机制及其与主权债务危机的内在联系;建立宏观经济失衡调整的博弈模型,研究欧元区成员国失衡调整的现实困境;基于一体化的治理改革与制度建设,分析欧元区宏观经济失衡调整的政策协调和效果。国家利益最大化、经济偏好差异、不对称相互依赖与谈判博弈的过程,是本研究的基本假设。首先,欧洲经济一体化是欧盟成员国基于国家利益的理性抉择,国家经济利益是成员国决策的重要因素。欧元区宏观经济失衡的产生、调整博弈与制度协调过程都围绕着国家利益这一关键要素。其次,欧元区统一货币政策对成员国具有不对称的成本收益,宏观经济失衡在相当程度上是高度相互依赖的经济体在不对称效应下趋异发展的结果;欧元区失衡调整机制的最终达成,是成员国不对称相互依赖下的博弈结果;区内成员国宏观经济失衡调整的成本分配也具有明显的不对称性。再者,欧洲经济一体化是各国政府间"合作—冲突—协调"的进程,成员国经济失衡调整共识的达成要经过一系列复杂的谈判与博弈过程,通过利益聚合形成相应的制度框架。国家利益的分歧与内部经济政治环境的制约,决定了欧洲经济一体化进程中每一项治理共识的达成,其过程必然是充满纷争而又艰难的。

第四、五、六章依循第三章建立的分析路径展开研究。

第四章,通过对共同货币区内成员国经济偏好的形成与趋异路径的分析,研究欧元区宏观经济失衡与危机的形成机理。统一货币政策的不对称分配效应以及成员国在合作体系内的经济偏好及其互动关系,是理解欧元区宏观经济失衡形成逻辑的关键。该章提出的基本观点是:欧元区的宏观经济失衡是成员国在统一货币政策下趋异经济偏好的逻辑结果。在共同货币区内,成员国的经济偏好既是国内利益与偏好的汇集,是本国市场机制与经济理念的反映,同时又在区内经济的不对称相互依赖中得以加强。

第五章,从理论上研究宏观经济失衡的调整方式与成本分配,分析危机后欧元区成员国失衡调整的政策主张与国家间的博弈谈判,理解失衡调整的协调困境。经济的过度失衡必然产生调整压力。尽管失衡调整的影响取决于具体的调整方式,但是,无论哪种方式都会对调整主体带来相应的经济政治代价。从理论而言,宏观经济失衡的调整应该是双向的。但是,从现实角度来看,失衡调整会造成国家利益的损失,各方都具有强烈的规避、转嫁或减少失衡调整成本的动机。失衡成本负担的转嫁与分配问题,是宏观经济失衡调整的核心问题。成员国的国家利益冲突导致欧元区宏观经济失衡的调整谈判艰难、行动迟缓,出现集体行动的困境。共同货币区内的盈余国与赤字国各自具备讨价还价的筹码,"囚徒困境"与有限次重复博弈模型,在理论上解释了欧元区宏观经济失衡调整困境的原因。

第六章,从制度建设的角度研究危机后欧元区宏观经济失衡的协调路径。通过对共同货币区成员国政策协调的可能性与可行性的分析,该章提出可信承诺是失衡调整共识达成的关键因素。欧元区的宏观经济失衡存在政策协调的可能性与可行性,导致调整困境的主要原因在于缺乏可信的承诺,即有效的制度约束,包括对成员国未来行动有效的监督机制,以及对成员国遵守或违背承诺的有效的激励与惩罚机制。解决成员国间协调困境的关键是通过国家间的谈判磋商,实现利益聚合,并将博弈结果以制度形式汇集,保证承诺的可信度。在此基础上,该章研究了欧债危机爆发至今欧盟在宏观经济治理与成员国失衡调整上的治理进程和制度设计。以欧洲学期为主线的政策协调框架、以宏观经济失衡程序为主体的失衡预警与纠正工具、《稳定与增长公约》(以下简称《稳约》)改革后成员国财政监督与协调以及欧洲稳定机制的建立与发展,是危机后欧元区在宏观经济失衡治理方面达成的重要阶段性成果。

第七章,对危机后欧元区宏观经济失衡治理进程与调整成效进行跟踪研究。该章研究了欧元区宏观经济失衡调整在成员国间的不对称分配效应,并分析共同货币区失衡治理的制约因素。失衡治理决策中的权力关系,体现在成员国避免本国调整负担的能力。在欧元区宏观经济失衡调整的决策进程中,成员国的不对称权力决定了博弈能力的不同,并最终决定了议价结果与一体化治理的方向。危机后,欧元区外围国经常账户逆差状况有所改善,但外围国经常账户的改善主要是紧缩政策的结果,结构性改革作用有限。核心国承担了部分失衡调整成本,但区内国际收支分化未根本逆转。同时,宏观经济失衡的调整负担引发欧盟民众对一体化的认同危机,缺乏统一领导力也限制了欧洲一体化经济治理改革的实施,欧元区目前的失衡治理机制有效性不足。

第八章,研究了全球新冠肺炎疫情发生后欧盟的危机救助与政策协调,进一步探讨分析了全球政治经济不确定环境下,欧洲经济一体化进程面临的挑战及其发展方向。

五、研究创新

本研究围绕欧洲一体化进程中的成员国宏观经济失衡问题,从国际政治经济学视角构建研究假设与分析框架,深入研究了欧元区成立至今的一体化发展、困局以及成员国的成本收益分配。研究系统地分析了欧元区成员国在宏观经济失衡的形成与调整进程中的相互依赖、偏好互动与博弈协调,是理解欧洲经济一体化这一复杂问题的新的尝试与补充。

基于国家利益和经济偏好下欧元区成员国的经济互动与权力关系,本研究分析了不完全一体化下成员国宏观经济失衡的形成逻辑、失衡调整的谈判过程与危机治理的政策协调。研究创新主要体现在以下几个方面:

第一,借鉴自由政府间主义的欧洲一体化研究理论,建立了对欧元区宏观经济失衡问题的研究框架,提出研究假设,并从"偏好形成—国家间博弈—

制度达成"三阶段,对欧洲一体化下宏观经济失衡的形成机理、调整困境与协调路径进行了深入研究。同时,鉴于自由政府间主义的局限以及单一理论在解释欧洲一体化问题时的不足,通过理论分析与实证研究相结合的方式,辩证分析欧洲一体化下的经济基础与政治关系。在研究中,既关注成员国政府、国内政治经济力量、超国家行为体等一体化研究的基本单位在宏观经济失衡形成与调整进程中的作用,也重视分析欧洲一体化体系内不同的经济哲学和市场机制对成员国经济偏好的塑造,重视一体化进程与身份对成员国决策的影响。

第二,实证检验了欧元区成员国的经济分化与统一货币政策的不对称效应。对成员国经济周期的同步性研究发现,一体化因素确实影响了欧元区成员国经济周期的同步性。共同货币区创立后,欧元区成员国经济分化为核心国周期与外围国周期,不同集团内部成员国间经济周期的同步性有所加强。对欧元区成员国经济名义趋同和实际趋同的检验证明,共同货币区成员国经济的异质性依然显著。运用泰勒规则对欧洲中央银行统一货币政策效应的实证研究表明,"一刀切"货币政策对成员国具有不对称分配效应,欧元区政策利率对核心国尤其是德国经济的适用性较强,但在相当程度上背离外围国经济的实际需要。

第三,构建了欧元区成员国宏观经济失衡调整的博弈假设,利用博弈理论的"囚徒困境"与有限重复博弈模型,从理论上解释了欧洲一体化下宏观经济失衡调整的集体行动困境,并分析了突破协调困境的关键因素。在此基础上,深入研究了成员国经常账户改善的成本分配与结构性改革的实际成效,并分析了欧元区治理的制约因素。

第二章 文献研究综述

> 要完成真知,必须以毫无间断的连续的思维运动,逐一全部审视他们所要探求的一切事物,把它们包括在有秩序的充足列举之中。
>
> ——勒内·笛卡尔(Rene Descartes)

本章梳理国际政治学与国际经济学领域的相关文献,提供研究的前期基础。国际政治学者关注欧洲一体化进程的关键变量,从理论层面探究一体化的分析单位与基本因素,研究超国家行为体、主权国家以及政治精英等在一体化进程中的作用,分析一体化的内外部动力,建立了欧洲一体化研究的理论基础与研究范式。国际经济学者的理论与实证研究,深化了对欧洲经济一体化以及宏观经济失衡的成因、可持续性与调整方式的认识。

第一节 欧洲一体化的研究

一、国际政治学领域的欧洲一体化研究

国际政治学者关注欧洲一体化的内在动力及其发展进程中的关键变量。自欧洲一体化进程开启以来,国际政治学在争鸣中发展对一体化的理论阐释,涌现出大量的研究成果,并在研究中形成新功能主义、政府间主义、新制度主义等具有影响力的理论研究范式。

在欧洲一体化初期,新功能主义处于主导地位。随后,政府间主义理论兴起,强调一体化是国家利益的聚合,是国家的理性行为和政治决策的结果。20世纪90年代,以安德鲁·莫劳夫奇克(Andrew Moravcsik)为代表的学者在政府间主义基础上发展出自由政府间主义理论,着眼于一体化进程的经济动机,在理性选择假定前提下,研究利益偏好之上的国家间博弈谈判与制度汇集,对欧洲一体化研究产生深刻影响。一体化的制度主义解释兴起于20世纪80年代,制度变量的引入为欧洲一体化研究提供了新的视角。建构主

义关注正式规则与政治身份对行为体的作用,在20世纪90年代兴起后也参与到欧洲一体化的研究中。

(一)新功能主义的欧洲一体化研究

新功能主义(Neofunctionalism)是对欧洲一体化最早的理论尝试,在一体化进程初期居于理论的主导地位。新功能主义理论建立在功能主义思想之上。功能主义研究的中心问题是国家合作的动因。功能主义者把欧洲区域一体化中的国家合作归因为功能性的需求,认为国家间的合作首先会出现在低政治领域,进而基于功能的整合会扩展至政治领域。各国可以在存在共同利益的具体功能性领域开展合作。这种合作具有自动扩展的特点,在一个职能部门内的合作将刺激加强其他部门的合作意向。随着合作的加深,社会经济等领域的合作最终会渗透至政治领域。早期的功能主义思想直接影响了战后欧洲的一体化进程。西欧国家的一体化实践首先从特定领域(煤钢共同体)起步,并逐渐向其他技术及经济领域拓展。

新功能理论批判继承功能主义的思想,系统研究欧洲一体化的动力,提出具有导向价值的解释。"外溢"是新功能主义的核心概念之一,以厄恩斯特·哈斯(Ernst B. Haas)和约瑟夫·奈(Joseph S. Nye)为代表的新功能主义者强调一体化是一个渐进、自我强化的能动过程,运行中会产生所谓的"外溢"效应。这种"外溢"主要包括两个方面。一方面,国家间在经济、技术等领域合作的成功会"外溢"到政治领域,推动政治领域合作的展开,最终实现超越民族国家之上的政治联盟,即"功能外溢"(Functional Spillover);另一方面,超国家机构及个人是一体化的主要推动力量,超国家机构的冲突协调有助于提升利益共同性,并促使政治精英将关注点转向欧洲层次,不断推动一体化进程的发展,即"政治外溢"(Political Spillover)。新功能主义者认为,如果"外溢效应"只是在功能性领域展开,其合作可能只是暂时的,只有建立坚实的理念与政治基础,使不同国家的政治行为体将"忠诚、期望和政治行动转向一个新的政治中心",才能真正实现一体化[1]。在新功能主义者看来,"外溢"并非自发形成的过程,而是一个自觉能动的进程,它的实现依赖于一系列基本变量与条件的成熟,需要利益集团、政治领袖与社会精英的积极介入,通过超国家制度安排,引导一体化的方向。当存在某些条件时,一体化进程将出现"环溢"(一体化的功能范围增加,但相对权力没有提高)或"回溢"(一体化的功能权力均收缩到外溢前的状态)现象。

---

[1] Haas, E., *Uniting of Europe: Political, Social, and Economic Forces, 1950-1957*, South Bend: University of Notre Dame Press, 2020.

新功能主义建立了对欧洲一体化的解释框架,"外溢"与"超国家性"是其理解一体化最重要的概念。在新功能主义者看来,一体化进程是一个政治过程,对"外溢"压力的反应是一体化前进的主要动力①。但他们并不假设功能的"外溢"会自动发生,而是强调利益对一体化进程的驱动作用。超国家机构被认为是一体化博弈谈判过程中的关键行为体。

(二)政府间主义的欧洲一体化研究

20世纪60年代中期至80年代初,欧洲一体化进程停滞,新功能主义对此解释力不足,以斯坦利·霍夫曼(Stanley Hoffmann)和艾伦·米尔沃德(Alan Milward)为代表的学者重新评估新功能主义理论,在现实主义"国家中心"理论的基础上,提出了政府间主义理论(Intergovernmentalism)。

有别于新功能主义对超国家行为体的重视,政府间主义者把主权国家作为首要的行为体和分析单位,研究一体化进程中成员国政府的决策与行动模式。政府间主义理论认为低级政治和高级政治是相互独立的领域,"外溢"效应在低级政治领域较为适用,但在高级政治领域难以发挥作用,低政治领域的一体化很难外溢到高政治领域。换言之,功能性的一体化并不必然导致政治化,"外溢"效应是有限的。各国政府愿意在低级政治领域合作,但是在高级政治领域,只能通过政府间的磋商、协调以及持续的讨价还价进行。政府间主义认为欧洲一体化是主权国家基于利益考量的博弈过程。一体化只有在符合国家利益的条件下才能获得推动,国家利益决定一体化进程的范围和深度,一体化是国家利益的聚合,是政府的理性行为和政治决策的结果。在政府间主义看来,是成员国政府而非超国家组织在欧盟的发展历程中起到核心作用,一体化"加强"而不是"削弱"了成员国政府的地位②。一体化是主权国家之间基于本国利益的一系列讨价还价的过程,欧洲的政治一体化只能通过成员国政府间的谈判协调来实现。

20世纪90年代,安德鲁·莫劳夫奇克(Andrew Moravcsik)在传统政府间主义的基础上,提出自由政府间主义理论(Liberal Intergovernmentalism)。莫劳夫奇克批评了新功能主义者对一体化外部限制因素的忽略,认为国家的经济利益、政治制约以及委托授权等都在一体化进程中起到重要作用。莫劳夫奇克的研究既秉承传统现实主义国家中心的主要论点,同时又十分强调经济利益在欧洲区域合作进程中的主导作用。他认为,一体化的范围、形式和

---

① 王学玉:《欧洲一体化:一个进程,多个理论》,《欧洲》2001年第2期。
② 赵晨:《自由政府间主义的生命力:评莫劳夫奇克的〈欧洲的选择〉》,《欧洲研究》2008年第2期。

实质都是成员国政府之间谈判博弈的结果,反映了各国偏好和实力的集合。欧洲各国紧密合作推进一体化的根本动因是经济利益,"欧洲一体化是主权国家政府基于经济利益的追求而进行的一系列理性选择的结果。其中,最主要的是力量强大的生产者的商业利益,其次是各国执政联盟的宏观经济偏好。上述偏好是在全球经济的结构性驱动下逐渐形成的"①,一体化发展的结果是成员国长期偏好的反映。

莫劳夫奇克并不否认地缘政治和意识观念因素在一体化中的重要性,但是认为经济动机是首要因素。他认为,欧洲一体化进程从一开始就是由国家经济利益驱动的,一体化的目的就是要通过政策协调,来适应国内经济发展的需要。莫劳夫奇克建立了"国家偏好形成—国家间博弈—选择国际制度"的三阶段分析范式。其基本观点是:经济利益决定各国的偏好;国家实力与不对称相互依赖决定国家间博弈的结果;对国家承诺可靠性的担心形成利益汇集和委托主权的制度。"偏好"是自由政府间主义解释一体化的重要概念。在这里,"国家偏好"被定义为一种"价值判断",是国内集团博弈与利益汇集的结果。各国基于国家偏好进行政府间谈判,建立政治互动。因此,一体化进程实质是双层博弈的过程。运用三阶段的分析框架,莫劳夫奇克对欧洲一体化发展历程中五次具有重大意义的谈判进行了系统的分析,证明成员国国内经济因素是影响一体化进程中政府决策的主要因素,政府间的谈判是一体化进程的关键。② 通过对几次关键性博弈的深入研究,莫劳夫奇克论证了政治经济动机对欧洲经济合作的影响。在他看来,地缘政治利益和观念在一体化协议的达成中处于次要地位。"1955年之后的欧洲一体化进程主要受三个因素影响:商业优势的模式,重要国家政府的相对博弈力量以及提高国家间承诺可靠性的动机"③。欧洲一体化的发展是各国政府在经济利益之上理性选择的结果,是成员国利益的汇聚。

莫劳夫奇克对欧洲货币合作进行了解释,认为欧洲各国开展货币合作的动因是对汇率稳定性的偏好。从简单的政治经济角度来分析,这种偏好建构在三个变量的基础上:资本流动性、贸易相互依赖的模式以及各国通货膨胀的趋同程度④。由于贸易开放度和资本流动性的提高,名义汇率稳定性和欧

---

① [美]安德鲁·莫劳夫奇克:《欧洲的抉择》,赵晨、陈志瑞译,北京:社会科学文献出版社,2008年版。
② 这五次谈判分别是:1957年的《罗马条约》谈判、20世纪60年代建立关税同盟和共同农业政策的谈判、1978—1979年建成欧洲货币体系的谈判、1985—1986年《单一欧洲法令》的谈判和1991年《马斯特里赫特条约》的谈判。
③④ [美]安德鲁·莫劳夫奇克:《欧洲的抉择》,赵晨、陈志瑞译,北京:社会科学文献出版社,2008年版。

洲各国国内宏观经济自主性之间出现冲突,导致稳定名义汇率的成本上升。此外,受劳动力成本上升、原油价格上涨以及布雷顿森林体系瓦解等因素冲击,20世纪70年代后欧洲的名义汇率长期处于不稳定状态。汇率波动提高了国内贸易厂商和外国投资者的汇率风险和交易成本。因此,资本流动性、贸易和通胀率趋同共同解释了欧洲各国的货币汇率合作。莫劳夫奇克还深入研究了欧洲经济和货币联盟关于《马约》协议的制定过程,提出长期经济利益、相互依赖的不对称性以及希望在一个结构框架内协调各国政策的愿望,三方面因素结合在一起,解释了《马约》谈判的行为和结果。莫劳夫奇克认为,在《马约》的谈判过程中,各国偏好主要源自在资本流动性增加和各国宏观经济趋同背景下,强币国家和弱币国家之间长期结构性的经济利益[①]。各成员国对于欧洲中央银行的不同态度是各自经济成本收益分析的结果,只有经济因素能够解释各国的行为。如德国的国家偏好,反映的是德国央行反通胀的倾向、德国商界的利益以及德国政府希望通过有竞争力的汇率实现经济增长的愿望。法国国内对一体化的纷争和谈判策略也表明经济利益是其考虑的根本因素。最终各国谈判的结果大致与德国的偏好相符,利益分配结果是德国结构性权力的反映。

政府间主义理论基于现实主义解读欧洲一体化进程。自由政府间主义超越一体化研究"单一原因的理论归纳倾向"[②],开启了以经济利益为核心、以"经济利益、相对权力、可靠承诺"三重组合解释欧洲一体化进程的研究范式,构建了国家偏好形成、国家间博弈和选择国际制度的三阶段分析的研究框架,为欧洲经济一体化研究提供了逻辑性的分析框架,成为欧洲经济一体化研究最重要的理论发展。

(三)新制度主义的欧洲一体化研究

新制度主义的学术渊源是新制度经济学的理论范式。新制度经济学接受"经济人"的理性假设,在研究上采用"理性-最大化-均衡"的分析方法,着重探讨制度的产生、功效、影响因素以及制度对参与行为体的约束作用[③]。詹姆斯·马奇(James March)和约翰·奥尔森(Johan P. Olsen)将新制度主义引入国际政治学研究领域,强调制度对于决策的重要性。制度因素进入欧洲一体化研究的分析框架,开启了一个新的理论研究视角。

新制度主义的一体化研究,强调制度与行为体之间的互动关系以及行为体间的相互依存关系,主要关注超国家机构与成员国政府间的互动。根据对

---

① [美]安德鲁·莫劳夫奇克:《欧洲的抉择》,赵晨、陈志瑞译,北京:社会科学文献出版社,2008年版。
② 房乐宪:《政府间主义与欧洲一体化》,《欧洲》2002年1期。
③ 王学东:《新制度主义的欧洲一体化理论述评》,《欧洲研究》2003年第5期。

制度的不同认识,新制度学派可以大致分为历史制度主义、理性选择制度主义与社会学制度主义三个流派①。历史制度主义关注制度对理性政治行为体的塑造,侧重解读制度结构对于行为体战略选择的影响,认为制度结构决定行为体的行为逻辑,是其战略抉择的首要塑造者。当行为体面临抉择时,往往会选择那些后天的、长期积累而成的、传统的、习惯性的观念文化及行为模式,即存在所谓的"路径依赖"(path dependence)。历史制度主义重视制度形成过程中的非对称权力,引入经济学的"沉没成本"(sunk costs)概念,认为制度具有惯性作用,一旦形成就难以改变,产生所谓的"制度门槛"。他们将欧洲一体化视作动态发展的历史进程,认为制度具有不断自我加强的功能,关注制度中的"意外结果"。当成员国置身一体化进程之中,其利益结构与偏好会相应发生变化。理性选择制度主义研究正式的制度,强调制度的建立与改变和行为者利益偏好之间的内在逻辑。同时,理性选择制度主义还将理性人、效用、交易成本等经济学相关概念引入国际问题研究,分析政治决策中的集体行动困境,运用"委托-代理"理论研究超国家治理。他们认为制度纯粹是工具性的,受行为体的完全控制,是行为体用来实现自身目标的工具,制度的产生对行为体形成了约束与激励机制。理性选择制度被大量运用于对欧盟的制度研究中。历史制度主义和理性选择制度主义都认同自由政府间主义的理性主义假设,但更强调制度对一体化运作与决策制定的影响。社会学制度主义扩大了制度的内涵,从更宽泛的视角理解制度,关注制度的非物质层面,强调制度的社会性、主观建构性,强调人类社会的主体间意识和共有观念,认为是制度让成员国理解其他行为体的行动,了解自身的最优选择或者最适宜的战略。

在新制度主义的研究中,制度被当作核心变量用于解释欧洲一体化进程。制度效应是成员国在欧盟政治中形成自身立场和发挥作用的关键因素,制度对一体化议程的设定、政策形成以及实施进程产生重要的影响,并使成员国在一体化进程中形成新的偏好。以制度为核心的研究,为欧洲一体化提供了新的解释思路。

(四)建构主义的欧洲一体化研究

建构主义在20世纪90年代兴起后也参与到欧洲一体化的研究中。建构主义者强调规范结构的重要性,强调社会的互动建构。尤其是以亚历山大·温特(Alexander Wendt)为代表发展的社会建构主义,认为行为体的行

---

① Hall, P. A., Taylor, R. C., "Political science and the three new institutionalisms", *Political Studies*, Vol. 44, No. 5, 1996, pp. 936-957.

动是基于"客观事物对他们的意义,而这些意义是社会建构的产物"①,动机、互动和历史情境决定其相互关系。在建构主义的理论视角下,国际政治的社会性结构"不仅影响行为体的行为,更重要的是建构了行为体的身份和利益"②。有别于理性主义对行为者身份及偏好固定不变的认识,建构主义认为行为体在交往中互动建构,"施动者造就结构,结构也建构施动者"③。因此,进化演变是"可能的"。同时,以行为体为中心的建构主义,认为行为者作为经济导向的理性存在,被嵌入在表明适当行为的制度中,形成个人或群体行为的边界。跨越这些界限是可能的,但要付出代价。

在建构主义的分析中,"身份"与"认同"是建构主义解释欧洲一体化的重要概念,欧洲一体化同样是一个行为体身份、利益与偏好互动的过程。成员国受到一体化制度规范的影响。建构主义者重视正式的规则与政治身份对行为体产生的建构作用,关注欧盟制度与欧洲认同对成员国认同、利益偏好及行为模式的影响,研究欧洲一体化进程对国家偏好的重塑。建构主义的研究丰富了对欧洲一体化的解释,尤其是其关于"欧洲认同"的探讨,提供了理解一体化进程中成员国偏好形成与行为逻辑的新视角。

(五)有关欧洲一体化新动向的研究

传统的理论解释主要关心欧洲一体化的影响变量与决策进程。但自欧债危机以来,欧洲一体化进程遭遇层出不穷的新挑战,面临逆转风险,也在学界引发对一体化新的反思以及一体化走向的争论,并试图对危机成因与危机治理进行理论上的解释。迈克尔·鲍尔(Michael W. Bauer)等提供了新功能主义的解释④;弗兰克·希梅尔芬尼(Frank Schimmelfennig)从自由政府间主义视角进行了深入阐释⑤;克里斯托弗·比克顿(Christopher J. Bickerton)等提出"新政府间主义"的概念⑥;塞尔吉·奥法布里尼(Sergio Fabbrini)等跨越单一理

---

① 亚历山大·温特:《国际政治的社会理论》,秦亚青译,上海:上海人民出版社,2000年版。
② 同上。
③ 同上。
④ 参见 Bauer, M. W., Becker, S., "The unexpected winner of the crisis: the European Commission's strengthened role in economic governance", *Journal of European Integration*, Vol. 36, No. 3, 2014, pp. 213 - 229; Niemann, D., Ioannou, A., "European economic integration in times of crisis: A case of neofunctionalism?", *Journal of European Public Policy*, Vol. 22, No. 2, 2015, pp. 196 - 218。
⑤ 参见 Schimmelfennig, F., "Liberal intergovernmentalism and the euro area crisis", *Journal of European Public Policy*, Vol. 22, No. 2, 2015, pp. 177 - 195; Schimmelfennig, F., "Liberal intergovernmentalism and the crises of the European Union", *Journal of Common Market Studies*, Vol. 56, No. 7, 2018, pp. 1578 - 1594。
⑥ Bickerton, C. J., Hodson, D., Puetter, U., "The new intergovernmentalism: european integration in the postmaastricht era", *Journal of Common Market Studies*, Vol. 53, No. 4, 2015, pp. 703 - 722。

论边界,对危机进行了多视角的综合解释①。此外,一体化体系下的成员国多样性一直是欧洲一体化研究的重要课题。尤其近年,随着欧盟成员国矛盾分歧的加大以及欧盟东扩带来的差异性扩大,所谓"差异的一体化"(Differentialted Intergration)、"可变结构的一体化"(Variable Geometry),以及一体化未来"双速欧洲""多速欧洲"发展的可能,日益受到学术研究的广泛关注②。

（六）中国学者的欧洲一体化研究

中国虽然在早期欧洲一体化的研究中相对滞后,但随着对一体化研究的逐渐深入,中国学者在引入西方一体化理论研究成果的同时,也开始从多维度总结阐释欧洲一体化的解释变量,提供中国视角的研究见解。中国学者总结欧洲一体化的经验,重视欧洲一体化进程对亚洲合作的影响③。其中,伍贻康从理念思路、战略策略、行为准则等方面,对欧洲一体化在协调整合主权国家关系上的示范性效应进行了较为全面的阐释④。一体化进程中的国家关系尤其是法德角色、欧洲一体化中成员国的差异与认同,也是中国学者研究的重点问题⑤⑥。此外,贾文华从历史唯物主义的方法论出发,提出欧洲一

---

① 参见 Fabbrini, S., *Which European Union? Europe after the Euro Crisis*, Cambridge: Cambridge University Press, 2015; Dawson, M., "The legal and political accountability structure of post-crisis Eu economic governance", *Journal of Common Market Studies*, VC. 53, No. 5, 2015, pp. 976 – 993; Jones, E., D. Kelemen, S. Munier, "Failing forward? the eurocrisis and the incomplete nature of european integration", *Comparative Political Studies*, Vol. 49, No. 7, 2016, pp. 1010 – 1034。

② 参见 Holzinger, K., Schimmelfennig, F., "Differentiated integration in the European Union: many concepts, sparse theory, few data", *Journal of European Public Policy*, Vol. 19, No. 2, 2012, pp. 292 – 305; Leruth, B., Lord, C., "Differentiated integration in the European Union: a concept, a process, a system or a theory?", *Journal of European Public Policy*, Vol. 22, No. 6, 2015, pp. 754 – 763; Schimmelfennig, F., "Good governance and differentiated integration: graded membership in the European Union", *European Journal of Political Research*, Vol. 55, No. 4, 2016, pp. 789 – 810。

③ 参见张海冰:《欧洲一体化历程对东亚经济一体化的启示》,《世界经济研究》2003 年第 4 期;赵怀普:《欧洲一体化经验及时代精神》,《外交学院学报》2004 年第 3 期;吴志成、李敏:《欧洲一体化观照下的亚洲地区主义》,《南开学报》2004 年第 4 期;陈玉刚、陈晓翌:《欧洲的经验与东亚的合作》,《世界经济与政治》2006 年第 5 期等。

④ 伍贻康:《欧洲一体化整合协调经验及其启迪》,《太平洋学报》2005 年第 1 期。

⑤ 参见李晓、丁一兵:《欧洲货币一体化的推动力与大国关系——从国际政治经济学角度的考察》,《学习与探索》2007 年第 5 期;张健、王剑南:《"德国问题"回归及其对欧洲一体化的影响》,《现代国际关系》2010 年第 9 期;伍贻康:《"德国问题"与欧洲一体化的兴衰》,《德国研究》2011 年第 4 期;郑春荣:《从欧债危机看德国欧洲政策的新变化》,《欧洲研究》2012 年第 5 期;张骥:《欧债危机中法国的欧洲政策——在失衡的欧盟中追求领导》,《欧洲研究》2012 年第 5 期;金玲:《欧债危机中的"德国角色"辨析》,《欧洲研究》2012 年第 5 期等。

⑥ 参见吴志成、龚苗子:《欧洲一体化进程中的欧洲认同论析》,《南开学报》(哲学社会科学版)2007 年第 1 期;肖灿夫、舒元、李江涛:《欧洲经济一体化,区域差距与经济趋同》,《国际贸易问题》2008 年第 11 期等。

体化并非物质基础缺位的发展进程,一体化的深化发展是资本主义生产方式变革以及社会政治不断调整的结果①。高奇琦在梳理西方马克思主义视域下欧洲一体化研究的基础上,分析了欧洲一体化研究从经济学逻辑向社会学逻辑的转向②。戴炳然以马克思主义哲学为方法论,分析欧洲一体化进程,从量变与质变交替过程的视角解读欧洲一体化进程,指出国家与超国家、扩大与深化是一体化进程中的主要矛盾,是对一体化理解的有益尝试③。近年,中国的欧洲研究不断深化,不仅及时追踪危机以来欧洲一体化的动态发展,也更加重视对一体化进程中特定议题的研究,对一体化的结构性难题、超国家主体与主权国家的决策行为、决策过程,以及欧盟的危机治理等问题都提出了相应的解释。尤其对欧洲一体化近年面临的多重危机,中国学者从不同角度予以了理论关注④。

二、国际经济学领域的一体化研究

国际经济学维度的一体化研究,早期关注重点是共同货币区建立的条件与成本收益。雅各布·维纳(Jacob Viner)从贸易流量的增长和方向研究一体化的静态效果,开启了一体化的经济理论研究⑤。罗伯特·蒙代尔(Robert Mundell)的最优货币区理论提出主权国家可以在合适条件下采用单一货币,引发国际经济学者就共同货币区最优标准的研究⑥。保罗·克鲁格曼(Paul Krugman)建立的GG-LL模型,为一国决定是否加入共同货币区提供了重要的分析工具⑦。此外,国际经济学者还运用微观经济分析的成本收益方法研究了经济一体化的福利效应。20世纪90年代以后,国际经济学对货币政策传统机制的研究深化,经验研究与经济学的计量研究工具被运用于分析统一货币政策的非对称效应。欧元区启动后,统一货币政策与财政政策的二元悖

---

① 贾文华:《从资本逻辑到生产逻辑——西方马克思主义关于欧洲一体化的理论解释》,《世界经济与政治》2009年第7期。
② 高奇琦:《西方马克思主义视阈下的欧洲一体化》,《国际政治研究》2013年第1期。
③ 戴炳然:《对欧洲一体化历史进程的再认识——以马克思主义哲学为方法论的一些思索》,《欧洲研究》2017年第1期。
④ 参见王鸿刚:《欧盟的结构性难题与一体化的未来》,《国际展望》2018第2期;李明明:《欧洲去一体化:理论逻辑与现实发展》,《外交评论》(外交学院学报)2018年第6期;丁纯、张铭心、杨嘉威:《"多速欧洲"的政治经济学分析——基于欧盟成员国发展趋同性的实证分析》,《欧洲研究》2017年第4期等。
⑤ Viner, J., *The customs union issue*. Oxford: Oxford University Press, 2014.
⑥ Mundell, R. A., "A theory of optimum currency areas", *The American Economic Review*, Vol. 51, No. 4, 1961, pp. 657–665.
⑦ Krugman, P.R., *International economics: Theory and policy*, London: Pearson Education, 2009.

论以及共同货币区的经济趋同也成为研究的关注点。相关代表性研究成果将在本书第三章中详述。欧债危机爆发后,国际经济学者围绕危机成因、非常规货币政策的运用效果等问题展开了大量的研究。虽然欧债危机与一体化进程中的成员间宏观经济失衡问题密切相关,但有关欧债危机的研究成果在相关专著中已有充分论述,在此不作赘述。

第二节 宏观经济失衡的研究

一、全球经济失衡的研究

全球经济失衡问题一直是理论研究的热点问题,近年研究关注的焦点主要是美国自20世纪90年代以来持续扩大的经常账户赤字与新兴市场国家的经常账户盈余。围绕全球经济失衡的成因、可持续性及调整方式等问题,相关的理论与实证研究积累了丰富的研究成果。

(一)全球经济失衡的成因

基于"储蓄-投资"的分析是对全球经济失衡解读的一般视角,相关研究主要围绕一国储蓄投资变动对经常账户的影响展开。根据开放经济下的国民收入恒等式,经常账户余额反映的是国内储蓄与投资的缺口,当国内总储蓄大于总投资时,一国出现经常账户盈余;当国内总储蓄小于总投资时,就会产生经常账户赤字。经常账户的过度盈余或过度赤字,都反映出一国储蓄与投资之间的失衡。

从经常账户赤字方来看,过低的国内储蓄以及相对过高的投资比率是赤字积累的主要原因[1]。作为全球最大的贸易逆差国,美国国内社会总储蓄水平过低。一方面,美国公共部门财政支出持续增加,私人部门消费过度膨胀,支出扩张最终反映在经常账户的巨额赤字上,出现财政贸易的"双赤字"[2]。另一方面,受持续宽松的货币政策激励,美国银行及其他金融机构激进扩张,大幅降低信贷门槛,导致金融市场过度繁荣、消费者信贷迅速增长、私人部门储蓄严重下滑[3]。对美国经常账户变动的实证研究发现,美国20世纪90年

---

[1] Mann, C. L., "Perspectives on the U.S. current account deficit and sustainability", *Journal of Economic Perspectives*, Vol. 16, No. 3, 2002, pp 131 – 152.

[2] Truman, E. M., "Postponing global adjustment: an analysis of the pending adjustment of global imbalances", *Institute for International Economics Working Paper*, No. 6, 2005.

[3] Taylor, J. B., "The need to return to a monetary framework", *Business Economics*, Vol. 44, No. 2, 2009, pp: 63 – 72.

代后期的经常账户赤字主要是因私人部门投资增长而非储蓄减少造成的；2000年以后的赤字扩大，则是财政赤字积累与私人部门储蓄减少共同作用的结果[1]。此外，生产力提高和支出过度两方面因素的作用也是美国经济外部失衡持续扩大的原因[2]。得益于信息及通讯领域的技术创新，美国自20世纪90年代中期以来国内生产率水平大幅提高。经济增长提高了私人部门对未来可支配收入增长的预期，促进了国内消费支出水平的上升[3]。同时，美国经济高度的灵活性使投资者对未来收益率的乐观预期加强，美元资产对国际资本的吸引力上升。外部资金持续大规模流入美国境内，推升美元资产需求，刺激证券市场价格水平上涨，并进一步刺激美国国内的消费需求[4]。

以本·伯南克(Ben S. Bernanke)"储蓄过剩假说(Saving Glut Hypothesis)"为代表的观点，则将经济失衡的成因聚焦于全球经济的主要盈余方。在这一语境下，美国经常账户赤字的根本原因并非美国过低的储蓄率，而是新兴市场国家的"过度储蓄"[5]。中国等亚洲国家通过贸易出口不断积累外汇储备，俄罗斯及中东地区国家依靠原油出口也积攒了大量的石油美元。受限于相对较低的经济发展水平和尚未健全的国内金融市场，新兴市场国家总体内部融资渠道不畅，公司盈余及消费者可支配收入有限，抑制了国内的消费需求[6]。国内需求的疲弱，使这些国家的经济增长不得不高度依赖出口贸易，导致出口贸易额远超进口贸易额。而对出口增长的依赖又促使政府加强汇率管制、低估本币，进一步强化了这些国家净出口规模的扩大趋势。因此，全球经济失衡与新兴市场国家失衡的储蓄投资比率相关，美国的巨额经常账户赤字的主要源自其他国家的"过剩储蓄"[7]。

---

[1] Rajan, R.G., "Global imbalances and financial reform with examples from China", *Cato Journal*, Vol. 26, No. 2, 2006, pp. 267–273.

[2] Eichengreen, B.J., "Global imbalances: the new economy, the dark matter, the savvy investor, and the standard analysis", *Journal of Policy Modeling*, Vol. 28, No. 6, 2006, pp. 645–652.

[3] Mann, C.L., "Managing Exchange Rates: Achievement of Global Re-balancing or Evidence of Global Co-dependency?", *Business Economics*, Vol. 39, No. 3, 2004, pp. 20–29.

[4] Cova, P., Pisani, M., Batini, N., Rebucci, A., "Productivity and global imbalances: the role of nontradable total factor productivity in advanced economies", *IMF Staff Papers*, Volume 55, No. 2, 2008, pp. 312–325.

[5][7] Bernanke, Ben S., "The global saving glut and the US current account deficit", Speech at the Homer Jones Lecture, St Louis, Missouri, 2005.

[6] Kamin, S.B., "The revived Bretton Woods System: does it explain developments in non-China developing Asia?", paper delivered to San Francisco conference, sponsored by Federal Reserve Bank of San Francisco, San Francisco, February 4, 2005.

但是，将全球经济失衡完全归因于新兴市场国家储蓄偏好的假设过于牵强[1]。相关实证研究也发现，日本在"广场协议"后国内基础设施建设投资扩大，却没有实质性改善日美的贸易失衡状况[2]。此外，中国消费支出呈现出上升态势，但美国的经常账户赤字并未相应减少[3]。并且，虽然中美贸易差额占美国经常账户的比重有所提高，但中美贸易逆差实际仅占美国对外贸易逆差的一小部分[4]。

国际货币体系是理解全球经济失衡的另一视角。处于全球经济失衡逆差中心的美国与贸易顺差国之间存在非对称的依赖关系[5]，美国经济霸权与现行国际货币体系是全球经济失衡在一定时期内持续存在扩大的基础[6]。在所谓"复活的布雷顿森林体系"（Revived Bretton Woods System）（或称"布雷顿森林体系 II"）中，新兴市场国家是全球商品的主要生产者，以美国为代表的发达国家是主要的消费者，消费国依赖全球跨境资本为其经常账户赤字融资。全球经济失衡问题可以看作是"特里芬难题"的另一种表述[7]，是盈余国与赤字国之间的一种理性的、稳定的安排，本质上是"二战"后布雷顿森林体系的"复活"或延续，只是在某些方面进行了适应性的调整[8]。这种国际货币体系的制度安排，有利于美国维持其失衡的经济体系并过度占有全球资源[9]。一方面，美国可以凭借在全球金融市场的特殊地位获得低成本的跨境资金流入；另一方面，美国国内资本以对外直接投资的形式大规模输出，赢取高额投资利润。

金融全球化进程也是理解全球经济失衡的重要视角。全球经济失衡体现在国际收支上，但本质是全球化加速下的国际要素流动[10]。全球经济失衡在

---

[1] Issing, O., "Addressing global imbalances: the role of macroeconomic policy", Speech at the Banque de France symposium on "Productivity, Competitiveness and Globalisation", Novermber 2005.

[2] [日] 泷田洋一：《日美货币谈判》，李春梅译，北京：清华大学出版社，2009 年版。

[3] Conard, E., *Unintended Consequences: Why Everything You've Been Told About the Economy is Wrong*, London: Penguin Books, 2012.

[4] 夏先良：《中美贸易失衡产业分工与美国失业率》，《财贸经济》2010 年第 11 期。

[5] 廖泽芳、彭刚：《全球经济失衡的调整趋势——基于美国中心的视角》，《经济理论与经济管理》2013 年第 1 期。

[6] 王道平、范小云：《现行的国际货币体系是否是全球经济失衡和金融危机的原因》，《世界经济》2011 年第 1 期。

[7] 李扬、余维彬：《全球经济失衡及中国面临的挑战》，《国际金融研究》2006 年第 2 期。

[8] Dooley, M. P., Folkerts-Landau, D., Garber, P., "The revived bretton woods system", *International Journal of Finance & Economics*, Vol. 9, No. 4, 2004, pp. 307-313.

[9] 华民：《全球经济失衡的触发机制及中国的选择》，《国际经济评论》2006 年第 2 期。

[10] 张幼文：《要素流动与全球经济失衡的历史影响》，《国际经济评论》2006 年第 2 期。

相当程度上反映的是发达国家与新兴市场国家在为国际投资者提供高质量资产能力上的差异[1]。由于新兴经济体金融市场欠发达,投资风险相对较高,资产价格波动较大,其金融产品对市场的吸引力有限。发达国家金融市场发育成熟,投资环境相对完善,能够为投资者提供较为稳定的投资回报及可靠的权益保护,对国际资本的吸引力更强。因此,比较而言,国际投资者更倾向于购买发达国家尤其是美国的金融资产。另外,发达国家金融管制较为宽松,金融创新活跃,也刺激了新兴市场对其资产的购买需求。结果是,新兴市场国家投资者从经济增长中积累的财富和储蓄,大量转换为以美元计价的金融资产[2]。伴随全球金融一体化进程的加深,新兴市场国家逐渐成为净债权国,以美国为首的发达国家则成为净债务国。只要新兴国家金融市场滞后发展的情况没有改变,利益驱动的资本由穷国向富国的"向上"流动就会持续存在,全球经济失衡状况就难以改变[3]。但是,相关研究也指出,金融一体化程度的加深无法充分解释美国的外部赤字问题,还需要从其他方面探寻发展中国家的对外投资资金主要流入美国而非其他工业化国家的原因[4]。

（二）全球经济失衡的可持续性

全球经济失衡的可持续性研究存在不同的观点。特别是随着美国经常账户赤字的不断扩大,对全球经济失衡可持续性的分歧也日益加大[5]。

宏观经济失衡调整的必要性取决于失衡的根源。根据跨期预算约束理论,一国的对外净债务头寸不能超过未来贸易盈余的现值。从跨期角度来看,一国未来能否创造足够的偿债资本,是外部失衡可否持续的基础。只要一国有能力在未来重获贸易盈余,就能在一定时期内维持外部赤字。这种情形通常较适用于发展中国家,可以在当期借入资金用于投资,在未来经济发

---

[1] Caballero R., Farhi, E., Gourinchas, P., "An equilibrium model of global imbalances and low interest rates." *American Economic Review*, Vol. 98, No. 1, 2008, pp 358 – 393.

[2] Kool, C. J., Keijzer, L. M., "International capital mobility: linking the feld-stein-horioka puzzle to the trade and equity home bias puzzles", *Cambridge Journal of Regions, Economy and Society*, Vol. 2, No. 2, 2009, pp. 211 – 218.

[3] Forbes, K. J., "Why do foreigners invest in the United States?", *Journal of International Economics*, Vol. 80, No. 1, 2010, pp. 3 – 21.

[4] Gruber, J. W., Kamin, S. B., "Kamin, explaining the global pattern of current account imbalances", *Board of Governors of the Federal Reserve System International Finance Discussion Paper*, No. 846, November 2005.

[5] Eichengreen, B. J., "Global imbalances: The new economy, the dark matter, the savvy investor, and the standard analysis", *Journal of Policy Modeling*, Vol. 28, No. 6, 2006, pp. 645 – 652.

展获得盈余时偿还债务①。而发达国家如果预期未来经济能够实现更快增长,也可以用预期收入作为担保借入外部资金为当前消费融资②。艾伦·格林斯潘(Alan Greenspan)认为,凭借美国在当前国际货币体系中的核心地位,外围国出口创造的外汇储备会持续以债权形式流入美国,为美国的贸易赤字融资③。对美国自1980年以来对外投资的研究还发现,存在所谓"暗物质"(Dark Matter),美国跨境投资的资产报酬率远高于其债务成本④。因此,美国低成本为赤字融资具有可行性,外部失衡可以持续⑤。美国经济的增长能力及其私人部门较高的净资产,也有能力支撑国内的高消费⑥。从这个角度而言,美国的经常账户赤字问题无须过度担心,也无须运用任何财政或汇率手段加以调整。甚至可能全球经济失衡的问题实际上并不存在⑦。

但是,现行国际经济体系内在的不稳定性,使全球经济失衡难以长期维续,市场存在激进调整的风险⑧。因此,全球经济持续扩大的外部失衡应该引起关注。一国经常账户赤字的可持续性取决于投资者为其提供外部融资的意愿和时间⑨。国际资本不可能无限制地为一国赤字融资,如果外部融资突然中断,就需要采取相应的调整措施⑩⑪。尤其是当宏观经济失衡并非源自理性的跨期预期,而是由于结构性问题或政策扭曲所致时,更有必要进行主动调

---

① Kraay, A., Ventura, J., "The dot-com bubble, the Bush deficits, and the US current account," in Clarida, R. H. eds., *G7 Current Account Imbalances: Sustainability and Adjustment*, Chicago: University of Chicago Press, 2007, pp. 457–496.

② Engel, C., Rogers, J. H., "The US current account deficit and the expected share of world output", *Journal of monetary Economics*, Vol. 53, No. 5, 2006, pp. 1063–1093.

③ Greenspan, A., "Current account", Speech to 21st Annual Monetary Policy Conference, Cato Institute, Washington D.C., November 20, 2003.

④ Hausmann, R., Sturzenegger, F., "Dark matter makes the US deficit disappear", *Financial Times*, December 8, 2005.

⑤ Cooper R., "US deficit: It is not only sustainable, it is logical", *Financial Times*, October 31, 2004.

⑥ Backus, D., Henriksen, E., Lambert, F., Telmer, C., "Current account fact and fiction", *National Bureau of Economic Research Working Paper*, No. 15525, 2009.

⑦ Hausmann, R., Sturzenegger, F., "Global imbalances or bad accounting? the missing dark matter in the wealth of nations", *CID Working Paper*, 2006.

⑧ Cline, W. R. "Why the US external imbalance matters", *Cato Journal*, Vol. 27, No. 1, 2007, pp. 53–58.

⑨ Rangarajan, C., Prasad, A., "Capital flows, exchange rate management and monetary policy", *Macroeconomics and Finance in Emerging Market Economies*, Vol. 1, 2008, pp. 135–149.

⑩ Mussa, M., "Exchange rate adjustments needed to reduce global payments imbalances", *Dollar adjustment: how far*, 2004, pp. 113–138.

⑪ Roubini, N., Setser, B., "Will the Bretton Woods 2 regime unravel soon? the risk of a hard landing in 2005–2006", *Federal Reserve Bank of San Francisco Proceedings*, 2005.

整。问题的核心不在于是否需要调整全球经济失衡,而是如何进行调整①。

(三)全球经济失衡的调整方式

全球经济失衡的调整不仅影响一国的外部平衡,还会影响其内部平衡,影响的效果和程度取决于实施调整的途径②。一般来说,宏观经济失衡的调整既可以通过主动的政策行动达成协调方案,也可能因金融市场的情绪波动而被动触发。相对而言,被动的失衡调整破坏性更强,会导致全球经济衰退、关键货币汇率和资产价格的大幅波动,加剧国际贸易摩擦③。

全球经济失衡调整需要国际需求与储蓄的再平衡。对经常账户赤字国而言,贸易状况的实质改善是外部失衡调整的关键。改善国际收支的途径之一是通过价格调整,收缩国内消费需求以实现净出口增加。莫里斯·奥布斯菲(Maurice Obstfeld)和肯尼思·罗格夫(Kenneth Rogoff)认为,本币贬值能够显著改善美国的贸易条件,汇率机制是美国调节外部失衡的唯一手段④。但也有研究指出,美元自2002年起一直持续地实质性贬值,然而美国外部赤字的规模并未相应减少,反而在不断扩大⑤。此外,在开放经济条件下,经常账户由贸易余额和从外国取得的净要素收入两部分构成,通过净要素收益的改变也能够达到改善外部失衡的目的。鉴于美国持续上升的跨境资产持有规模,运用价值效应实现美国经济的失衡调节,在逻辑上是可行的。研究发现,美国投资者持有的外国资产收益远超国外投资者持有的美元资产收益,这似乎是美国经济独有的现象⑥⑦。通过积极的对外资产配置组合,有可能实现美国宏观经济失衡的改善⑧。另一方面,由于贸易是双向的,一国经常

---

① Blanchard, O., Milesi-Ferretti, G. M., "Global imbalances: in midstream?", *IMF Staff Position Note*, Dec 22, 2009.

② 施建淮:《全球经济失衡的调整及其对中国经济的影响》,《国际经济评论》2006年第2期。

③ Greenspan, A., "Current account", Speech to 21st Annual Monetary Policy Conference, Cato Institute, Washington D.C., November 20, 2003.

④ Obstfeld, M., Rogoff, K., "The unsustainable US current account position revisited", in Clarida, R. H. eds., *G7 current account imbalances: Sustainability and adjustment*, Chicago: University of Chicago Press, 2007, pp. 339-376.

⑤ Servén, L., Nguyen, H., "Global imbalances: origins and prospects", *The World Bank Research Observer*, Vol. 28, No. 2, 2013, pp. 191-219.

⑥ Hausmann, R., Sturzenegger, F., "Global imbalances or bad accounting? the missing dark matter in the wealth of nations", *CID Working Paper*, 2006.

⑦ Gourinchas, P. O., Rey, H., *From world banker to world venture capitalist: US external adjustment and the exorbitant privilege//G7 current account imbalances: sustainability and adjustment*, Chicago: University of Chicago Press, 2007, pp. 11-66.

⑧ Habib, M.M., "Excess returns on net foreign assets: the exorbitant privilege from a global perspective". *ECB Working Paper*, No. 1158, 2010.

账户赤字必然对应着其他国家的经常账户盈余。因此,全球经济失衡的改善也可能来自对盈余国的施压,要求其采取扩张性政策,促进国内需求水平的提高①。

宏观经济调整的国家偏好与国内利益博弈,是制约全球经济再平衡的重要因素②。现实中,失衡国家在国际经济再平衡的路径选择上往往存在差异,赤字国与盈余国间在失衡调整问题上长期难以达成一致的结果③。当前国际货币的制度安排与秩序理念滞后,国家间分歧难以得到协调④,全球经济治理失灵,国际规则体系无法有效管理全球事务。不恰当的经济失衡调整可能产生严重后果,造成贸易保护主义抬头,导致全球经济的下滑。因此,国际经济的再平衡既需要失衡国的经济政策调整、结构性改革与金融深化⑤,也有赖于顺差国与逆差国的集体努力与宏观经济政策的国际协调,各国需要共同分担失调整的责任与义务⑥。从源头上,国际经济的再平衡要求国际货币体系与全球经济治理体系的变革重建⑦,尽管其实际过程可能相当漫长⑧。

起步于20世纪60年代的国际货币权力理论是对国际经济再平衡研究的又一发展。货币权力学者提出,全球经济失衡调整是承载着权力内涵的货币关系的核心问题,而这个问题是"高度政治化的"⑨。从宏观层面而言,关键问题是宏观经济失衡调整的成本分配,货币权力体现在调整成本的规避能力,包括延迟调整的能力和转嫁调整负担的能力;从微观层面而言,重要问题是国际货币事务组织参与者的身份与收益⑩。国家间货币权力分配的严重

---

① Mckinnon R, "US current account deficits and the dollar standard's sustainability: a monetary approach", *CESifo Forum*, Vol. 8 Vol. 4, 2007, pp. 12-23.
② Broz, J.L., Frieden, J. A, "The political economy of international monetary relations", *Annual Review of Political Science*, Vol. 4, No. 6, 2001, pp. 317-343.
③ Cline, W. R. "Why the US external imbalance matters", *Cato Journal*, Vol. 27, No. 1, 2007, pp. 53-58.
④ 秦亚青:《全球治理失灵与秩序理念的重建》,《世界经济与政治》2013年第4期。
⑤ Obstfeld, M., "Does the current account still matter?", *American Economic Review*, Vol. 102, No. 3, 2012, pp. 1-23.
⑥ 张明:《全球经济再平衡:美国和中国的角色》,《世界经济与政治》2010年第9期。
⑦ 周小川:《关于改革国际货币体系的思考》,《中国金融》2009年第7期。
⑧ Eichengreen Eichengreen, B. J., "Global imbalances: the new economy, the dark matter, the savvy investor, and the standard analysis", *Journal of Policy Modeling*, Vol. 28, No. 6, 2006, pp. 645-652.
⑨ Cohen, B. J., "The Macrofoundations of monetary power", in Andrews, D. M. ed., *International Monetary Power*, New York: Cornell University Press, 2006, pp. 31-50.
⑩ [美]大卫·M. 安德鲁:《国际货币权力》,黄薇译,北京:社会科学文献出版社,2016年版。

失衡,与国际货币体系的不对称结构密切相关①。美国经常账户的长期赤字反映了其在国际货币体系中的长久霸权,新兴市场国家的储备积累是其在美元货币霸权下从属关系的反映②。宏观经济自主权是货币权力的基础。国际货币的主导国地位保证了美国宏观经济政策的自主性,使其可以通过外部资本为赤字融资以避免调整负担。同时,这种结构性权力也赋予美国逃避责任并要求他国承担调整成本的转嫁能力③。

此外,相关研究还探讨了国际经济再平衡的可能路径④,并尝试定量分析宏观经济失衡的调整成本⑤。浜田宏一(Koichi Homada)在1976年首次将博弈论的分析方法引入国际经济协调研究,该方法也被应用于宏观经济失衡调整的研究之中⑥。

二、欧元区宏观经济失衡的研究

对欧元区宏观经济失衡的研究与欧洲经济一体化的发展进程密切联系。早期,研究的主要争议在于共同货币区内部是否会产生宏观经济失衡,是否存在所谓的"良性失衡"。欧债危机之后,有关宏观经济失衡的成因、失衡调整及成本分配等问题都是理论研究的关注点。

(一)欧元区宏观经济失衡的性质

"良性失衡"的观点认为,经常账户失衡反映了金融市场在促进资源配置及经济趋同上发挥的作用⑦。一体化下成员国的外部赤字伴随着人均收入

---

① Cohen, B. J., "The macrofoundations of monetary power", in Andrews, D. M. ed., *International Monetary Power*, New York: Cornell University Press, 2006, pp. 31 – 50.
② Vermeiren, M., "Monetary power and EMU: macroeconomic adjustment and autonomy in the Eurozone", *Review of International Studies*, Vol. 39, No. 3, 2013, pp. 729 – 761.
③ Helleiner, E., McKenzie, F., "The making of national money: territorial currencies in historical perspective", *International Journal*, Vol. 58, No. 4, 2003, p. 738.
④ 参见 Obstfeld, M., "Does the current account still matter?", *American Economic Review*, Vol. 102, No. 3, 2012, pp. 1 – 23;张燕生:《全球经济失衡条件下的政策选择》,《国际经济评论》2006年第2期;张明:《全球经济再平衡:美国和中国的角色》,《世界经济与政治》2010年第9期等。
⑤ 参见 Blanchard, O., Giavazzi, F., Sa, F. "The US current account and the dollar", *NBER Working Paper*, No. 11137, 2005; Edwards, S., "Is the US current account deficit sustainable? And if not, how costly is adjustment likely to be?", *NBER Working Paper*, No. 11541, 2005; 申蕾:《要素流动与全球经济失衡》,《世界经济研究》2013年第6期等。
⑥ 参见 Hamada, K., "A strategic analysis of monetary interdependence", *Journal of Political Economy*, Vol. 84, No. 4, 1976, pp. 677 – 700; Frankel, J. A., "International coordination", *NBER Working Paper*, No. 21878, 2016。
⑦ Feldstein, M., Horioka, C., "Domestic saving and international capital flows", *Economic Journal*, Vol. 90, No. 358, 1980, pp. 314 – 329.

水平的同时提高，是拥有高增长预期的落后国家从共同货币区中所获得的财富效应，其经常账户赤字将在未来经济发展中得以自动改善①。国内需求上升、储蓄下降，是落后国对未来收入增长预期的结果。国际市场存在对落后国家在金融一体化下实现经济"赶超效应"的预期，乐意为其提供当期资金，落后国则以未来的经济增长作为债务偿还的保证。虽然国内投资在开放经济下依然难以摆脱国内储蓄的制约，即费尔德斯坦-堀冈(Feldstein-Horioka)之谜②，但金融一体化使各国能够通过国际资本市场为本国的"储蓄-投资"缺口融资，减少国内投资对国内储蓄的依赖度③。自20世纪90年代以来，许多国家利用外部资金弥补国内投资缺口。实证研究也证明，欧元区创立后出现了资本从高收入国家"向下"流入低收入国家的趋势④。因此，乐观的观点认为，希腊、葡萄牙等国在加入欧元区初期出现的经常账户赤字问题，是金融一体化程度加深与成员国间经济趋同的必然结果。由于共同货币区内相对落后的成员国可以从其他国家获得融资便利，这些国家的净资本流入及相应的经常账户失衡，都是欧洲经济一体化进程中的正常现象。基于这个视角，对欧元区宏观经济失衡不必过分关注，更无须官方政策层面上的干预。

但是，自欧元区成立以来，成员国宏观经济失衡持续扩大，大量研究都认同欧元区内出现了"过度"的经常账户赤字，并对失衡的可持续性表示担忧⑤。

---

①③ Blanchard, O., Giavazzi, F. "Current account deficits in the euro area: the end of the feldstein-horioka puzzle?", *Brookings Papers on Economic Activity*, No. 2, 2002, pp. 147 - 209.

② 传统经济理论认为在金融资本能够自由流动的情况下，逐利性的资本会进行跨境套利活动，最终流向最优投资地。因此，一国的国内储蓄与国内投资水平不相关。但是，经济学家马丁·费尔德斯坦(Martin Feldstein)和查尔斯·堀冈(Charles Yuji Horioka)对经济合作与发展组织(Organisation for Economic Co-operation, OECD)成员国的实证研究发现，国内投资与国内储蓄之间仍然存在高度的相关性，即所谓"费尔德斯坦-堀冈之谜"。参见 Feldstein, M., Horioka, C., "Domestic savings and international capital flows", *NBER Working Paper*, No. 310,1979。

④ 参见 Ahearne, A., Schmitz, B., Von Hagen, J., "Current account imbalances in the euro area", *Challenges of globalization: imbalances and growth*, 2007, pp. 41 - 57; Schmitz, B., Von Hagen, J., "Current account imbalances and financial integration in the euro area", *Journal of International Money and Finance*, Vol. 30, No. 8, 2011, pp. 1676 - 1695; Lane, P.R., "External imbalances and macroeconomic policy", *New Zealand Economic Papers*, Vol. 47, No. 1, 2013, pp. 53 - 70。

⑤ 参见 Barrios, S., Deroose, S., Langedijk S., et al, "External imbalances and public finances in the EU", *European Commission Occasional Papers 66*, 2010; Jaumotte, F., Sodsriwiboon, P., "Current account imbalances in the southern euro area", *IMF Working Paper*, No. 139, 2010; Gros, D., "External versus domestic debt in the euro crisis", *CEPS Policy Brief*, No. 243, 2011; Higgins, M., Klitgaard, T., "Saving imbalances and the euro area sovereign debt crisis", *Current Issues in Economics and Finance*, 2011, Vol. 17, No. 5; Corsetti, G., Pesaran, M.H., "Beyond fiscal federalism: what does it take to save the Euro?", *CESifo Forum*, Vol. 13, No. 1, 2012。

奥利弗·布兰查德(Oliver Blanchard)在外围国赤字水平远超欧元区警戒线后也承认,应该关注西班牙、葡萄牙等国过度赤字对经济的负面影响[①]。欧元区宏观经济失衡既是成员国内部的经济失衡,也反映了成员国间日益扩大的竞争力差距。成员国经济趋同未能实现,实际产出能力没有提高,也没有创造出可用以弥补当期失衡的未来盈余[②]。成员国持续扩大的赤字水平不具有可持续性。危机后欧盟官方加强宏观经济失衡监督的努力,从侧面佐证了关注欧洲一体化内部宏观经济失衡问题的必要性。

(二)欧元区宏观经济失衡的成因

欧元货币体系内在的机制缺陷是成员国宏观经济失衡的重要原因。许多研究都认同,在没有实现政治和财政一体化的情况下引入共同货币,加大了欧元区成员国的经济发展差异。欧元区成员国在消费习惯、预算安排、风险偏好及经济结构上均存在显著的异质性,本身就不符合最优货币区标准[③]。欧盟成员国加入共同货币区后丧失了汇率调整机制,统一货币政策却难以适应所有成员国的经济需要。欧元区内不仅没有出现成员国经济的实际趋同,反而在欧洲中央银行与《稳约》的宏观经济治理框架下,产生核心国与外围国经济的显著分化,最终形成严重的宏观经济失衡[④]。共同货币区成员国间竞争力差异明显,外围国的贸易赤字反映出其私人及公共部门竞争力的极度缺失。欧元区危机本质上是根源于实体经济的支付危机。各国工资政策以及劳动力与产品市场结构改革进程的差异,是导致成员国竞争力差距的主要原因[⑤]。此外,欧元区成员国经济周期的非同步性,进一步加大了外

---

① Blanchard, O., Giavazzi, "Current account deficits in rich countries", *IMF Staff Papers*, Vol. 54, No. 2, 2007, pp. 191 – 219.

② Holinski, N., Kool, C., Muysken, J., "Persistent macroeconomic imbalances in the euro area: Causes and consequences", *Federal Reserve Bank of St. Louis Review*, Vol. 94, No. 1, 2012, pp. 1 – 20.

③ Holinski, N., Kool, C., Muysken, J., "Persistent macroeconomic imbalances in the euro area: Causes and consequences", *Federal Reserve Bank of St. Louis Review*, Vol. 94, No. 1, 2012, pp. 1 – 20.

④ 参见 Farina, F., Tamborini, R., "Set a sufficiently ambitious budget target and let the automatic stabilizers work: can it really work in the European Monetary Union?", *Open Economies Review*, No. 15, 2004, pp. 143 – 168; Le Cacheux, J., Saraceno, F., "One size does not fit all: country size and fiscal policy in a monetary union", in Farina, F., Tamborini, R. eds., *Macroeconomic Policy in the European Monetary Union: from the old to the new stability and growth pact*, London: Routledge, 2007, pp. 161 – 174; Nechio, F., "Monetary policy when one size does not fit all", *FRSB Economic Letter*, June 2011。

⑤ Bibow, J., "The Euro debt crisis and Germany's Euro trilemma", *Levy Economics Institute Working paper*, No. 721, 2012.

围国与核心国间的通胀差异①,这种差异突出体现在成员国的实际有效汇率上②。外围国通胀上涨幅度超过"巴萨效应"③,持续高通胀导致实际有效汇率上升,极大侵蚀其产品的国际竞争力,使得外围国出口恶化,出现严重经常账户赤字④。统一市场降低了共同货币区内要素流动的壁垒,促使产业由劳动生产率较低的区域向生产率较高的区域集中,形成强者愈强、弱者愈弱的"马太效应",最终加深了欧元区成员国间的经济失衡⑤。国际资本进入欧元区成员国经济的领域也存在差异。外围国吸收的资金主要投资于服务行业,特别是房地产领域,核心国吸引的外资主要流入生产性领域⑥。由于外围国的资本流入大部分出现在非生产领域,没有带来产出能力的实际提高,其经济增长主要依赖于就业增加而非生产率水平的提高,投资增长对人均收入水平没有产生实际的推动作用⑦。

相关研究还发现,"巴萨效应"只能解释部分的通胀差异。欧元区成员国金融市场的差异以及统一货币政策在各国传导机制不同,是造成成员国间通胀差异的重要原因之一。一体化进程的加深会带来金融市场的结构性变革,国际资本大范围跨境流动,"Feldstein-Horioka 之谜"在欧洲一体化市场中不复存在⑧。欧元区金融市场的融合程度更高,国家间汇率风险与交易成本的降低,加速了资本流动,成员国间的资金往来规模超过国际平均水平⑨。另

---

① Andersson, M., Masuch, K., Schiffbauer, M., "Determinants of inflation and price level differentials across the euro area countries", *ECB Working Paper*, No. 1129, 2009.
② De Grauwe, P., "The fragility of the Eurozone's institutions", *Open Economies Review*, Vol. 21, 2009, pp. 167 – 174.
③ 巴拉萨-萨缪尔森效应(Balassa-Samuelson Hypothesis),简称"巴萨效应",是指在经济增长率越高的国家,工资实际增长率也越高,实际汇率的上升也越快的现象,主要反映经济中的落后国家在向发达国家赶超过程中出现的实际汇率升值现象。
④ Mongelli, F.P., C. Wyplosz, "The Euro at ten: unfulfilled threats and unexpected challenges", paper delivered to the Fifth ECB Central Banking Conference the Euro at Ten: Lessons and Challenges, sponsored by European Central Bank, Frankfurt am Main, November 13 – 14, 2008.
⑤ Krugman, P. R., "Increasing returns and economic geography", *Journal of Political Economy*, Vol. 99, No. 3, 2010, pp. 483 – 499.
⑥ Bennett, H. Z., Escolano, J., Fabrizio, S., et al "Competitiveness in the southern Euro Area: France, Greece, Italy, Portugal, and Spain", *IMF working papers*, No. 112, 2008.
⑦ Holinski, N., Kool, C., Muysken, J., "Persistent macroeconomic imbalances in the euro area: Causes and consequences", *Federal Reserve Bank of St. Louis Review*, Vol. 94, No. 1, 2012, pp. 1 – 20.
⑧ Blanchard, O., Giavazzi, F. "Current account deficits in the Euro Area: the end of the Feldstein-Horioka puzzle?", *Brookings Papers on Economic Activity*, No. 2, 2002, pp. 147 – 209.
⑨ Lane, P. R., Milesi-Ferretti, G. M., "The drivers of financial globalization", *American Economic Review*, Vol. 98, No. 2, 2008, pp. 327 – 332.

外,欧元区跨境资本存在"区内偏好",主要由核心国流向外围国[1]。德国等核心国家的金融市场体系相对成熟,融入全球市场的程度更深,更容易从国际资本市场获得融资便利。从某种意义上说,核心国以自身信誉为担保成为外部市场与外围国间的金融中介[2]。在消除了货币风险与交易成本的共同货币区内,原本落后的外围成员国国际融资的可得性大幅提高,国际借贷资本经由核心国持续流向外围国。但是,外围国储蓄下降的比率远超利率下降的财富效应和收入效应。欧洲经货联盟内部缺乏经济行为趋同方面的政策协调,成员国消费与支出行为高度趋异[3]。外围国吸纳的跨境资本大量进入非生产性领域,加速了外围国的消费及信贷增长,助推资产泡沫,对其经济形成逆向刺激[4]。欧盟与外部市场的贸易和金融联系,有助于进一步理解欧元区的宏观经济失衡问题。外部市场的贸易冲击对共同货币区成员国产生不对称的影响[5]。一方面,新兴市场国家的经济发展带来对德国机械设备的强劲需求,推动德国出口贸易增长;而欧元区外围国传统出口产业竞争力下滑,海外市场日益被新兴市场国家的出口商品替代,区外出口份额下滑。另一方面,大宗商品价格上涨导致的成本上升,加剧了欧元区外围国贸易赤字的恶化;石油产出国的收入增长促进了这些国家对德国设备的进口需求增加。随着全球化与区内金融一体化程度的加深,成员国宏观经济失衡的规模也随之扩大。

（三）欧元区宏观经济失衡的调整

欧债危机本质上是欧元区成员国的国际收支危机[6],危机的根本解决

---

[1] Balli, F., Basher, S. A., Ozer-Balli, H., "From home bias to Euro bias: Disentangling the effects of monetary union on the European financial markets", *Journal of Economics and Business*, Vol. 62, No. 5, 2010, pp. 347–366.

[2] Ahearne, A., Schmitz, B., & Von Hagen, J., "Current account imbalances in the euro area", *Challenges of globalization: imbalances and growth*, 2007, pp. 41–57.

[3] Holinski, N., Kool, C., Muysken, J., "Persistent macroeconomic imbalances in the euro area: causes and consequences", *Federal Reserve Bank of St. Louis Review*, Vol. 94, No. 1, 2012, pp. 1–20.

[4] Giavazzi, F., Spaventa, L., "Why the current account matters in a monetary union: lessons from the financial crisis in the euro area", *CEPR Discussion Paper*, No. 8008, 2010.

[5] Chen, R., Milesi-Ferretti, G. M., Tressel, T., "External imbalances in the Eurozone", *Economic Policy*, Vol. 28, No. 73, 2013, pp. 101–142.

[6] Scharpf, F. W., "Monetary union, fiscal crisis and the pre-emption of democracy", *MPIfG Discussion Paper*, No. 11, 2011, pp. 163–198; Frieden, J., Walter, S, "Understanding the political economy of the Eurozone crisis", *Annual Review of Political Science*, No. 20, 2017, pp. 371–390; Schimmelfennig, F., "European integration (theory) in times of crisis, a comparison of the euro and Schengen crises", *Journal of European Public Policy*, Vol. 25, No. 7, 2018b, pp. 969–989.

需要成员国宏观经济失衡的改善。欧元区成员国对失衡调整的政策偏好是盈余国和赤字各自金融财政状况的反映①。在欧债危机爆发前,赤字国通过跨境资本特别是来自欧元区内部核心国的资金,为本国经常账户失衡提供融资,延缓了外部失衡的调整需求。但是,资本从核心国向外围国的转移难以长期维持。由于没有能够持续维持失衡的经济增长,赤字国巨额的外部失衡又对其财政状况形成负面效应。汇率调整机制的缺乏,加大了成员国宏观经济失衡最终的调整成本②。由于统一货币政策在纠正共同货币区经济失衡方面很难有所作为,因此欧元区宏观经济失衡的改善需要相当长的时间,调整的过程必然是渐进和痛苦的③。

预防和纠正宏观经济失衡是欧洲经济一体化最具挑战性的任务④,在技术操作与政治协调上都存在困难。欧盟公布的"宏观经济失衡程序"反映了一体化在这方面的努力,但欧洲经济的再平衡还需要加强成员国及欧盟层面的有效配合。结构性改革能够在一定程度上改善欧元区成员国的宏观经济失衡,但如果不改变共同货币区的体系设计,无法真正解决失衡问题。相关实证研究也指出,结构性改革可以提高一国经济对外部冲击的响应能力,但没有发现结构性改革实质性改善经常账户状况的证据⑤。作为长期战略,结构性改革只有在经济快速增长期间并配合社会保障政策才能发挥效用。

对于欧元区宏观经济失衡的调整成本分配,相关研究都关注到了成员国间责任分配的不平衡。欧元区核心国对外围国的救援支持附加了严苛的条件,并且基本无任何债务减免与债务重组,经济失衡的调整成本几乎完全由赤字的外围债务国纳税人承担⑥。欧元区的失衡调整机制存在显著的不对称性,盈余国不愿承担调整责任,加剧了赤字国承担的痛苦,欧元区宏观经济

---

① Armingeon, K., Cranmer, S., "Position-taking in the euro crisis", *Journal of European Public Policy*, Vol. 25, No. 4, 2018, pp. 546 – 566.

② Holinski, N., Kool, C., Muysken, J., "Persistent macroeconomic imbalances in the euro area: causes and consequences", *Federal Reserve Bank of St. Louis Review*, Vol. 94, No. 1, 2012, pp. 1 – 20.

③ Gros, D., Alcidi, C., "Adjustment difficulties and debt overhangs in the eurozone periphery", *CEPS Working Document*, No. 347, 2011.

④ Franco, D. and Zollino, F., "Macroeconomic imbalances in Europe: institutional progress and the challenges that remain", *Applied Economics*, Vol. 46, No. 6, 2014, pp. 589 – 601.

⑤ Culiuc, A., Kyobe, A. J., "Structural reforms and external rebalancing", *IMF Working Paper*, No. 182, 2017.

⑥ Frieden, J., Walter, S, "Understanding the political economy of the eurozone crisis", *Annual Review of Political Science*, No. 20, 2017, pp. 371 – 390.

失衡调整的成本不成比例地加诸希腊、葡萄牙、爱尔兰和西班牙等国上①。对欧债危机后欧元区成员国内部贬值幅度的实证研究,也证明欧元区宏观经济失衡调整的负担主要由外围国承担②。虽然向赤字国转嫁失衡调整成本,可能是德国等盈余国的理性选择③。但是,共同货币区宏观经济失衡调整完全依赖外围国的经济紧缩并不现实④。从危机后欧元区宏观经济失衡的调整进程来看,赤字国经常账户的改善既有结构性因素,也有周期性因素⑤。长期而言,仅依赖相对价格调整实现欧洲经济再平衡存在挑战。宏观经济失衡调整需要遵循对称原则,赤字国与盈余国均有义务改善经常账户失衡⑥。欧元区内部相对竞争力的改变需要核心国与外围国共同付诸行动,核心国也需要同时承担必要的调整成本。欧元区宏观经济失衡调整安排在国家间存在差异,欧盟目前的制度建设与结构改革尚未从根本上解决问题⑦。

第三节 研究评述

欧洲经济一体化的理论发展,不同程度地综合了政治学、经济学和社会学的理论分析范式,以不同的角度和切入点研究了一体化的进程。国际政治领域一体化的早期研究聚焦于对一体化扩展进程的解释。新功能主义关注一体化中的政治推动及其超国家性,强调低政治部门一体化"外溢"的功能压力,认为"外溢"的程依赖利益集团、政治精英等一系列相关力量的驱动作用,超国家机构是解释一体化进程的重要分析单位。虽然新功能主义可以在很大程度上解释早期的欧洲经济一体化尝试,但对于欧债危机以及欧元区成员国宏观经济失衡问题的解释力有限。有别于新功能主义,政府间主义以国家

---

① Hall, P. A., "The economics and politics of the euro crisis", *German Politics*, Vol. 21, No. 4, 2012, pp. 355-371.
② De Grauwe, P., "In search of symmetry in the eurozone", *CEPS Policy Brief*, No. 268, 2012.
③ Schimmelfennig, F., "Liberal intergovernmentalism and the euro area crisis", *Journal of European Public Policy*, Vol. 22, No. 2, 2015a, pp. 177-195.
④ Guillemette, Y., Turner, D., "Policy options to durably resolve euro area imbalances", *OECD Economics Department Working Paper*, No. 1035, 2013.
⑤ Tressel, M.T., Wang, M.S., "Rebalancing in the euro area and cyclicality of current account adjustments", *IMF Working Paper*, No. 130, 2014.
⑥ Dullien, S., Guérot, U., "The long shadow of ordoliberalism: Germany's approach to the euro crisis", *ECFR Policy Brief*, 2012.
⑦ Barnes, S., "Resolving and avoiding unsustainable imbalances in the euro area", *OECD Economics Department Working Paper*, No. 827, 2010.

为首要分析单位,强调国家利益在一体化中的关键作用。自由政府间主义理论综合运用国际合作领域中的经济利益理论、集体行动、博弈理论和制度选择理论,对欧洲一体化进行系统的理论解释。自由政府间主义反对新功能主义的"专家治国论",将国家作为一体化进程的核心行为体。以国家经济利益为核心,重视一体化进程中国家间的互动与博弈,自由政府间主义从"经济利益""相对权力""可靠承诺"三个关键因素解读一体化过程中国家利益的冲突与聚合,并建立了"国家偏好形成—国家间博弈—选择国际制度"的三阶段分析范式,为研究欧洲经济一体化进程提供了一个新的视角和较为严谨的理论分析框架。在新制度主义的研究中,制度是重要的研究变量,并且是解读欧洲一体化最核心的变量。历史制度主义提出的"路径依赖"的概念以及建构主义关于体系对行为体身份和利益的建构作用,都有助于我们理解欧债危机以来欧盟成员国在一体化问题上的矛盾、纠结与妥协、合作。欧盟成员国虽然在危机治理和失衡调整上存在诸多利益分歧,但仍通过谈判协调达成了一定的制度改革,在某种程度上也正是由于对一体化的承诺、投入以及制度的黏性。

总体而言,目前不存在一个统一的解释欧洲一体化问题的"宏理论"[1],不同视角的研究对欧洲一体化的分析单位与解释变量进行了探索,但都无法完全解释欧洲一体化进程。欧洲一体化的理论与实践共同发展,并逐渐从对一体化进程的解释,向一体化进程中的治理和操作性设计深化[2]。自由政府间主义的研究为分析欧洲经济一体化进程建立了较为成熟的理论框架,其研究框架中的核心概念"偏好"与"偏好形成",以及对国家间合作谈判博弈过程的分析,在一体化研究中受到广泛的认可。不过,自由政府间主义对国家偏好形成的解释存在片面性,局限于从成员国国内政治与利益集团偏好的层面展开分析,过分强调国家政府的作用,而忽视超国家机构以及其他非国家行为体在一体化进程中的作用,忽略身份对成员国偏好的影响,忽视一体化决策的复杂性。因此自由政府间主义自出现以来也面临着各种批评。有学者也指出,虽然"偏好"的概念被大量运用于对欧洲一体化的解释中,但很多研究已经偏离了自由政府间主义的假设和前提[3]。事实上,即使最坚定的自由政府间主义的支持者,也很难严格遵守其最初的解释与分析框架。此外,自由政府间主义对偏好的分析是静态的,没有考虑欧洲经济一体化进程对成员

---

[1] 朱立群:《欧洲一体化理论:研究问题路径与特点》,《国际政治研究》2008 年第 4 期。
[2] 宋新宁:《欧洲一体化理论:在实践中丰富与发展》,《中国人民大学学报》2014 年第 6 期。
[3] Csehi, R., Puetter, U., "Who determined what governments really wanted? preference formation and the euro crisis", *West European Politics*, Vol. 44, No. 3, 2021, pp. 463 – 484.

国偏好形成与国家间谈判的影响。对于政府间的谈判,自由政府间主义的研究范式只是展示了国家间讨价还价的博弈过程,没有分析一体化进程的内生性。尤其是欧债危机的治理协调以及成员国对宏观经济失衡调整的政策立场,在相当程度上受到一体化前期投入、早期决策行为和制度设计的约束,存在历史惯性。共同货币区成员国内在的相互依赖,以及对维持欧洲经济一体化成果的趋同偏好,构成了成员国合作协调的动力,也影响到博弈谈判的结果。在实际研究中,如果仅局限在自由政府间主义框架的评估,难以完全理解欧洲经济一体化进程。总之,欧洲一体化进程十分复杂,无法简单地从任何一个单一的理论视角来分析[1]。

另一方面,对宏观经济失衡的研究,围绕其性质、可持续性与调整方式,在理论争鸣中不断深化。有关全球经济失衡的研究已经积累了丰富的文献,货币联盟经济失衡的研究也颇具成果。学者们从宏观经济失衡的特性、成因、可持续性及调整方式等方面开展了大量的理论与实证研究。一方面,欧元区宏观经济失衡与全球经济失衡问题存在一定的共同性;另一方面,欧元区失衡又表现出相当的特殊性。对于合作体系内生成的宏观经济失衡现象,相关研究从不同的视角提供了解释。大多数学者都认同,共同货币区内的经济失衡是成员国经济与政治因素共同作用的结果,失衡的形成与调整安排反映成员国间的利益冲突与聚合。但是,现有研究缺乏对欧洲一体化内部宏观经济失衡形成与调整问题的逻辑分析框架,对失衡现象背后的政治经济互动关系的理论分析也有待深化。国内学者在欧债危机之后也关注到了欧元区成员国宏观经济失衡与欧元区危机之间的内在关联,但主要研究仍集中在对于欧债危机成因、进程、救助方案与发展方向的分析上,对成员国宏观经济失衡问题的深入研究相对较少。鉴于欧洲经济一体化进程的复杂性与特殊性,欧元区成员国经济失衡的形成与调整问题实际上是多方面因素共同作用的结果,既反映成员国内部与成员国间错综复杂的经济利益,又反映统一货币政策下成员国对货币合作成本收益的权衡;既是政治问题,又是经济问题。欧洲一体化进程本身就是政治经济因素交织共同作用的过程,欧元区宏观经济失衡与调整问题是一体化进程困境的集中反映。不论是离开经济因素孤立的政治分析,还是脱离政治因素的纯经济分析,都无法辩证理解欧洲经济一体化问题。

---

[1] Rosamond, B., *Theories of European integration*, New York: Palgrave, 2000.

第三章 研 究 路 径

没有任何单一的路径能够完全解释世界政治的复杂性。

——斯蒂芬·沃尔特(Stephen Walt)

本章的目的在于确立研究假设与分析框架。笔者假设国家是理性的，欧元区成员国在合作体系内的行动原则，是基于利益尤其国家经济利益最大化的考量；成员国经济偏好存在差异，宏观经济失衡的形成与调整过程反映成员国的偏好互动；国家的经济行为与政策选择是在不对称相互依赖的合作体系中建构而成的；宏观经济失衡调整安排的达成是一个谈判与博弈的过程。在此基础上，本研究从国家经济偏好、国家间博弈和制度达成三阶段构建分析框架，探究欧元区成员国宏观经济失衡的形成机理、调整困境与协调路径。

第一节 研 究 假 设

一、核心问题：国家利益

本研究的第一个基本假设是：国家利益尤其是国家经济利益是欧洲一体化的驱动因素，成员国的经济行为是基于自身利益的理性选择的结果，欧元区宏观经济失衡的产生、调整博弈与政策协调都围绕着国家利益这一关键要素。

国家总是"理性地或者说工具性地追求一种相对稳定、有序的利益"[1]。利益是国际政治学的基本概念，"构成制度概念的基础"[2]。作为理性的基本

---

[1] [美]安德鲁·莫劳夫奇克：《欧洲的抉择》，赵晨、陈志瑞译，北京：社会科学文献出版社，2008年版。

[2] 张宇燕，李增刚：《国际经济政治学》，上海：上海人民出版社，2008年版。

行为体,国家在国际交往中选择冲突或合作的根本出发点是自身的利益最大化。国家利益同时以权力界定,是各种政治力量的博弈均衡。

笔者认为,欧洲经济一体化是各成员国政府理性抉择和谈判的结果,成员国政府在国家间关系中发挥核心作用,国家利益在塑造成员国参与一体化的政策抉择中起到关键作用。尽管欧洲经济一体化的实践源自欧洲统一的政治梦想与共识,但促使成员国在政治联盟实现之前就奋身投入货币联盟建设的主要驱动因素仍是经济利益。欧洲"各国政府从未停止追求其国家利益,它们进行艰苦博弈,在各项政策问题上互有得失"[1]。"经济利益对国家偏好起主要的解释作用"[2]。无论是成员国加入欧元区的动机,还是欧元区危机后的治理主张,都出自其对自身经济利益的理性抉择。欧元区成员国在宏观经济失衡调整方式与成本分配上的博弈与抉择,同样是基于国家利益的权衡,是成员国间围绕国家利益与偏好的讨价还价的过程。研究欧洲一体化进程中的危机与宏观经济失衡问题,需要围绕国家经济利益,分析成员国在货币合作体系中的互动与博弈。

二、关键变量:经济偏好

本研究的第二个基本假设是:欧洲经济一体化内部成员国的经济偏好存在差异,失衡的形成与调整过程反映成员国偏好的互动。

偏好的形成机制是研究国际经济合作的起点。偏好是行为者对"可能选择的排序",排序情况反映了行为者"真实"的理想点[3]。偏好的形成是一个政治过程,行为者"决定他们想要什么以及追求什么"[4]。行动者为什么建立、如何建立以及他们如何在与其他行为体的关系中追求这些偏好,对于理解政治、经济与社会运作至关重要。本研究关注经济偏好的形成与互动,分析一体化下成员国经济增长的路径选择以及对失衡调整的政策立场。偏好形成既受成员国国内经济政治变量的影响,也是一体化进程下内外部因素互动的结果。欧元区成员国的经济理念不同,在统一货币政策的不对称影响下,形成了趋异的经济偏好与政策选择。

---

[1] [美]安德鲁·莫劳夫奇克:《欧洲的抉择》,赵晨、陈志瑞译,北京:社会科学文献出版社,2008年版。

[2] 同上。

[3] Wasserfallen, F., Leuffen, D., Kudrna, Z., et al, "Analysing European Union decision-making during the eurozone crisis with new data", *European Union Politics*, Vol. 20, No. 1, 2019, pp. 3-23.

[4] Hall, P. A., "Preference formation as a political process: The case of monetary union in Europe", *Preferences and Situations*, 2005, pp. 129-160.

笔者认为欧元区内部的宏观经济失衡是成员国经济偏好趋异的逻辑结果。成员国在宏观经济失衡治理方向的分歧与冲突，也可以从经济偏好的角度来认识。对于欧元区危机治理与失衡调整的方式，政策制定者面临着诸多权衡，其政策立场基于不同的经济偏好。同时，偏好差异也是欧洲经济一体化危机治理进程困难的重要原因。

三、相互依赖与不对称

本研究的第三个基本假设是：统一货币政策对成员国具有不对称的成本收益，欧元区宏观经济失衡的形成是相互依赖的成员国在不对称效应下趋异经济路径选择的结果；欧元区宏观经济失衡调整机制的最终达成，是成员国不对称相互依赖下的博弈结果。

相互依赖，指的是行为体在行动和利益上的一种相互关系。从语义上看，"相互依赖"与孤立的"自主"、完全的"独立"相对；从经济含义来说，"相互依赖"反映了行为体在政策和行动上处于受外界因素制约的敏感状态①。更进一步而言，"相互依赖"不只是单纯地存在相互联系，其本质特征是行为体在互动关系中产生的"彼此都付出代价的结果"②。开放经济条件下，国家经济的相互依赖存在外溢效应，理性国家行为体会根据相互依存下的成本和收益确定经济发展模式。国家间经济的相互依赖关系"不可避免地通过国际收支状况联系在一起"③。通常而言，这种相互依赖关系"很少是对称的"。经济协调合作会带来成员间不对称的相互依赖和成本收益的不对称分配。在政府间谈判中，受危机打击最严重或处于弱势地位的国家，以及在一体化中获益较大或因一体化解体可能遭受较大损失的国家，均存在适当妥协以达成尽可能合作的意愿。

笔者认为，欧元区内部的宏观经济失衡是各国在一体化体系中政治经济关系互动的结果。在共同货币区内，成员国经济偏好互相依赖、相互加强，最终生成区内严重的宏观经济失衡。当失衡发展到不可持续时，欧盟成员国就面临宏观经济失衡调节方式与成本分配的抉择。博弈的结果既是成员国相对实力的体现，也是各国相互不对称依赖程度的反映。这种不对称的相互依

---

① 苏长和：《全球公共问题与国际合作：一种制度的分析》，上海：上海人民出版社，2009年版。
② [美]罗伯特·基欧汉、约瑟夫·奈：《权力与相互依赖》，门洪华译，北京：北京大学出版社2004年版。
③ Cohen, B. J., "The macrofoundations of monetary power", in Andrews, D. M. ed., *International monetary power*, New York: Cornell University Press, 2006, pp. 31-50.

赖对国家间博弈的效率和分配结果都产生了重要影响。

四、谈判博弈的过程

本研究的第四个基本假设是：欧洲经济一体化是各国政府间"合作—冲突—协调"的进程，成员国宏观经济失衡调整共识的达成要经过一系列复杂的谈判与博弈过程，最终形成合作性的协议。

谈判与博弈的理论，是研究行为体理性选择的主要分析工具。讨价还价的逻辑在于，对博弈各方而言，达成某种合作协调的结果优于合作破裂可能造成的潜在伤害。宏观经济协调的基本逻辑也在于政策协调能够产生总体利益最优。当各国通过政策协调，并根据其他成员国的经济偏好相应调整自身行为时，就实现了合作。因此，国家间的宏观经济协调，实质上是一个谈判博弈的过程，是国家间对抗和合作的过程，既包含利益冲突，又存在利益趋同。合作的基础是各方希望通过谈判与博弈的过程，达成尽可能最大化本国经济利益的结果。共同的利益与期望是谈判得以成功的基础。

笔者认为，欧洲经济一体化在成员国政府间的谈判与协调下得以推进。成员国间的博弈过程中存在"共同规避的困境"，即"各行为体必须通过接受或同意一系列规则或惯例来协调它们的政策，以避免双方都不愿看到的后果"①。如果成员国不能就宏观经济失衡的调整方式及成本分配达成双方都能接受的方案，欧洲经济一体化的长期努力可能付之东流，各方都将承担共同货币区崩溃后的政治经济代价，这显然不符合欧盟各国的利益。因此，欧元区宏观经济失衡调整的博弈，有可能是合作性的博弈，各方都存在通过协调性制度安排解决"共同规避的困境"的意愿。但是，这种协调博弈的过程，注定是一个复杂的讨价还价的谈判进程，博弈的核心问题是成员国的责任分担与成本分配，最后达成的制度必然是各方都可以从体系中受益的政策安排。

第二节 分析框架

一、国家经济偏好：认识宏观经济失衡的形成逻辑

欧元区成员国经济偏好的形成与互动是本研究的重点问题。根据国际经济合作理论，国家偏好是利益在专门问题上的反映，各国在各项议题中均

---

① [美]安德鲁·莫劳夫奇克：《欧洲的抉择》，赵晨、陈志瑞译，北京：社会科学文献出版社，2008年版。

存在政策立场和偏好差异。在自由政府间主义的分析中,国家偏好是理解一体化的逻辑起点。国家偏好被定义为"对未来重大后果是什么的一系列有序、加权的价格判断……这些价值判断产生了国际政治的互动"①。传统现实主义把"高级政治"作为国家偏好的主要影响因素,关注各国政府在地缘政治观念上的差异。自由政府间主义则认为地缘政治因素并不能完全解释国家偏好,对国家偏好起主要作用的是国家的经济利益。各国的经济利益特别是商界利益是影响政府偏好和决策的关键要素,国家经济偏好是国内各方利益考虑加总的结果。进一步地,将"偏好"从自由政府间主义的框架中解放出来,可以更广泛地分析欧洲一体化进程中出现的问题,如偏好形成的层次、偏好的互动、反馈以及行为者权力变化对偏好形成的影响等②。

偏好既是国家经济利益的反映,也是一国经济哲学、国内利益和政策聚合在经济行为上的表现。欧元区宏观经济失衡的形成与成员国趋异的经济偏好密切相关。从"偏好"与"偏好形成"出发,本研究试图解释,在共同货币区内,是什么最终促成了各国趋异的经济增长偏好？成员国经济偏好及其互动如何影响国际收支并催生债务危机？在欧元区内,各国的经济偏好一方面是国内利益与偏好的汇集;另一方面,又是对统一货币政策效应的回应与成员国间相互依赖关系的反映,是国内外政治经济因素互动的产物。欧元区成员国在合作货币体系中相互依赖、互相影响,逐渐形成并加强了各自的经济偏好。国家的经济偏好是该国对一体化体系内经济相互依赖模式的反映,是统一货币政策为各国带来的经济机会与经济代价的综合反映。对成员国经济偏好形成路径的分析,解释了合作货币体系内部宏观经济失衡的形成机制,也有助于理解欧元区主权债务危机的生成逻辑。

二、国家间博弈：分析宏观经济失衡调整的谈判过程

各国政府通过谈判博弈协调经济一体化进程中的国家利益冲突。当欧元区宏观经济失衡达到不可持续的程度,并且对成员国经济乃至共同货币区的存续构成威胁时,对经济失衡的主动调整就势在必行。而宏观经济失衡调整的关键问题就是调整成本的负担分配。从现实的角度而言,没有任何国家愿意主动承担调整的直接成本及其对国内经济政治的冲击。因而,失衡调整方案的达成必然是成员国政府围绕本国经济利益进行的理性抉择与谈判博弈的结果。

---

① [美]安德鲁·莫劳夫奇克：《欧洲的抉择》,赵晨、陈志瑞译,北京：社会科学文献出版社,2008年版。
② Kassim, H., Saurugger, S., Puetter, U., "The study of national preference formation in times of the euro crisis and beyondc", *Political Studies Review*, Vol. 18, No. 4, 2020.

根据莫劳夫奇克的假定，政府间博弈谈判是一个非强制性的体系，各国均拥有一票否决权；不存在诉诸军事威胁等武力行动的可能；各国政府充分了解可能达成协议的范围、各国政策偏好以及相关制度选项等信息，并且信息交易成本低于合作收益。尽管理论上说各国都可以选择不参与谈判，但这会使其处于比采取单边行动更加不利的境地。由于存在共同利益，各国政府都有意愿进行博弈协调。只要偏好一致，政府间谈判就有可能达成共识，通过协议实现合作收益，获得帕累托改进。一般来说，如果谈判事项对各方而言同样重要，当其他条件不变时，由于从合作中获益最多的国家更渴望达成协议，其在谈判中的议价能力相对更低。各国政府是否参与谈判的收益间存在相对价值，即所谓"偏好密度"，"偏好密度"同该政府的博弈能力成反比。"博弈结果是各国相对实力的反映，更准确地说，是不对称相互依赖关系的反映。哪个国家从一体化中获得的经济收益最多，就最愿意在一些边缘问题上做出妥协，或是一定程度上弥补受损国家的利益；而那些得益最少的，或者适应成本最高的国家则会提出它们的条件"。①

本研究试图解释欧元区的危机治理和宏观经济失衡调整进程为何困难重重。在欧元区内部，成员国间存在不对称的政治经济权重，同时在体系中又存在不对称的相互依赖，因而失衡的谈判与博弈过程更加艰难。欧元区危机治理的制度建设是成员国政府的集体选择，是权衡各种失衡调整方案以及不合作可能导致的成本收益后的理性抉择。成员国经济的相互依赖与经济利益的相互冲突，决定了欧元区失衡调整方案的达成必然要经过艰难的谈判过程。由于欧元区宏观经济失衡调整事关共同货币区的存续发展，因此，成员国政府的谈判博弈实际上也反映了各国在合作体系内获得的收益大小。国家间不对称的相互依赖程度，决定了欧元区危机治理与失衡调整制度的达成对各成员国的相对价值，也决定了各成员国为达成合作而妥协的意愿。博弈结果既取决于各成员国政府的实力，也是政府间不对称相互依赖的反映。在谈判协调进程中总是会出现集体博弈难题，成员国讨价还价的过程可以建立博弈理论模型进行分析。

三、制度达成：关注宏观经济失衡调整的政策协调

相互依赖促成制度的达成。一般认为，制度规定了行为体的职责，是约束、激励行为体的一系列原则、规范、规则和决策程序的总和。作为"一个社

---

① [美]安德鲁·莫劳夫奇克：《欧洲的抉择》，赵晨、陈志瑞译，北京：社会科学文献出版社，2008年版。

会的游戏规则",制度"是人类为塑造彼此间关系而设计的约束"①,赋予决策者民主或者其他形式意识观念的合法性。协议在制度的保证下,才能得到相对公平的遵守或实施。国际合作和制度的达成,"是通过个体复杂的谈判和博弈过程来完成的……个体在实现共同利益的过程中,既有信息沟通问题的困扰,也有利益分配问题的纠纷"②。制度的本质特征是"期望、行为或实践模式的汇聚和集合"③。

制度促成合作,制度规范行为,制度的达成是行为体间谈判博弈与合作协调的结果。本研究以国家经济利益为基点,分析危机后欧元区宏观经济失衡调整的制度建设。欧洲经济一体化本身就是国家间讨价还价的博弈过程。理性假设下的成员国政府出于国家经济利益的权衡,具备达成利益聚合的可能性与可行性。宏观经济失衡调整谈判博弈的焦点是成本收益的国家间分配,博弈结果需要以制度形式汇集,以保证承诺的可信度。为了巩固谈判成果,锁定政策协调,确保各方履行承诺,各国政府理性地选择将部分主权委托转让给超国家机构。"政府之间的合作受到经济利益、相对权力和战略上保证承诺这三个因素的推动或制约……欧洲一体化是权力政治的另外一种表现形式,很大程度上出于经济原因,民主国家和平地探索不对称相互依赖状态下的各种可能,运用制度性承诺,追求自己的利益"④。通过讨价还价,成员国最终达成所谓"最小公分母"的解决方案,并通过主权委托汇集,实现相互限制和控制,确保承诺的可靠性。各国政府集中决策并将部分经济主权向上转移至超国家机构,以期最大限度地发挥一体化的价值。成员国越看重实质性合作协议对本国带来的利益,越不确定其他成员国未来的行为,就越需要通过制度建立以稳定谈判结果。一体化的危机往往显示出前期制度设计的缺陷,尤其是权力分散的后果,因此在危机治理进程中可能会出现更进一步的主权授权和汇集,以保障一体化的成果。

基于对欧元区宏观经济失衡与调整的研究,本研究尝试理解欧洲经济一体化的挑战与方向。欧元区成员国存在经济利益的交集,成员国宏观经济失衡不仅威胁外围国的经济运行,从长期而言也不利于核心国经济的稳定发

---

① North, D. C., *Institutions, Institutional Change and Economic Performance*, Cambridge: Cambridge university press, 1990.
② 苏长和:《全球公共问题与国际合作:一种制度的分析》,上海:上海人民出版社,2009年版。
③ Haggard, S., Simmons, B. A., "Theories of international regimes", *International organization*, Vol. 41, No. 3, 1987, pp. 491-517.
④ [美]安德鲁·莫劳夫奇克:《欧洲的抉择》,赵晨、陈志瑞译,北京,社会科学文献出版社,2008年版。

展。成员国间就宏观经济失衡调整的政策协调不仅存在可能性，也具有相当的可行性。成员国的讨价还价可能是合作性的博弈，谈判协商的结果会汇集为一系列预防、监督经济失衡与共担调整成本的制度，达成各方都可接受的利益分配结果。权力是决定谈判博弈最终结果的关键，合理的成本收益分配是保证合作成功实现的重要因素。从历史的视角来看，欧洲一体化进程在危机中不断深化成员国间的合作以及货币联盟的机制建设。从现实的实践来看，欧元区成员国在欧债危机后达成了包括宏观经济失衡程序在内的各项制度安排，在推进经济政策协调与财政一体化上取得一定进展。尽管欧洲经济一体化进程目前面临多重困境，成员国间分歧冲突不断，但是通过在各项议题上的国家间协调，不断达成利益共识，一体化仍有望逐步深化。问题的关键在于如何实质性地完善机制建设，推动一体化的有效治理，恢复各国对一体化经济合作的信心。研究欧元区宏观经济失衡调整的制度建设与改革成效，重点在于理解制度达成的可能与有效实施的条件。此外，欧元区目前的危机治理与宏观经济政策协调的分配结果与成效也是需要关注的问题。

第三节 本章小结

本研究以国家为中心行为体，分析欧元区成员国的经济动机与政策偏好，探讨欧洲经济一体化下成员国宏观经济失衡的形成和调整。基于"偏好形成—国家间博弈—制度达成"三阶段，本研究构建了以下的分析路径：

首先，以经济偏好为关键，研究欧元区宏观经济失衡与危机的形成机理。欧元区在成立之时就未充分满足最优货币区的设定条件，本研究试图解释加入共同货币区后，成员国经济偏好的产生逻辑以及在趋异偏好下宏观经济失衡的生成。

其次，基于成员国谈判博弈的利益基础与政策主张，研究欧元区宏观经济失衡的调整难题。危机后的宏观经济失衡调整必然伴随相应的政治经济成本，本研究基于成员国在共同货币区内的相互依赖、相对权力以及利益分歧，分析危机后欧元区失衡治理的博弈过程。

再次，围绕利益聚合的关键要素，研究危机后欧盟宏观经济的治理战略与制度建设。欧元区宏观经济失衡的调整谈判步履维艰，成员国在国家权力与利益的牵扯博弈下逐步达成一定的协调成果。本研究探讨危机后欧元区建立的宏观经济失衡预警、监督与纠正机制，并分析失衡调整的分配结果与制约因素。

第四章 欧元区宏观经济失衡的形成与主权债务危机

理性的牧羊人会得出结论：对他来说，多养一只羊是最明智的选择。于是，再多养一只，接着再养一只……但这也是这块牧地上每一个理性的牧羊人共同的想法。

——加勒特·哈丁（Garrett Hardin）

宏观经济失衡分析的逻辑起点是失衡形成路径的研究。欧元区的"非最优"与机制缺陷在设立时就已存在，但"良性失衡"的假设导致对一体化下成员国宏观经济失衡的忽视。加入共同货币区后，欧元区内贸易加强，跨境资本流动活跃，成员国在统一货币政策下形成不同的经济增长路径。核心国出口导向的经济偏好与外围国需求驱动增长的经济偏好在共同货币区中互相依赖，相互加强。核心国的盈余增长与外围国的赤字堆积，是一体化体系下不同偏好发展的结果。"偏好"是理解欧洲一体化的关键变量，欧元区成员国经济偏好的形成，既是一个基于国内经济理念与制度因素的过程，也是一体化内行为体互动的跨国过程。本章从异质性经济的决策难题出发，实证检验欧元区成员国的经济同步性，研究统一货币政策在区内的不对称分配效应，进而分析成员国在合作体系内的偏好趋异及互动关系。本章提出的中心命题是：共同货币区并未实现预期的经济趋同，统一货币政策在欧元区核心国与外围国间产生不对称的收益分配，成员国在相互依赖的经济关系中形成不同的增长偏好，失衡是趋异偏好发展的逻辑结果，共同货币区成为欧元区成员国宏观经济分化的重要来源，成员国宏观经济失衡的不可持续是欧元区主权债务危机触发的内在因素。

第一节 异质性经济的决策难题

从理论上说，加入共同货币区消除了欧元区成员国货币间的兑换成本，提高了产品的价格透明度,降低交易成本,有利于促进竞争,提高区域经济效率。同时,共同货币区内部的汇率风险不复存在,减少了国家间交易不确定性的风险来源,有利于推动国际贸易与对外投资。货币恶性竞争的可能性消失,也有利于减少贸易冲突,促进共同市场要素、商品和服务的流动。但是,共同货币区使成员国政府失去了运用货币政策调控本国经济的能力,成员国间经济的异质性对统一货币政策的制定和实施提出挑战。欧元区被寄予消除成员国经济差异、实现区域经济趋同的期望,但欧盟各国在政治体制、经济理念、市场结构等诸方面的差异难以逾越。

一、最优货币区理论与经济同质性要求

作为欧元区理论基石的最优货币区(Optimum Currency Areas,以下简称"OCA")理论最早由罗伯特·蒙代尔(Robert Mundell)在1961年提出,形成于国际经济学界对固定汇率与浮动汇率制度优劣的争论之中。虽然对于OCA,并没有统一严谨的定义,但非常明确的一点是,所谓"最优"反映的是货币区内能够实现宏观经济均衡的目标,包含经济增长、价格稳定、充分就业及国际收支平衡的内外部目标。

在蒙代尔的研究中,需求转移是造成外部失衡的主要原因。如果能够实现资本、劳动力等生产要素的充分自由流动,就可以有效消除需求转移造成的冲击,自动实现对宏观经济失衡的有效调整[1]。对OCA进一步的理论研究,在要素的流动性之外加入了更多衡量"最优"的标准。鉴于贸易商品在社会总产品所占的比重与经济开放度呈正相关关系,罗纳德·麦金农(Ronald Mckinnon)将经济开放程度作为参考变量[2]。彼得·凯南(Peter Kenen)重视产品多样性的作用,认为货币区内国家生产的多样化程度越高,越能有效抵御外部冲击对经济总产出水平的影响,相对而言也就越能有效实现经济的自动均衡[3]。詹姆斯·英格拉姆(James Ingram)关注了非实体经济的影响,以金融特征作为衡量OCA的标准。英格拉姆指出,在金融高度一体化的条件下,由国际收支失衡引起的价格水平的微小变动,就足以产生跨境资本的大规模流动。因此,开放经济能够自动产生均衡机制,一体化下贸易改善对汇

---

[1] Mundell, R. A., "A theory of optimum currency areas", *The American Economic Review*, Vol. 51, No. 4, 1961, pp. 657-665.

[2] McKinnon, R. I., "Optimum currency areas", *The American economic review*, Vol. 53, No. 4, 1961, pp. 717-725.

[3] Kenen, P. B., "The theory of optimum currency areas: an eclectic view", in Mundell, R. A., Swoboda, A. K., *Monetary Problems of the International Economy*, Chicago: University of Chicago Press, 1969, pp. 41-60.

率波动的依赖性大为降低①。戈特弗里德·哈伯勒(Gottfried Haberler)以及弗莱明·马库斯(Fleming Marcus)等的研究认为,结构性因素、工会以及国内货币政策所引起的国家间通货膨胀差异,是导致经常项目失衡的主要原因②。由此提出,成员国间的通胀指标趋同应该是组建最优货币区的必要条件。乔治·塔夫拉斯(George Tavlas)提出以工资物价弹性及产品多样化程度作为OCA的判定标准③。塔米姆·巴尤米(Tamim Bayoumi)和巴里·艾肯格林(Barry Eichengreen)将国家间产业结构、经济政策取向的相似性以及生产要素的流动程度等作为国家间组成货币联盟的判定标准④。此外,相关研究还强调了政治一体化的必要性⑤。

尽管关于OCA的具体标准存在着理论争议,但是达成共识的是,加入货币联盟的成本收益取决于成员国适应特定标准的程度。货币联盟中成员国经济的同质性程度越高,共同货币区内成员国实现经济均衡的可能性就越强。为了尽可能避免非对称冲击的影响,成员国经济趋同是共同货币区建立的必要条件。根据蒙代尔的理论,外部失衡主要源于需求转移。在共同货币区内,当面临对称性冲击时,统一货币政策有可能实现对经济的有效调节;当面临的冲击是非对称的,成员国就无法独立运用货币政策工具化解冲击,使经济自动恢复均衡状态。如果能够保证劳动力市场具有充分弹性,或者实现劳动力的自由流动,成员国经济仍有可能自动恢复均衡状态。然而,实际运行中的欧元区显然不具备上述条件。因此,在这种情况下,成员国经济的同

---

① Ingram, J. C., "Comment: The currency area problem", in Mundell, R.A., Swoboda, A.K. eds., *Monetary Problems of the International Economy*, Chicago: University of Chicago Press, 1969, pp. 95 – 100.

② Haberler, G., "The international monetary system: some recent developments and discussions", in Halm G. ed., *Approaches to Greater Flexibility of Exchange Rates*, Princeton: Princeton University Press, 1970. pp. 115 – 123; Fleming, M., "On exchange rate unification", *The Economic Journal*, Vol. 81, No. 323, 1971, pp. 467 – 488.

③ Tavlas, G. S., "The 'new' theory of optimum currency areas", *The World Economy*, Vol. 16, No. 6, 1993, pp. 663 – 685.

④ Bayoumi, T., Eichengreen, B., "Ever closer to heaven? an optimum-currency-area index for european countries", *European Economic Review*, Vol. 41, No. 3 – 5, 1997, pp. 761 – 770.

⑤ 参见 Haberler, G., "The international monetary system: some recent developments and discussions", in Halm G. ed., *Approaches to Greater Flexibility of Exchange Rates*, Princeton: Princeton University Press, 1970. pp. 115 – 123; Ingram, J. C., "Comment: the currency area problem", in Mundell, R.A., Swoboda, A.K. eds., *Monetary Problems of the International Economy*, Chicago: University of Chicago Press, 1969, pp. 95 – 100; Tower, E., Willett, T. D., "The concept of optimum currency areas and the choice between fixed and flexible exchange rates", in Halm, G. N.ed., *Approaches to Greater Flexibility of Exchange Rates: The Burgenstock Papers*, Princeton: Princeton University Press, 1970, pp. 407 – 415。

质性程度就成为关键因素,不仅直接影响统一货币政策的效应,也关系到成员国经济均衡的实现与失衡的调整问题。

从某种意义上说,欧元区属于一个仓促上马的"早产儿",其建立之时并未达到理论上的 OCA 标准。姑且不论《马斯特里赫特条约》(以下简称《马约》)中对成员国设立的"经济趋同"门槛[1],被成员国用所谓的"创造性"技术方法轻易绕过;即使是充分满足了"趋同标准"的成员国组成的货币联盟,离 OCA 的经济同质性要求也尚存距离。[2] 那么,为什么欧洲国家会在各方面硬件条件都不完全成熟的情况下推动欧元区的创立?国家利益是关键的解释变量。各国在国家利益尤其是经济利益上的要求是欧洲经济一体化的主要动力,各国都希望通过共同货币体系以及协调性的经济政策来适应经济技术发展的新动态[3]。稳定汇率、降低对外融资成本、提高融资方式的灵活性,是成员国的共同期待。德国在两德统一后经济下滑,希望借助共同货币维持有竞争力的汇率水平,保障出口竞争力;法国希望遏制德国货币霸权,将加入货币联盟作为约束德国和赶超德国经济的手段;希腊等外围国希望分享核心国的货币信誉,吸引跨境资本投资,缓解外部约束与经济压力。总之,不论出自何种动机,经济利益都是各国重要的考虑因素[4][5]。欧元区的设立一开始就是在国家间的利益谈判与博弈协调中进行的。

对于"先天不足"的欧元区,经济学家之间存在广泛的争议,最突出的表现就是 1992 年关于货币联盟进程的大论战。[6] 双方对于欧元区并非最优货币区这个问题,基本没有分歧。争议的焦点在于,提前上马的共同货币区是否能够加强成员国经济的同质性,统一的欧元能否最终成为真正的最优货

---

[1] 《马约》为各国加入欧元区规定了一系列经济指标范畴上的名义"趋同标准",包括:年通货膨胀率不得超过欧盟通货膨胀率最低的 3 个国家平均通货膨胀率 1.5 个百分点;长期名义年利率不超过上述 3 个国家平均长期利率 2 个百分点;年度财政赤字占 GDP 的比重低于 3%;政府债务占 GDP 的比重低于 60% 等。

[2] 许多最优货币区标准都被排除在《马约》的趋同标准之外。名义趋同标准关注了通货膨胀、利率、财政赤字和政府债务等经济指标,但最优货币区理论要求的关键性的实体经济指标并没有包括在其中。

[3] [美]安德鲁·莫劳夫奇克:《欧洲的抉择》,赵晨、陈志瑞译,北京:社会科学文献出版社,2008 版。

[4] 同上。

[5] 对于地缘政治利益和意识观念的作用,莫劳夫奇克认为,尽管上述因素在欧洲一体化进程中也发挥着重要的影响,但其对一体化的推动作用是其次的,经济利益始终是最关键的影响因素。

[6] 美国经济学者在 20 世纪 90 年代也发表了大量质疑文章,认为欧洲经货联盟的构想很可能是错误的。

币,并内在地避免由于未满足"最优"标准所可能带来的恶性经济失衡等问题。在这方面,最优货币区的"内生性假定"[①]和经济失衡的"良性"假设都为欧元区的建立提供了理论上的依据。[②] 但是,共同货币区在实际运行中是否加强了欧元区成员国间的经济同质性程度,宏观经济失衡的"良性"假设是否成立,却有待实证上的考察。

二、共同货币区成员国的经济分化

如上所述,欧元区成员国经济的同质性程度直接影响统一货币政策的决策效率,关系各国在共同货币区内的成本收益,进而影响成员国的经济偏好与政策选择。为考察加入共同货币区对欧元区成员国经济的实际影响,本研究对欧元区成员国的经济同质性进行了实证检验。

经济同质性标准包括诸多方面,经济周期的同步性是常见的观察视角。"经济周期"的一般定义是,"经济活动的绝对扩张与收缩"[③]。近年来,关于经济周期的研究倾向于将"经济周期"理解为实际经济活动相对于长期经济趋势的周期性偏离。经济周期的同步性是影响货币联盟宏观经济稳定的重要因素。虽然成员国经济周期的同步性并非货币联盟成功的充分条件,但毋庸置疑是其顺利运行的必要条件,也是最能够反映统一货币政策实施效力的变量。同时,成员国经济周期的同步程度还关系到共同货币区经济均衡的实现与失衡的调整问题。理论而言,成员国经济周期的非同步性越高,统一货币政策的决策与实施难度就越大。如果成员国经济周期存在显著差异,"一刀切"的货币政策就难以满足全体成员国的需要,基于区内平均经济状况制定的货币决策可能对部分成员国产生顺周期效应,形成或加大其经济的外部失衡。经验研究认为,国家间双边贸易越多,其经济周期的相关性就越强[④]。

[①] "内生性假定"认为,最优货币区具有自我强化的功能,即使成员国不满足最优货币区的"事前标准",在共同货币区建立之后,经济趋同也将成为货币区经济运行的实际结果,货币一体化能够自然推动一个"事后"最优货币区的出现。参见 Frankel, J. A., Rose, A. K, "The endogeneity of the optimum currency area Criteria", *The Economic Journal*, Vol. 108, No. 449, 1998, pp. 1009-1025。

[②] 这个论点也遭到许多学者的反对。一些经济学家根据美国经验进行的研究发现,一体化的深化会使非对称冲击的后果更加严重。此外,最优货币区的内生性因素的影响程度以及作用速度,都"有待进一步研究"。参见 De Grauwe, P., Mongelli, F. P., "Endogeneities of optimum currency areas: what brings countries sharing a single currency closer together?", *European Central Bank Working Paper*, 2005。

[③] Burns, A. F., Mitchell W. C., "Measuring business cycles", *NBER Woring Paper*, No. 4643, 1946.

[④] Frankel, J. A., Rose, A.K, "The endogeneity of the optimum currency area criteria", *The Economic Journal*, Vol. 108, No. 449, 1998, pp. 1009-1025.

那么,由于统一货币带来的欧元区成员国间的贸易增加,是否相应提高了成员国经济周期的同步性呢?

(一)研究方法与数据

1. 基于 HP 滤波的经济周期同步性分析

HP(Hodrick-Prescott)滤波法是比较常见的衡量经济周期波动性的方法。该方法最早在 1923 年由埃德蒙·惠特克(Edmund Whittaker)提出,20 世纪 90 年代被罗伯特·霍德里克(Robert J. Hodrick)和爱德华·普雷史考特(Edward C. Prescott)应用于对美国商业周期的研究。目前,HP 滤波法被广泛应用于对宏观经济趋势,尤其是经济周期的研究。同时,HP 滤波法还被大量地运用于对于经济中潜在产出与产出缺口的测算(见本章第二节)。①简单来说,HP 滤波法是一种对经济变量的时间序列进行分解的方法,其理论基础是时间序列的谱分析方法。谱分析方法把时间序列看作是不同频率成分的汇集,所谓的 HP 滤波就是从不同频率的成分中,去除低频成分(长期趋势项),分离出高频成分(短期波动项)。

HP 滤波的基本公式如下:

$$\sum_{t=1}^{T}(y_t-\tau_t)2+\lambda\sum_{t=2}^{T-1}\left[(\tau_{t+1}-\tau_t)-(\tau_t-\tau_{t-1})\right]^2$$

上式第一项是时间序列与其趋势成分偏差的平方和,第二项是趋势成分二阶差分平方和。其中,用变量 τ_t 表示时间序列 y_t 中的趋势成分,λ 为平滑系数。HP 滤波是使上式损失函数最小化。利用一阶求导对最小化问题求解,得到趋势成分 τ_t 和周期成分 c_t,其中周期成分 c_t 为:

$$c_t = y_t - \tau_t$$

从统计角度而言,上式中的平滑系数 λ 可以任意选取。但是由于 λ 的取值决定了趋势要素在实际时间序列的跟踪程度和趋势光滑度之间的权衡,因此在实际研究中,人们通常将 λ 的最优值定义为 $\lambda = \sigma_1^2/\sigma_2^2$。其中,$\sigma_1^2$ 和 σ_2^2 分别表示时间序列中趋势项与周期项的方差。根据一般经验,季度数据的 $\lambda = 1\ 600$。

虽然 HP 滤波法是常见的衡量经济周期同步性的方法,但是在检验中主要依赖实验者对于滤波后数据的观察与主观经验判断,来说明样本对象之间

---

① 由于潜在产出无法直接观测,因此,只能通过估算获得潜在产出与产出缺口。估算潜在产出有诸多方法,其基本思想均是将产出分解为趋势性因素与周期性因素。通常,将趋势性因素作为经济体潜在产出的衡量指标,周期性因素作为产出缺口的衡量指标,通过滤除周期性变化以对经济体的产出趋势进行估测。

的同步性关系。用于检验经济周期同步性的另一种常见的方法——皮尔森相关系数法,也只是对样本对象之间某种变量的相关系数进行简单的统计聚类。上述研究方法都具有理论上的合理性,但也存在着一定的研究缺陷,并且难以反映样本对象之间在一定范围内的聚合程度。因此,在对欧元区成员国经济周期同步性的 HP 滤波分析之后,笔者运用因子分析方法开展研究,以进一步识别成员国经济间的结构性差异。

2. 基于因子分析的周期同步性分析

因子分析法是 20 世纪初期卡尔·皮尔逊(Karl Pearson)和查尔斯·斯皮尔曼(Charles Spearman)等学者在测定智力研究时作出的贡献。该研究方法利用降维思想来达到简化原始变量关系的目的,基本思想是根据变量之间的相互依赖程度进行变量分组,从变量组群中提取共性因子。其实质目的是,尽可能用几个潜在的但不能观察的随机量(即"因子")去描述许多变量间的协方差关系。利用因子分析,对欧元区成员国的产出数据进行分组,可以研究成员国间是否存在经济周期的同步趋势,或者周期的同步性是否在某些成员国间得到反映,或在不同的成员国组群中存在聚合或偏离的态势。

3. 研究数据

鉴于研究数据的连续性与可得性,笔者考察了欧元区初始的 12 个成员国(包括奥地利、比利时、荷兰、德国、法国、芬兰、卢森堡、意大利、爱尔兰、西班牙、葡萄牙和希腊)1960 年至 2019 年的经济产出数据。① 数据来源于 OECD,采用经过季节调整后的季度 GDP 数据。

(二) 实证分析

1. 欧元区成员国经济波动的 HP 滤波分析

对欧元区 12 国经济产出的 HP 滤波分析步骤如下:

(i) 分别对样本区间 1 和样本区间 2 的产出数据取对数。

(ii) 设定平滑指数 λ 为 1 600,对欧元区 12 国的产出季度数据序列进行 HP 滤波分解,分离出长期趋势项和周期波动项。

(iii) 计算各成员国的 GDP 偏离率(产出缺口率)。GDP 偏离率 = 周期波动项/经济产出。计算结果如图 4-1 至图 4-3 所示。

从欧元区 12 国的 GDP 偏离率来看,20 世纪 60 年代至 90 年代,欧盟各国经济波动幅度较大,且成员国间经济周期波动的非同步性显著。20 世纪

---

① 鉴于研究数据可得性与连续性的考虑,本研究对欧元区成员国经济的实证检验均主要以 12 个初始成员国为分析对象,这些成员国在欧元区经济活动中所占的权重也相对更高。

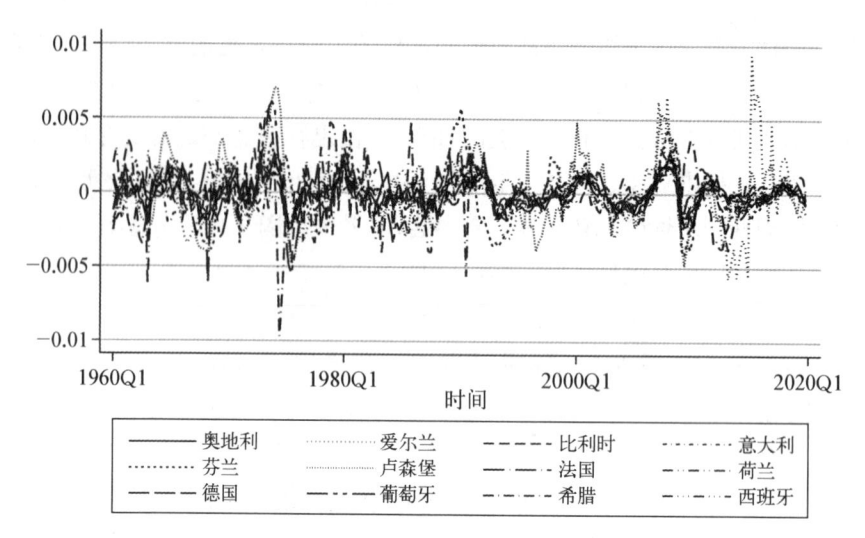

图 4-1　欧元区各国 GDP 偏离率(1960—2019 年)

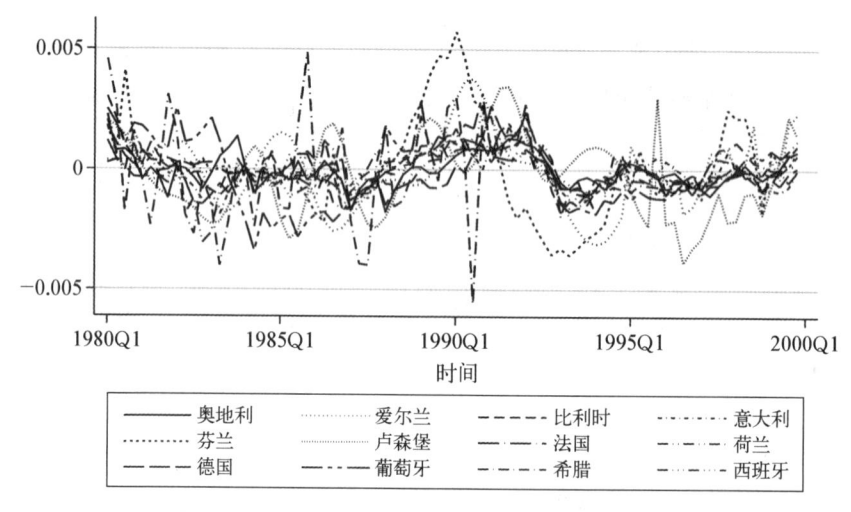

图 4-2　欧元区各国 GDP 偏离率(1980—1999 年)

90 年代以后,欧洲经济一体化进程加快,主要成员国经济周期波动的同步性有所加强,并且部分成员国间表现出更强的经济波动关联性(下文的相关性分析进一步证实这一点)。但成员国经济周期波动的差异性依然显著,尤其是希腊、爱尔兰的 GDP 偏离率显示出更大的波动幅度,成员国间经济周期的同步性出现分化。

2. 相关性分析

表 4-1 和表 4-2 分别是对欧元区 12 国 GDP 偏离率的相关性分析。从相关性检验结果可以看出,共同货币区成立后,欧元区主要成员国经济周期变动的相关程度有所加强,但也出现了明显分化。这与欧元区成立以前存

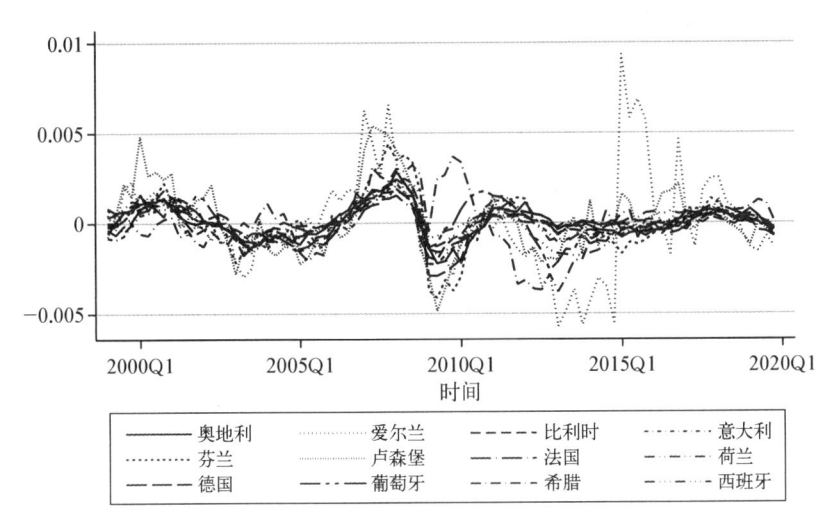

图 4-3 欧元区各国 GDP 偏离率(1999—2019 年)

在显著差别。彼时,成员国经济总体波动相关度不高,且没有产生明显的分化。欧元区成立后,德国与奥地利、比利时、芬兰、法国、意大利、荷兰经济波动的相关系数分别为 0.90、0.80、0.88、0.90、0.89、0.81,表现出很强的同步性。但德国与希腊经济波动的相关性不显著,与爱尔兰、西班牙、葡萄牙的经济相关性较弱。总体看出,德国、法国、奥地利、比利时等国家构成了一个经济周期同步性较强的经济区域,而希腊、西班牙、葡萄牙和爱尔兰的经济周期与上述国家存在明显的异质性。

3. 欧元区成员国经济周期的因子分析

为了进一步探究共同货币区创立后欧元区成员国间经济周期的分化状况,本研究利用因子分析方法,以识别成员国经济增长的结构性差异。① 原始变量存在相关性是因子分析法的使用前提。对样本数据进行的 KMO 检验显示,KMO 统计值为 0.871,Bartlett 球形检验 p 值为 0.000,拒绝总体相关矩阵是单位矩阵的零假设,说明原始变量适宜开展因子分析(检验结果如表 4-3 所示)。②

---

① 虽然传统的因子分析需要假定数据不具有序列相关性,但是对于低频的增长率数据,这个假定可以看作近似成立。由于本研究使用的是季度的一阶差分数据,具有弱序列相关性,故忽略这种弱序列相关性进行因子分析具有合理性。

② KMO 检验用于检验变量间的相关性。一般而言,KMO 测度值>0.5,表示可以接受因子分析;KMO 越接近于 1,表示样本数据的相关性越强,越适合进行因子分析。尽管相关性检验发现,欧元区成立以前,成员国波动相关性较低,并且该样本区间的 KMO 检验和 Bartlett 球度检验也表明适宜开展因子分析,但在提取因子进行正交旋转后,其特征值大于 1 的公共因子的解释比例仅为 54%,表明在欧元区成立以前,不具有潜在的因子的规律。因此,本部分只对欧元区成立后成员国的经济波动进行分析。

表 4-1 欧元区 12 国 GDP 偏离率的相关系数（1960—1999 年）

	奥地利	比利时	芬兰	法国	德国	希腊	爱尔兰	意大利	卢森堡	荷兰	葡萄牙	西班牙
奥地利	1.000											
比利时	0.587***	1.000										
芬兰	0.380***	0.550***	1.000									
法国	0.489***	0.578***	0.408***	1.000								
德国	0.657***	0.570***	0.268***	0.501***	1.000							
希腊	0.332***	0.289***	0.200***	0.250***	0.473***	1.000						
爱尔兰	0.038	0.248***	0.287***	0.262***	0.216***	0.141*	1.000					
意大利	0.266***	0.505***	0.320***	0.423***	0.271***	0.089	0.260***	1.000				
卢森堡	0.504***	0.635***	0.343***	0.479***	0.574***	0.280***	0.207**	0.333***	1.000			
荷兰	0.379***	0.475***	0.177**	0.408***	0.549***	0.108	0.151*	0.225***	0.375***	1.000		
葡萄牙	0.461***	0.566***	0.328***	0.458***	0.357***	0.296***	0.227***	0.380***	0.398***	0.233***	1.000	
西班牙	0.247***	0.466***	0.369***	0.366***	0.233***	0.100	0.360***	0.440***	0.465***	0.050	0.402***	1.000

表4-2 欧元区12国GDP偏离率的相关系数(1999—2019年)

	奥地利	比利时	芬兰	法国	德国	希腊	爱尔兰	意大利	卢森堡	荷兰	葡萄牙	西班牙
奥地利	1.000											
比利时	0.863***	1.000										
芬兰	0.908***	0.839***	1.000									
法国	0.934***	0.887***	0.884***	1.000								
德国	0.898***	0.801***	0.877***	0.902***	1.000							
希腊	0.068	0.159	0.121	0.048	0.046	1.000						
爱尔兰	0.354***	0.536***	0.359***	0.399***	0.363***	0.354***	1.000					
意大利	0.845***	0.837***	0.844***	0.842***	0.888***	0.164	0.460***	1.000				
卢森堡	0.731***	0.812***	0.731***	0.747***	0.739***	0.286***	0.564***	0.713***	1.000			
荷兰	0.841***	0.768***	0.821***	0.811***	0.808***	0.329***	0.458***	0.790***	0.728***	1.000		
葡萄牙	0.560***	0.605***	0.617***	0.554***	0.549***	0.454***	0.444***	0.682***	0.625***	0.791***	1.000	
西班牙	0.657***	0.691***	0.696***	0.600***	0.648***	0.555***	0.652***	0.782***	0.681***	0.829***	0.798***	1.000

表 4-3 KMO 和 Bartlett 检验

取样足够度的 Kaiser-Meyer-Olkin 度量		0.871
Bartlett 的球形度检验	近似卡方	1 324.545
	df	66
	Sig.	0.000

使用主成分法提取因子,采用最大方差法 Varimax 对原因子载荷矩阵进行正交旋转。表 4-4 给出了经过旋转后的因子提取结果、各因子的特征值及其对原始变量方差的贡献度。旋转后,前两个公共因子的累计方差贡献率分别为 58.67% 和 82.16%,表明提取的这两个公共因子对原始变量方差具有较强的解释度,共同货币区因素可以在相当程度上解释欧元区成员国的产出变动。此外,欧元区成员国经济周期的变动还在一定程度上受到货币联盟以外其他因素的影响(如全球因素、国别因素等)。

表 4-4 因子特征值与解释方差

成分	初始特征值			旋转平方和载入		
	特征值	方差贡献率(%)	方差累计贡献率(%)	特征值	方差贡献率(%)	方差累计贡献率(%)
1	8.284 31	69.04	69.04	7.039 95	58.67	58.67
2	1.574 82	13.12	82.16	2.819 18	23.49	82.16
3	0.685 76	5.71	87.87			
4	0.392 76	3.27	91.15			
5	0.302 22	2.52	93.67			
6	0.204 43	1.70	95.37			
7	0.183 19	1.53	96.90			
8	0.134 18	1.12	98.01			
9	0.106 48	0.89	98.90			
10	0.058 84	0.49	99.39			
11	0.041 46	0.35	99.74			
12	0.031 55	0.26	100.000			

表4-5和图4-4分别给出经过正交旋转后的因子载荷矩阵和因子载荷图。因子分析结果显示,自共同货币区启动后,欧元区成员国的经济周期波动可以提取出两个公共因子。第一公共因子中,奥地利、法国、德国、芬兰、比利时、意大利、荷兰和卢森堡的载荷值较大;第二公共因子中,希腊、西班牙、葡萄牙和爱尔兰的载荷值较大。根据欧元区成员国的实际状况,可以将第一公共因子解释为欧元区核心国,将第二公共因子解释为欧元区外围国。因子分析的结果也证明,欧元区成立以后,成员国经济周期分化为不同的经济区域,出现核心国与外围国的分化。一方面,欧元区核心国与外围国成员国间的经济周期呈现显著的异质性;另一方面,货币联盟的建立也加强了两个集团内部成员国经济周期的同步程度。

表4-5 旋转成分矩阵

	成 分	
	1	2
奥地利	0.9538	
法　国	0.9551	
德　国	0.9422	
芬　兰	0.9216	
比利时	0.8788	
意大利	0.8779	
荷　兰	0.7996	
卢森堡	0.7434	
希　腊		0.8812
西班牙		0.7426
葡萄牙		0.6590
爱尔兰		0.6507

(三) 研究结论

对欧元区12国经济周期同步性的实证检验表明,欧元区内部成员国经济出现结构性分化。在欧元区成立以前,成员国经济周期非同步性特征显著。欧元区成立以后,成员国的产出波动出现一定程度的分化。共同货币区

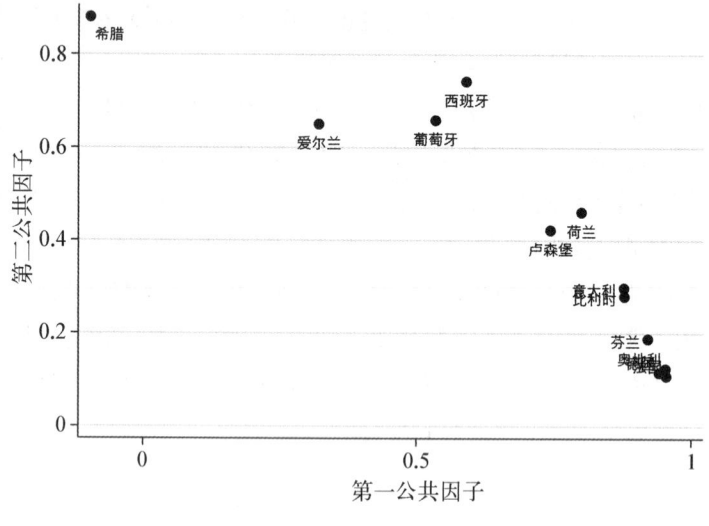

图 4-4 因子载荷图

因素确实对欧元区成员国经济周期同步性的发展具有解释作用：一方面，共同货币区加大了核心国与外围国两个集团间的经济周期分化，在欧元区内部分别形成核心国周期与外围国周期；另一方面，在加入共同货币区后，核心国与外围国集团内部成员国间经济周期的波动性更加同步。

既然上述的研究证明，在共同货币区成立之后，欧元区成员国间经济的异质性仍然存在，甚至在某种程度上还出现扩大的趋势。那么，也就意味着"一刀切"的货币政策不可能实现对全体成员的同等效力（即所谓的"One Size Fits All"）。因为在实践中，扩张性的货币政策会加剧经济高增长国家的通货膨胀风险，而紧缩的货币政策则会进一步恶化经济低增长国家的紧缩状况。经济周期的矛盾会使欧洲中央银行统一的货币政策"无所适从"[①]。同时，非适应性的货币政策无疑将对成员国的经济偏好与政策选择产生影响，进而影响其内外部经济运行状况。因此，进一步需要讨论的问题就是，到底在欧元区的政策实践中，统一货币政策究竟更加适应了哪些成员国的经济需要？

第二节　统一货币政策的不对称分配效应

一、欧元区货币政策的决策机制

欧元区用单一货币取代了民族国家的主权货币，以超国家的欧洲中央银

---

① 杨力：《评析欧元区统一的货币政策》，《财经研究》2002 年第 6 期。

行制定和实施统一的货币政策。欧元区货币体系根据《马约》条款设立,欧洲中央银行及成员国中央银行共同组成欧洲中央银行体系(ESCB),欧洲中央银行成为货币政策的决策与管理机构。欧元体系的决策过程由欧洲中央银行的决策单位(管理委员会和执行委员会)实行。其中,管理委员会负责制定货币政策,执行委员会负责执行管理委员会的决策与指导原则。

众所周知,欧洲中央银行以德国模式为蓝本建立,尤其强调中央银行的独立性原则。[①] 在构建统一货币政策的博弈中,谈判的结果基本与德国的经济偏好一致。成员国几经谈判后签订的欧洲经货联盟条约,被深深刻上德国经济理念的印记,稳定政策成为欧元区货币体系的主旨,物价稳定是货币政策追求的首要目标。《马约》第105(1)条款明确规定:"欧洲中央银行体系的主要目标是保持物价稳定",尤其强调在中期内保持价格水平的稳定。对于物价稳定的含义,欧洲中央银行将其量化为"消费者物价调和指数(HICP)年增长率不高于2%"的目标。[②] 此外,在不影响物价稳定目标的前提下,欧洲中央银行的政策目标还包括促进一般经济目标的实现,为就业、经济增长和社会保障提供支持。为实现欧洲中央银行的首要目标,《马约》确定了中央银行的独立性原则,通过机构独立、人事独立以及资金预算独立等加以保障。在货币政策方法上,确定了货币供应量增长率目标与通货膨胀目标的"双支柱"战略。主要货币政策工具有公开市场操作(主要包括主导再融资操作、长期再融资操作、微调操作和结构操作)、常设便利(包括边际贷款便利和存款便利)以及最低准备金规定。欧洲中央银行货币政策决策的重要内容是制定适合的货币市场指导利率,以保证实现物价中期稳定的目标。但是对于"中期"的概念,没有明确的定义。

尽管难以取得有关欧洲中央银行货币政策具体决策过程的相关资料,但是比较明确的一点是,欧洲中央银行的货币决策主要由区内总体的宏观经济状况而定,成员国加权平均的经济增长与通货膨胀状况是制定统一货币政策的主要依据。由于欧洲中央银行的利率决策是基于整个货币联盟而非单个成员国的宏观经济状况确定的,如果成员国的通胀水平低于区内平均水平,统一货币政策对其而言就显得过于紧缩;如果成员国的通胀水平高于区内平均水平,则统一货币政策对其而言就过于宽松。因此,相对于低通胀的成员国而言,区内通胀率水平较高的成员国,其实际利率更低。对于区内经济基

---

① 德国的历史经验使其一直以来秉持中央银行不应受政治影响的观念。1957年出台的《德意志联邦银行法》也明确规定,中央银行必须独立于政府。

② 欧元区运行第一个10年中,平均通胀率维持在1.97%,基本实现了欧洲中央银行价格稳定的首要职责。

础较为薄弱又面临持续高通胀增长的成员国来说,统一货币政策具有负面的顺周期效应,结果可能使其出现过度的外部融资、过旺的国内需求以及单位劳动力成本的上升,导致出口竞争力削弱,贸易条件恶化。另一方面,低通胀国的国内需求受到抑制,工资标准的下降会带来进口减少,出口产品的价格竞争力提高。那么,在假定前文欧元区成员国经济异质性的结论成立的前提下,就有理由怀疑依据加权平均经济指标制定的统一货币政策不可避免地会在成员国间产生不对称的分配效应。因此,有必要进一步研究欧元区货币政策的实施效应。

二、统一货币政策的偏向性:泰勒规则检验

为了检验欧元区统一货币政策对成员国宏观经济的实际效应,本研究选择了货币政策的主流分析工具——泰勒规则,通过考察欧洲中央银行的政策利率与成员国的合意利率水平,判断统一政策利率对成员国经济调控的适应程度。

(一)研究方法

泰勒规则(Taylor Rules)是1993年美国经济学家约翰·泰勒(John B. Taylor)根据美国经济政策的实际经验提出的确定货币政策的规则。[①] 该规则描述了中央银行利率政策与产出、价格水平之间的内在联系,中心思想是研究中央银行如何对产出、价格与目标水平的偏离做出合适的反应。具体而言,当通货膨胀率高于(或低于)目标值时,反映国内经济过热(或经济萧条),中央银行应提高(或降低)短期利率以抑制经济的非理性膨胀(或刺激经济增长);当产出缺口为正(或负)时,中央银行应降低(或提高)利率水平。[②]泰勒创新性地将该方法用于描述中央银行的行为模式。此后,泰勒法则作为货币政策的指导性公式,被学术界广泛用于不同经济体货币政策的研究和检验中。泰勒针对美联储1987年至1992年期间货币政策实践的研究,证明该规则很好地拟合了美联储在这段时期内的政策利率。其后大量的实证研究表明,泰勒规则能够对中央银行施行的货币政策做出良好的事后描述。针对欧洲经货联盟的实证研究也证明,泰勒规则对欧洲中央银行的货币政策具有相

---

① 参见Taylor, J. B., "Discretion versus policy rules in practice", *Carnegie-Rochester Conference Series on Public Policy*, No. 39, 1993, pp. 195-214。

② 虽然相关研究也指出,泰勒规则值并不一定就是最优的利率,但是大多数的学者仍然认同泰勒法则对研究中央银行的货币政策具有相当的价值。参见Fourcans, A., Vranceanu, R., "The ECB interest rate rule under the Duisenberg presidency", *European Journal of Political Economy*, Vol. 20, No. 3, 2004, pp. 579-595。

当的解释性。① 费尔南达·内奇奥（Fernanda Nechio）根据泰勒规则的简单规则，利用通胀及失业缺口数据实证检验发现，自2005年起，欧元区货币政策与泰勒规则基本吻合，但是统一货币政策在核心国与外围国间存在非对称效应。②

（二）研究模型与选取数据

泰勒规则将政策利率表述为产出缺口和通货膨胀与目标水平偏离的线性函数。参考内奇奥的研究思路，本研究基于泰勒规则测算欧元区及其主要成员国的"合意"利率，并检验各国"合意"利率与欧洲中央银行政策利率间的偏离程度。研究采用标准泰勒规则公式。根据泰勒的建议，中央银行合理的短期利率水平取决于通胀目标、经济偏离充分就业的程度以及与充分就业相适应的均衡利率水平，基本公式如下：

$$r_t^* = i + \pi^* + \alpha(\pi_t - \pi^*) + \beta(y_t - y_t^*)$$

其中，r_t^*代表第t年的名义年利率，即泰勒规则值；i代表经济处于潜在增长率和自然失业率状态下的长期均衡利率；π^*代表目标通货膨胀率；$(\pi_t - \pi^*)$代表通货膨胀缺口，即实际通货膨胀率与目标通货膨胀率之间的偏离；$(y_t - y_t^*)$代表产出缺口。关于产出缺口，目前还没有一个精准的理论定义，实证中通常认为可以用实际GDP产出与潜在充分就业水平下GDP估计值的百分比偏离来反映。α和β为变量系数，分别反映利率政策对通货膨胀缺口和产出缺口的敏感度。根据泰勒的建议，通货膨胀缺口的系数α必须大于1。原因是当通货膨胀率超过目标值时，利率上调的幅度必须大于价格水平的涨幅，实际利率才会上升。实际利率的上升是通货膨胀率回落到目标水平的必不可少的条件。换言之，只有系数α大于1，通胀信息才可能被充分传递于货币政策中。

本研究选择1999年第1季度至2019年第4季度为样本区间，考察欧元

---

① 参见 Moons, C., Van Poeck, A., "Does one size fit all? A Taylor-rule based analysis of monetary policy for current and future EMU members", *Applied economics*, Vol. 40, No. 2, 2008, pp. 193-199; Nechio, F., "Monetary policy when one size does not fit all", *FRSB Economic Letter*, June 2011.; Blattner, T. S., Margaritov, E., "Towards a robust monetary policy rule for the euro area", *ECB Working Paper*, No. 1210, 2010; Frenkel, M., Lis, E. M., Rülke, J. C., "Has the economic crisis of 2007-2009 changed the expectation formation process in the Euro area?", *Economic Modeling*, Vol. 28, No. 4, 2011, pp. 1808-1814 等研究。

② 内奇奥运用泰勒法则的简单规则进行研究，其基本公式为：$r_t^* = 1 + 1.5 \, x \, Inflation$（通货膨胀率）$- 1 \, x \, Unemployment \, gap$（失业缺口）。参见 Nechio, F., "Monetary policy when one size does not fit all", *FRSB Economic Letter*, June 2011.

区总体及2002年以前加入欧元区的12个主要成员国的泰勒规则值,并与欧洲中央银行实际的政策利率相比较,以检验统一货币政策对欧元区成员国的分配效应。[①]

运用泰勒规则进行研究,对产出缺口和真实均衡利率的正确估计是避免测量误差的关键。根据泰勒的建议,本研究将长期均衡利率i定义为2%,目标通货膨胀率π^*定义为2%(与欧洲中央银行设定的中期通货膨胀目标值一致)。欧元区及其各成员国的实际季度通货膨胀率以欧盟统计局(Eurostat)公布的包括所有类别的调和消费者物价指数(HICP)为依据。

产出缺口的估计方法在实证研究中存在差异,常见的计量方法包括用线性趋势、Hodrick-Prescott(HP)滤波、单变量状态空间-卡尔曼滤波和多变量状态空间-卡尔曼滤波等。本研究选择主流的HP滤波法进行去势处理(设定平滑指数$\lambda=1\,600$)。HP滤波的基本原理是通过去势处理使样本下周期成分的方差最小(详见本章第一节)。定义产出缺口为HP滤波的波动项。经HP滤波处理后,获得周期分量,以此分别计算欧元区及其各成员国的潜在GDP数据,并估算产出缺口。变量系数α和β的值遵循泰勒的建议,分别定义为1.5和0.5。通常,将欧洲中央银行的主导利率,即主要再融资操作利率(Main refinancing rate,MRO),作为欧元区的实际政策利率。在欧债危机爆发后,欧洲中央银行实施了一系列非常规货币政策操作,并多次下调政策利率。2016年3月,欧洲中央银行将主要再融资操作利率下调至零利率水平,并持续至今。同时,欧洲中央银行构建了一个利率走廊,其中,边际贷款便利利率(Marginal Lending Facility Rate,MLFR)构成利率上限,存款便利利率(Deposit Facility Rate,DFR)构成利率下限。为更好地观察欧洲中央银行货币政策对成员国经济的调控效果,本研究同时选择了DFR作为政策利率进行检验。

(三)研究结果

实证结果显示,在欧元区启动初期,各国的"合意"利率偏差度相对较小,一定程度上反映了成员国为达到货币联盟"准入门槛"所付出的趋同努力。加入欧元区后,各成员国的产出增长与通胀水平差异扩大,相应的泰勒规则值也出现显著偏离。由于各成员国经济发展的不平衡,导致各国合意利率的差距较大。欧洲中央银行所使用的是欧元区的总量经济数据,这些数据主要受大国经济形势的左右,因此欧洲中央银行的政策利率不可避免地出现向大国倾斜的倾向。基于泰勒规则的检验证明,统一货币政策确实在核心国与外

[①] 数据来源:欧盟统计局(http://ec.europa.eu/eurostat)。

围国间产生了不对称的效应（如图4-5所示）。从2008年以前的数据来看，德国的泰勒规则值与欧洲中央银行政策利率基本拟合。此外，法国、芬兰、奥地利和比利时的拟合程度也较高，反映出欧元区统一货币政策对主要核心国经济状况的相对适应性。但是，作为欧元区第三大经济体的意大利，其泰勒规则值与欧洲中央银行政策利率呈现明显偏差，在大部分时期主导利率都低于实际需求。就其他欧元区内经济权重较低的成员国而言，其各自的泰勒规则值与欧洲中央银行政策利率间的拟合程度更差。较为突出的是希腊，泰勒规则值的走势显示其总体经济波动较为剧烈。在样本区间内，希腊的合意利率与欧元区政策利率明显背离，反映出希腊自加入欧元区起，国内的经济状况始终与区内的其他成员国尤其是核心国存在极大差异。显然，欧洲中央银行的货币政策无法对希腊的经济实际做出相应的反应。2009年后，不论是欧元区整体还是各成员国的泰勒规则值均与欧洲中央银行的主导利率存在相当差异，也显示出统一货币政策在成员国间失衡扩大及宏观经济调控需求迥异情况下的协调困境。

由于泰勒最优利率主要与产出和通胀因素相关，所以从理论上说，欧洲中央银行"一刀切"货币政策的有效性主要取决于成员国间经济趋同的程度。按照欧元区设计者的理论与最初的设想，经济趋同是货币联盟发展的内生结果。即使成员国在加入共同货币区时不完全满足最优货币区的"事前标准"，统一货币的进程也将推动成员国间趋同程度的加深。然而，欧元区的运作实践证明，"经济趋同"的目标在欧元区内还远未实现。[①] 成员国间的经济周期

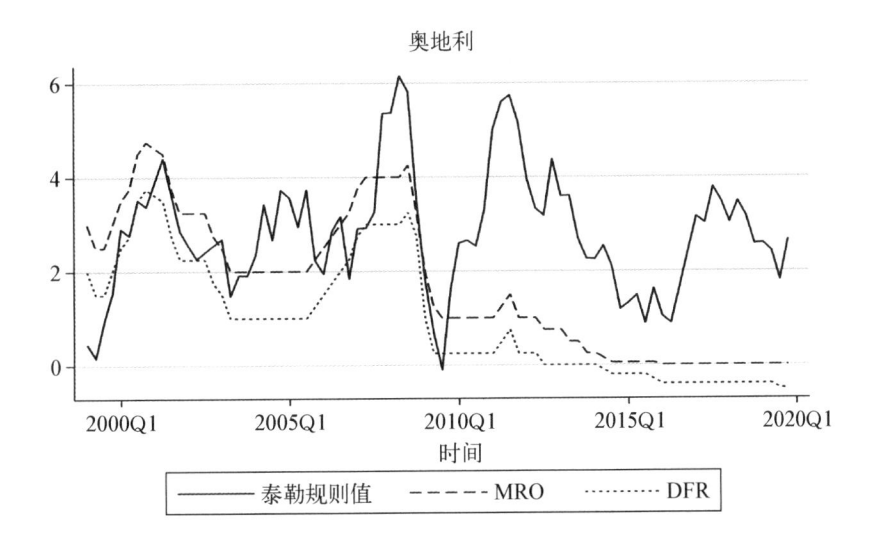

奥地利

---

① 详见本章下节的实证研究，检验表明难以支持欧元区加强成员国经济趋同的观点。

比利时

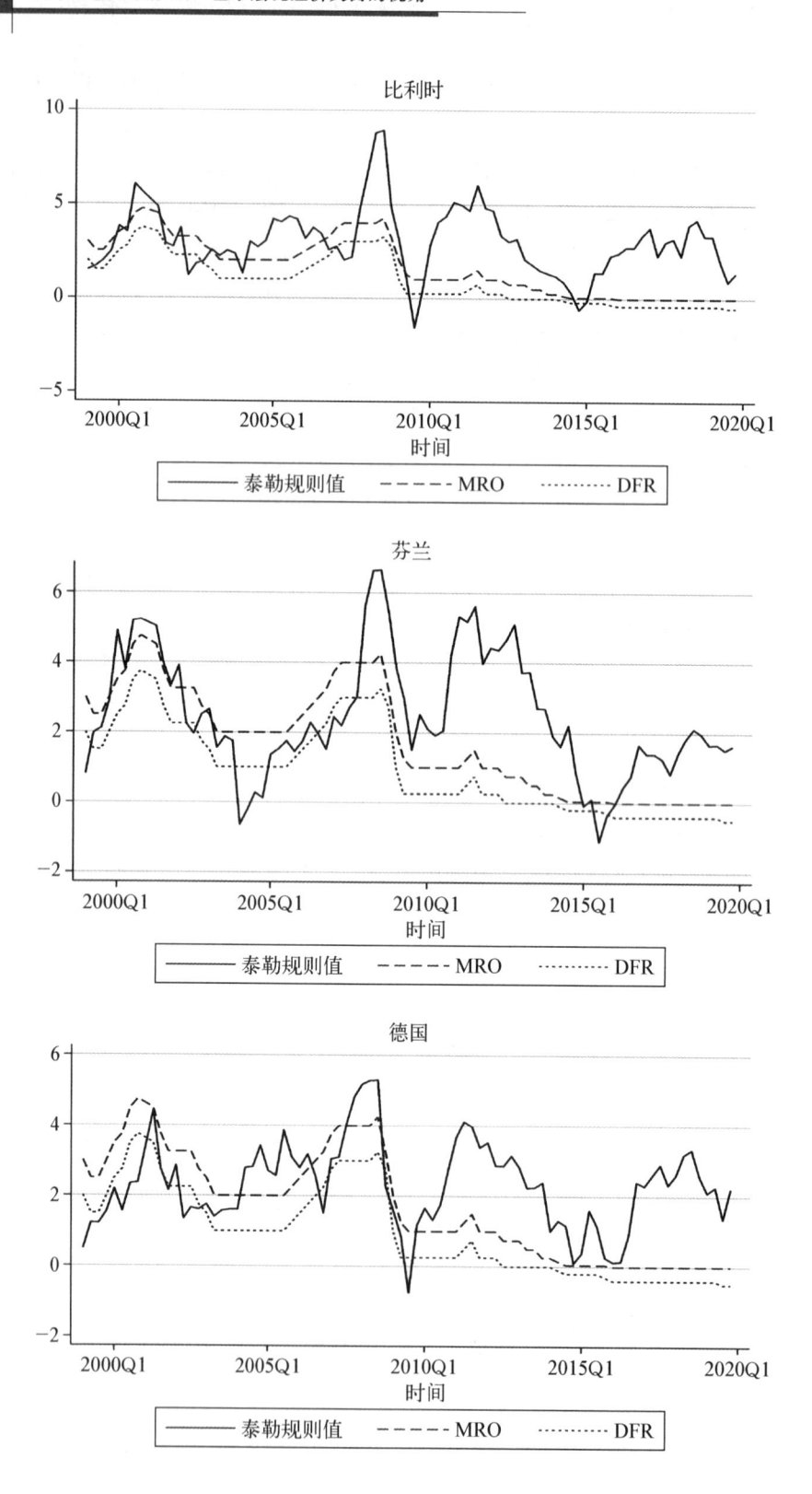

芬兰

德国

法国

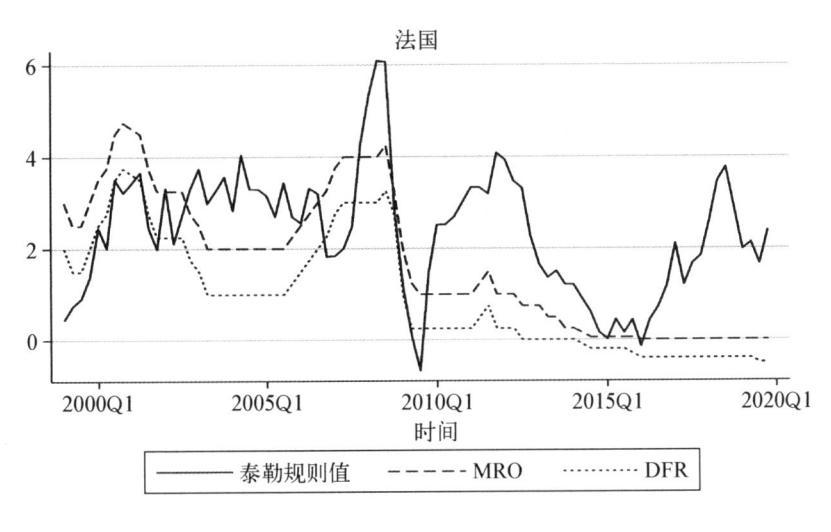

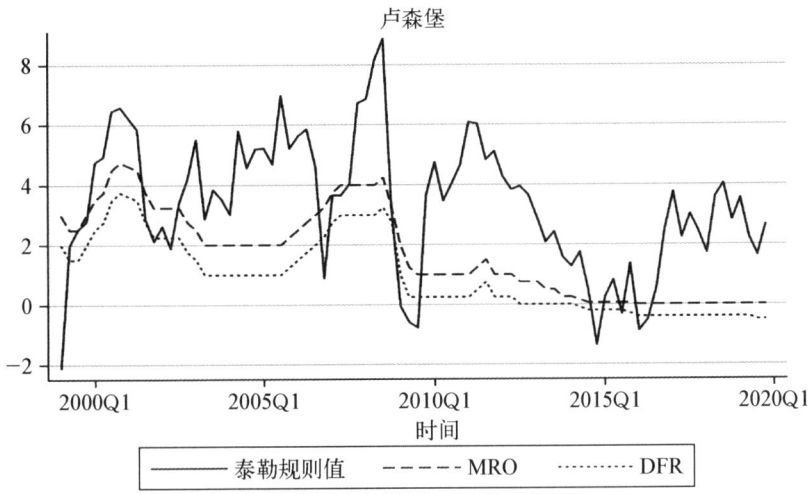

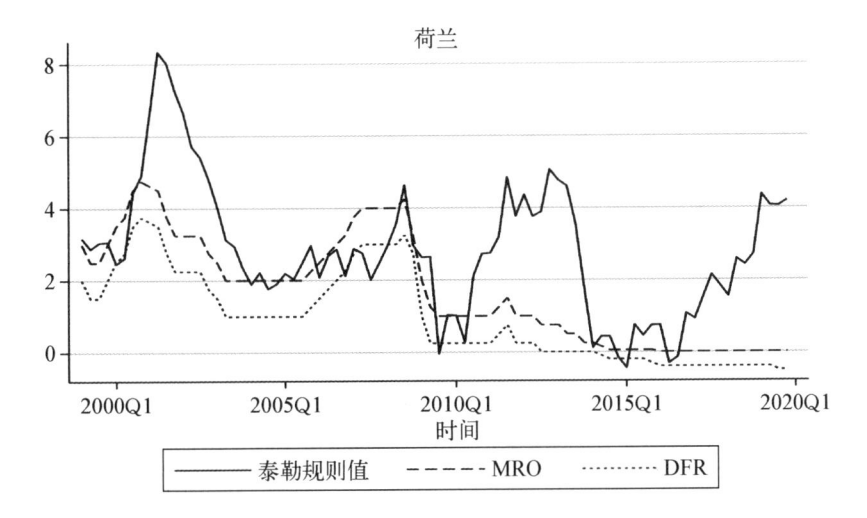

卢森堡

荷兰

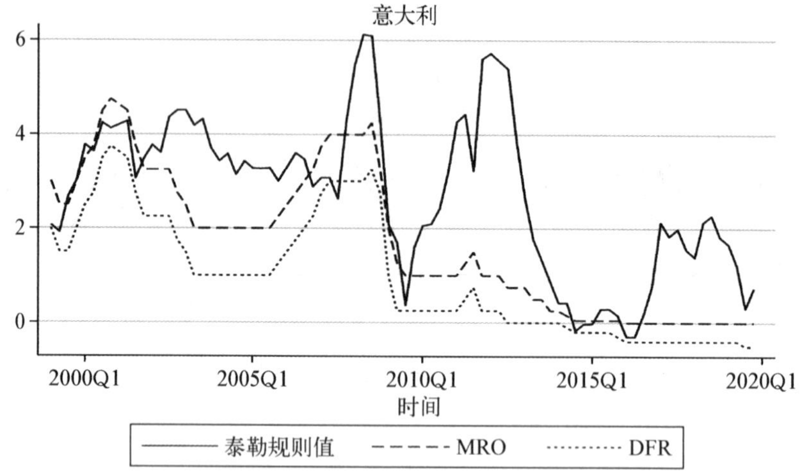
意大利
6
4
2
0
2000Q1
2005Q1
2010Q1
2015Q1
2020Q1
时间
泰勒规则值
MRO
DFR

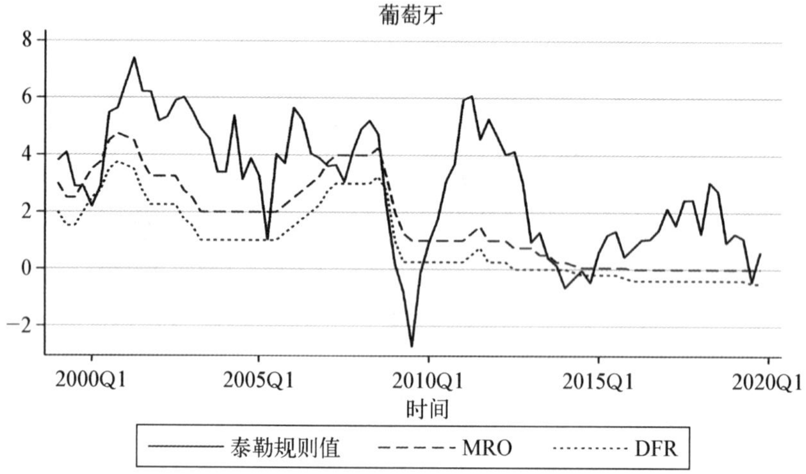
葡萄牙
8
6
4
2
0
−2
2000Q1
2005Q1
2010Q1
2015Q1
2020Q1
时间
泰勒规则值
MRO
DFR

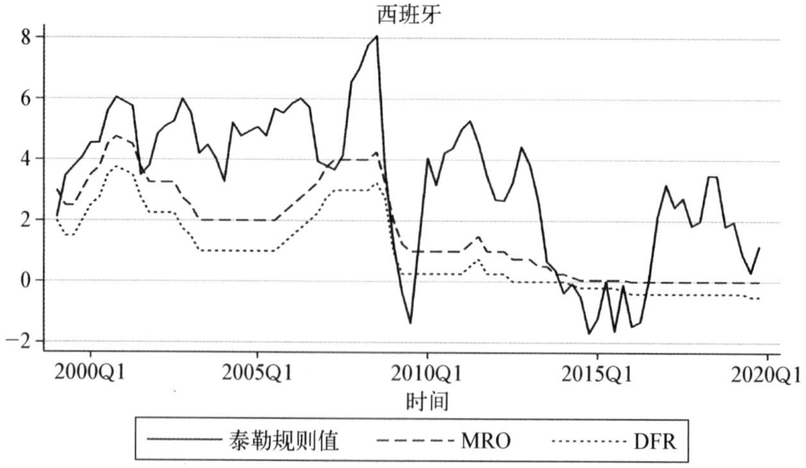
西班牙
8
6
4
2
0
−2
2000Q1
2005Q1
2010Q1
2015Q1
2020Q1
时间
泰勒规则值
MRO
DFR

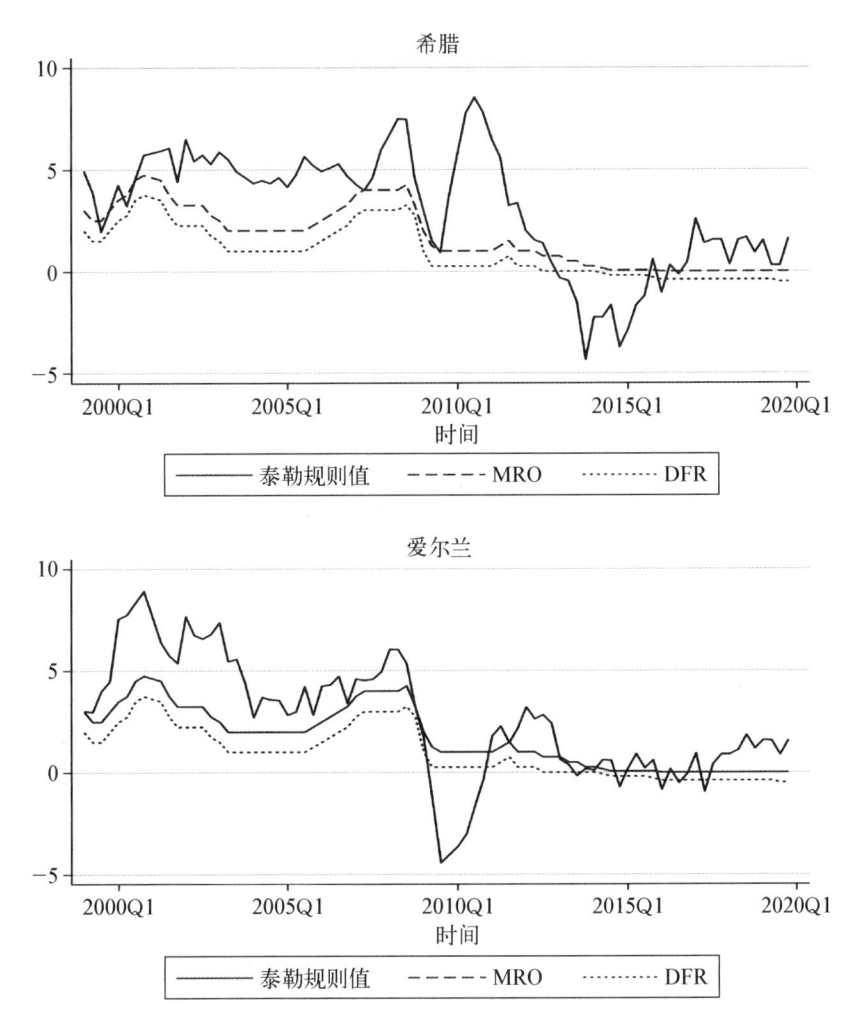

图 4-5 欧元区货币政策的泰勒规则检验

并没有实现预期的同步状态,非对称经济冲击依然存在。在这样的经济现实之下,统一货币政策显然难以适应于全体成员的需要。在货币政策的实际执行中,可能对某些成员国过于紧缩,而对另一些成员国来说显得过于宽松。一旦出现宏观经济政策出现重大的偏差,就可能导致该国国内资源配置的失衡,诱发通胀、失业或赤字等问题。从欧元区统一货币政策的运行机制来看,欧洲中央银行的决策主要是以区内成员国平均的经济指标为依据。以德法为代表的核心国,经济总额约占欧元区 GDP 的 50% 以上(如图 4-6 所示),其经济表现毋庸置疑在很大程度上主导了欧洲经济一体化的政策方向。尤其是作为区内最大的经济体,德国在欧元区货币政策决策中拥有无可比拟的货币权力。在欧元区货币决策中,欧洲中央银行主要以 GDP 总量作为 HICP

的权重估算欧元区的通货膨胀率,必然使得官方利率政策更接近于德国这样的低通胀国。总之,不仅欧元区货币政策的理念和政策框架是基于德国的政策偏好设立的,统一货币政策的实际决策确实也更符合以德国经济的发展需要。

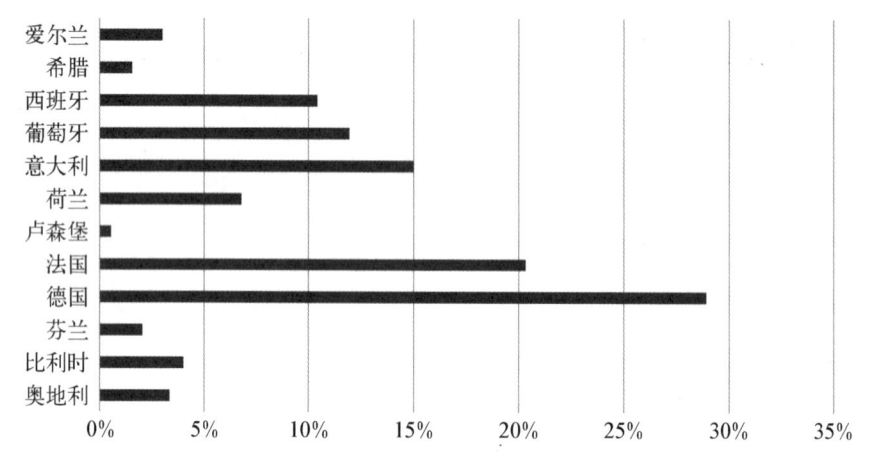

图 4-6　成员国在欧元区中的经济权重

注：以 2019 年欧元区经济产出数据为依据。
数据来源：欧盟统计局。

在欧元区创立初期,受两德统一带来的财政冲击、市场疲软等因素影响,德国经济持续低迷。爱尔兰(一度被誉为"凯尔特之虎")等外围国经济则增长迅猛。在区内成员国经济周期初现非同步性的情况下,欧洲中央银行一开始就采取了有利于德国经济复苏的宽松货币政策,确定了较低的名义政策利率。直至 2001 年,德国经济依然没有复苏迹象。新兴市场的兴起带来生产向低成本国家的转移,德国传统产业遭受严重打击,商业投资持续疲软,通货膨胀率长期位于欧元区成员国底部。与此同时,爱尔兰、西班牙、意大利等国房地产及信贷市场极度繁荣,通货膨胀压力持续上升。在成员国非同步程度日趋扩大的背景下,欧洲中央银行依旧延续了宽松的货币政策倾向,自 2001 年第 1 季度起连续降息,足见德国因素在其政策考量中的决定性权重。2005 年起,德国经济逐渐摆脱低迷状态,呈现稳步增长态势。与此相对应,欧洲中央银行统一货币政策开始趋于紧缩,主导利率从 2005 年的 2% 逐渐提升至 2007 年的 4%。2007 年,欧元区外围国债务危机首现端倪,但由于彼时德国宏观经济的相关指标尚未表现出走弱迹象,欧洲中央银行也没有对其他成员国的经济衰退做出相应反应。欧债危机以来,欧洲中央银行货币政策的调整也相当谨慎,大部分时间的政策利率都低于成员国的"合意"利率,也反映出德国稳定导向的货币政策立场对欧洲中央银行的影响。

正如前文所论述的,统一货币政策在成员国经济周期背离的情况下会面临决策困难。尽管欧洲货币当局一再宣称其货币政策的决策是"以欧元区整体经济利益"为基础,"不存在任何的国家偏向性",但是,从欧元区的实际经济运行状况来看,欧洲中央银行货币政策显然受到区内大国意志的影响。核心国特别是德国因素确实极大影响了欧洲中央银行货币政策的操作方向,德国对欧元区统一货币政策的影响程度甚至已经超过了其在区内的经济权重[1]。

第三节　共同货币区经济趋同的实证检验

为保证欧洲统一货币目标的实现,《马约》在财政和货币方面均设立了看似严格的"经济趋同标准",以确保"只有那些实际行为、货币政策信念和价格稳定程度高度符合趋同标准的国家才可以加入货币联盟"[2]。在一体化的进程中,传统的弱币国为了获得欧元区的入场券,也显示出向共同目标靠拢的诚意。单一货币启动之初,欧元区内通货膨胀水平总体低于《马约》设立的准入门槛。低通胀水平有国际油价大幅下跌等外部环境的因素,也体现了各成员国在货币联盟准备阶段对以稳定为导向的政策的支持。与此同时,各成员国的预算赤字大幅减少,多数成员国在短时间内达到了"趋同标准",尽管其中部分数字借助了"创造性的"技术方法而取得。货币联盟的设计者们对此心知肚明,却给予了充分的容忍。[3] 事实上,欧洲经货联盟的设计者们,从一开始就承认,即便是首批加入欧元区的 11 个国家,也不能代表最优货币区。但是,最优货币区的"内生性假定"使他们相信,单一货币的引入,能够消除成员国间的经济差异,推动国家经济改革与实质性增长,实现成员国的经济趋同。经济趋同在货币联盟的运作中发挥着关键作用。可持续的趋同可以使欧元区更接近于最佳货币区,增强合作体系的稳定性。这不仅是欧洲经济一

---

[1] Brown, G., *Beyond the Crash: Overcoming the First Crisis of Globalization*, New York: Free Press, 2010, p. 186.
[2] [德] 奥托马·伊辛:《欧元的诞生》,王琳译,北京,中国金融出版社,2011年,第1版。
[3] 事实上,加入欧元区的很多国家在当初签订《马约》时,都不符合货币联盟规定的财政预算和公共债务标准。为了达到准入门槛,部分国家采取积极的政策措施实现了财政预算赤字的削减,但除希腊以外,意大利、西班牙等成员国也涉嫌在财务数据上进行了或多或少的人为调整。

体化的重要目标,也是欧元区整体凝聚力的保证。

为此,本研究进一步分析统一货币政策对成员国的实际影响,检验货币联盟是否如设想中促成了区内的经济趋同。鉴于统计数据可得性与连续性的考虑,对成员国名义趋同的检验依然选择2002年以前加入欧元区的12国作为考察对象,研究欧元区成员国在通货膨胀率、政府财政赤字和公共债务率等经济指标的名义趋同与实际趋同情况。

一、欧元区成员国名义趋同的检验

从反映欧盟通胀水平的价格指标消费者调和物价指数(HICP)来看,由于共同货币区准入门槛的要求,20世纪90年代欧元区成员国在联盟规则的政治压力下,国家间通胀差距有所缩小。2008年,几乎所有欧元区国家物价水平都达到共同货币区成立后的历史高点。2008年美国金融危机向全球传导,欧元区的通胀水平出现较大波动。2009年后欧元区主权债务危机全面爆发,欧元区经济陷入困境,严重经济衰退导致通货紧缩,成员国通胀水平普遍出现较大下滑。随后,美国量化宽松政策导致的全球流动性泛滥及救助债务危机的欧版量化宽松,使区内通胀水平有所提升。2011年起受全球经济复苏激励,欧元区通胀率略有抬头,但经济总体增长缓慢,基本面表现不佳,近年通胀率均低于欧洲央行的政策目标。各成员国加入欧元区后并未出现明显的趋同现象,通胀率差异明显(如图4-7所示)。德国的通货膨胀率水平在2000年以后有所提高,但在2007年以前始终位于货币区平均水平之下。金融危机后,德国经济恢复显著优于区内其他国家,总体通胀水平保持稳定,2014年以来略高于平均水平。希腊通胀率在1996年高达7.9%,此后大幅回落。1999年加入欧元区之前,希腊通货膨胀率2.1%,接近于欧盟的目标通胀要求,但自2000年后开始重新攀升。此外,爱尔兰、西班牙、葡萄牙等国的通胀率水平在加入欧元区后至2008年均有显著上升。希腊总体通货膨胀率在2008年以前始终处于区内较高水平。1999年至2008年,德国平均年通胀率1.7%,奥地利平均年通胀率1.9%,同期,物价上涨最快的三国成员国希腊、爱尔兰和西班牙的平均年通胀率则分别为3.3%、3.4%和3.2%。另一个重要的经济指标人均国民生产总值(GDP per capita)也没有对共同货币区加强成员国经济趋同的经济假设提供充分的证据(如图4-8所示)。欧元区成立后,成员国人均产出的离散程度非但没有缩小,反而呈现扩大态势。全球金融危机后,爱尔兰经济复苏步伐快于其他债务国。依托税收优惠等一系列举措,爱尔兰积极吸引外商直接投资,加强出口竞争力,于2013年12月率先退出"三驾马车"救助计划,"凯尔特之虎"重拾活力。此后,西班牙、葡萄牙相继退出救援。2018年,历经多年经济紧缩痛苦的希腊正式结束8年的救助计划。但希腊、葡萄牙经济增长至今乏力,西班牙失业问题依然严重,复苏前景难言乐观。

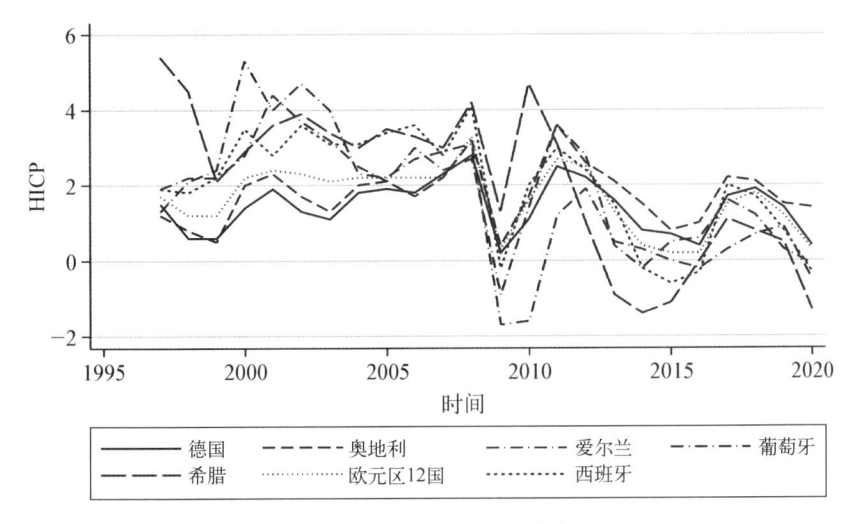

图4-7 欧元区成员国通胀表现

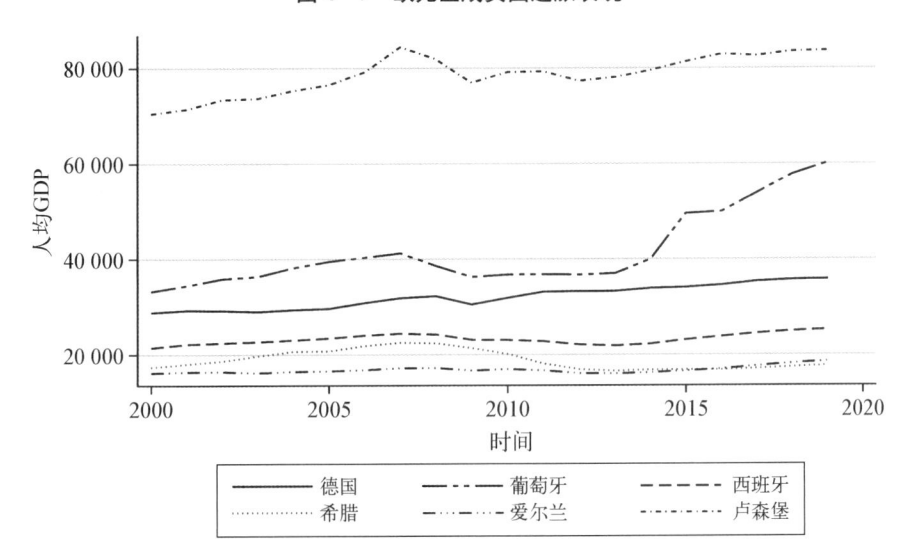

图4-8 欧元区成员国产出表现

从财政状况来看,20世纪90年代加入共同货币区前,欧元区各国的财政赤字均有大幅减少(忽略"创造性"会计手段的作用)。卢森堡是区内财政状况最为稳健的成员国。希腊在加入欧元区之前的1999年财政赤字率勉强接近"趋同标准",至2015年前财政赤字始终位于欧元区高位水平。2001年,德国和意大利两大核心国率先打破赤字"红线"。欧洲经货联盟于2002年启动了超额预算赤字程序。欧债危机爆发之前,欧元区多数成员国采取了扩张性财政政策,财政赤字率总体呈上升态势。受惠于欧元区成立后内部贸易的加强,德国国内经济从2005年步入复苏通道,财政状况也随之明显改善。希腊的财政状况则持续恶化。危机期间,欧元区成员国的财政状况均显著恶化,但财政趋异也进一步加强。2009年希腊、爱尔兰和西班牙的财政赤字率分别为15.1%、13.9和11.3%,爱尔兰2010年财政赤字率高达32.1%。经过危机后一体化内部的财政整顿,成员国总体财政状况在2014年后均有所改善。希腊在严格的财政约束下,于2016年首次实现财政盈余。

此外,从公共债务来看,欧元区成立后,成员国公共债务的标准差较共同货币区成立前略有下降,但仍未反映出显著的趋同态势。与相对稳健的财政收支状况相适应,卢森堡是区内债务控制最好的国家,其次是芬兰。危机前欧元区大多数国家的债务水平堪忧,德国、法国的负债率在2003年即跨过60%的参考水平。意大利与比利时在1999年以前的债务率就一直与《马约》的"趋同标准"相去甚远。上述两国最终由于债务率"有足够的降低并正以令人满意的速度趋近参考值"而被获准进入货币联盟。但是加入欧元区后,其债务水平始终处于高位。希腊依然是区内债务状况最令人担忧的国家之一。只有爱尔兰与荷兰的债务状况在加入欧元区后略有改善。2008年后至欧债危机前,几乎区内所有国家的债务水平都大幅提升。

二、欧元区成员国实际趋同的检验

(一)成员国经济趋同的δ检验

经济趋同的δ检验一般以人均国内生产总值的变异系数作为衡量指标,观察人均产出的离散程度,判断各国随着时间变化的经济收敛趋势。根据欧元区12国的人均GDP(以2010年为基础),计算相应的变异系数。统计结果显示,自欧元区成立以来,成员国人均产出的离散程度在此期间总体处于扩大态势,反映出成员国之间并未呈现出δ收敛,没有对共同货币区加强成员国经济趋同的经济假设提供证据。

(二)成员国经济趋同的β检验

对经济体实际经济趋同的β检验建立在索洛(Solow)[1]、斯旺(Swan)[2]、

---

[1] Solow, R. M, "A contribution to the theory of economic growth", *The quarterly journal of economics*, Vol. 70, No. 1, 1956, pp. 65–94.

[2] Swan, T. W. "Economic growth and dapital accumulation", *Economic Record*, Vol. 32, No. 63, 1956, pp. 334–361.

曼昆（Mankiw）[1]等提出的新古典增长理论之上。[2] 其基本的理论假设是，由于资本的边际报酬递减的存在，落后经济体的相对边际产出和资本回报更高。因此，在开放经济条件中，受资本追逐更高回报的利益驱动，一体化体系内部生产要素的跨境流动，会带来经济体间的增长趋同。

参照罗伯特·巴罗（Robert Barro）和夏威尔·萨拉-伊-马丁（Xavier Sala-i-Martin）[3]提出的收敛模型：

$$\frac{1}{T}\log\left(\frac{y_{i,t_0+T}}{y_{i,t_0}}\right) = B - \left(\frac{1-e^{-\beta T}}{T}\right)\log(y_{i,t_0}) + \mu_{i,t_0,t_0+T}$$

构造简化的线性回归方程：$y_{iT} = \alpha + \beta\log y_{i0} + \mu_{it}$

其中，y_{iT}是各国在样本期间人均GDP的平均增长率；y_{i0}是各国期初的人均GDP水平；μ_{it}为误差项。根据系数β判断经济体的趋同状况，当$\beta<0$时，即经济增长率与期初产出水平负相关时，认为存在绝对β趋同，反映落后经济体对相对发达经济体的赶超。

对欧元区成员国实际趋同的β检验以1999—2019年的数据为统计样本，并分别考察欧元区成立前后的经济趋同情况。经统计软件进行回归分析后，欧元区12国的绝对β收敛结果显示，系数$\beta>0$，没有得到成员国经济呈现实际趋同的证据，也无法支持共同货币区必然促进成员国间"经济趋同"的结论。

由此，无论是对欧元区名义趋同还是实际趋同的检验，均无法支持共同货币区有助于加强成员国经济趋同的论点。各种证据表明，单一货币不仅未能抹平成员国之间的差距，反而使核心国与外围国间的不平衡日益加剧[4]。欧元区成员国在经济发展的多方面存在差异，实际竞争力与应对全球风险冲击的能力也存在差距，共同货币区的成员国身份未能带来期望的经济趋同，全球金融危机与主权债务危机进一步加剧了这种差异。

---

① Mankiw, N. G., Romer, D., Weil, D. N., "A contribution to the empirics of economic growth", *The quarterly journal of economics*, Vol. 102, No. 2, 1992, pp. 407-437.

② β收敛包括绝对收敛和条件收敛两种类型。绝对趋同假设无论经济体自身有何经济结构特征，它们之间的人均产出在长期中会趋同；条件趋同则假设如果经济体间具有相似的经济结构特征，其人均产出在长期内会趋同。鉴于欧元区成员国间经济结构上的差异性，本研究仅进行绝对趋同的β检验。

③ Barro, R. J., Sala-i-Martin, X., "Convergence", *Journal of Political Economy*, Vol. 100, No. 2, 1992, pp. 223-251.

④ 杨力、任嘉：《单一货币区经济趋同的实证研究与欧债危机的内在逻辑》，《国际观察》2013年第1期。

第四节 非对称货币区内的经济偏好趋异

综合上文的分析,欧元区成员国在加入共同货币区后,经济的异质性依然存在,并且出现核心国与外围国间的明显分化,统一货币政策在实践中也没有实现对全体成员国经济的有效调控。虽然从理论上说,所有成员国都能以牺牲本国货币政策为代价,从货币联盟中获得跨境交易成本降低、汇率风险下降等收益。但实际上由于欧元区成员国政治经济权重差异悬殊,在一体化中的成本收益不尽相同。在共同货币区内,成员国逐渐形成趋异的经济偏好。核心国以德国为代表,延续并加强了出口导向的经济偏好;外围国则形成了依赖内需及信贷驱动的经济增长偏好。不同的经济偏好既是成员国在非对称货币政策效应下基于国内政治经济利益的理性选择,又在成员国经济的彼此依赖中得以相互加强。

以德国为代表的核心国多为欧元区内经常账户的盈余国,希腊等外围国则是主要的经常账户赤字国。下文分别分析欧元区盈余国与赤字国的经济偏好及其相互外溢效应。鉴于德国经济在欧元区乃至核心国中的绝对权重与特殊地位,并且外围国的经常账户赤字规模在相当程度上与德国的经常账户盈余规模相对应,因此对盈余国的研究重点关注德国经济偏好的形成。

一、盈余国:出口导向的增长偏好

出口驱动是以德国、比利时、荷兰、奥地利为代表的盈余国经济增长的基本路径,其特征是经济发展以对外贸易为主导,财政支出相对谨慎,内需对产出增长的推动作用有限。对这些国家而言,共同货币区适应并支持了其经济增长的路径偏好。一方面,单一货币消除了区内汇率波动,使具有成本竞争优势的主要核心成员国,在区内贸易中获得了前所未有的收益;另一方面,由于内部成员国经济的多样性,传统的货币强国在采用统一货币后对外名义汇率有所降低。

以德国为例,德国对于共同货币区的支持与出口导向的经济偏好相一致。如前所述,出口导向的经济偏好客观上要求保证价格稳定,维持相对较低的通货膨胀率。因此,在加入货币一体化的谈判中,德国始终坚持维护欧洲中央银行的独立性,坚持授予欧洲中央银行控制通货膨胀的绝对权力。维持物价稳定的立场同时也反映了德国商界的偏好,是其支持货币联盟的前提条件。有关欧洲统一货币体系的谈判结果证明,德国的经济偏好得到了维护。欧洲经货联盟建立了以德国偏好为导向的宏观经济治理框架:欧洲中央银行成为世界上最具独立性的中央银行,欧元区确立了维持物价稳定的单一货币政策目标,并制定了明确的通货膨胀目标。按德国意志建立起的欧元体系从政策上适应并加强了德国的经济偏好。欧洲中央银行以德意志中央银行为蓝本,从治理模式、政策目标到货币决策,都与德国实际的经济发展需求相适应。① 从某种程度上说,德国成为欧元区中唯一没有真正丧失独立货币政策的国家。统一稳定的欧元区为德国经济带来了最大的红利。

欧元区的创立极大支持了德国国内的经济增长。第二次世界大战后,由于国内市场低迷,德国经济中占重要地位的生产企业迫切需要向外拓展市场销路。在国内工商界的支持下,德国政府积极促进产业贸易的自由化,通过出口信贷、汇率政策等多种方式扶持重点产业,实施以出口为导向的经济战略。汽车、机械、电子及化工产品是德国传统的优势产业,也是对外依存度较高的产业。20世纪90年代两德统一后,受制于财政负担加重、产业结构老化等一系列问题,德国经济发展陷入低谷,失业率居高不下,经济增长率落后于欧盟的大多数成员国。同时,德国马克的升值压力对于汇率敏感度极高的出口产业构成严重威胁。单一货币消除了成员国汇率调整的可能,使具备技术与劳动力成本优势的德国企业从中受惠,极大提高了德国对外部门的出口竞争力。主要的利益集团都赞同德国加入货币联盟,并积极进行游说。商界对稳定汇率、保证投资和金融资本自由流动的需求直接转化成政治动力。同时,工会也对加入货币联盟持积极的态度,德国工会联合会明确表示支持通过货币一体化促进出口的经济解决方案。

自2005年起,德国工业部门单位劳动力成本始终位于欧元区平均水平以下。与低通胀水平相对应的实际有效汇率贬值,提升了德国对外出口的竞争力。一方面,德国国内有效需求不足,统一货币区内外围国的需求扩张,恰为"德国制造"提供了出口销售的渠道;另一方面,出口创造的盈余资本在统一金融市场内持续输出追逐高额回报,为外围国消费提供支持,反过来又刺激了区内对德国出口产品的需求。自2001年起,德国逐步扭转贸易颓势,出口贸易成为经济增长最重要的支柱,外部盈余持续扩大。危机前,德国经常账户盈余占GDP比重达7.5%(2007年)。在德国的出口贸易中,欧洲内贸易始终占据主要份额(约占总贸易额的70%),其中欧元区成员国一直是德国产品的主要出口目的地(约占总贸易额的60%)。在欧元启动初期,德国的

---

① 有学者提出,如果欧元区的货币规则不是基于德国的经济增长模式设计的,可能德国就不会接受欧元,参见 Clift, B., Ryner, M., "Joined at the hip, but pulling apart? Franco-German relations, the eurozone crisis and the politics of austerity", *French Politics*, Vol. 12, No. 2, 2014, pp. 136-163。

产出增长基本处于欧元区内的最低水平(2001年、2002年的GDP增长率分别为0.6%和0.2%),财政赤字超过欧元区趋同标准(2002年财政赤字占GDP的3.7%),经常账户略有赤字(1999年、2000年经常账户赤字占GDP的比重分别为1.3%和1.7%)。① 受益于币值稳定、贸易壁垒消除及外围国进口需求的迅猛增长,德国在欧元区成立之后逐渐扭转了经济及贸易颓势,对外出口大幅提振,经常账户转亏为盈。

比利时、荷兰、奥地利等国也与德国类似,受益于一体化带来的交易成本降低和汇率不确定性消除,加强了出口导向的经济增长模式,国家经济偏好在适应性的共同货币区内得以延续并巩固加强。

二、赤字国:内需与信贷驱动的增长模式

不同于盈余国出口导向的经济偏好,欧元区外围国在共同货币区内逐渐形成了内需与信贷驱动的经济增长偏好,最终导致经常账户赤字的日趋加大。

搭乘德国低通胀信誉的便车,外围国在统一货币启动初期享受了利率趋同带来的资本盛宴。共同货币区使外围成员国摆脱了曾经的资金约束,趋同理论成为资本从核心国向外围国流动的基本理论依据。经济一体化带来市场对原来经济落后国家"经济赶超"的预期,德国良好的市场信誉成为全体欧元区成员国的共有资本,并充当了共同货币区的"锚"。希腊等外围成员国获得了无成本享受德国低通胀信誉的机会,各国的国家风险溢价相对下降。不论是外围国原本就不甚健康的财政状况,抑或是日益加大的通货膨胀风险,在欧债危机爆发以前都被非理性预期的资本市场所忽视。欧元区成立以前,外围国与德国国债平均利差超过5个百分点,其中,希腊十年期国债相对德国利差高达十几个百分点。但在统一货币的利率趋同效应下,各国平均的资本利差低于0.5个百分点。② 在经济趋同的预期下,外围国的投资吸引力加强,资金持续涌向外围国。宽松的资本环境形成对外围国实质性的信贷激励。一方面,核心国高产出、低消费创造的大量盈余资金,为追求超额投资回报,源源不断向外输出,并且形成区内投资倾向,大量流向外围国市场;另一方面,国际投资资本通过核心国金融市场的中介作用间接流入外围国。共同货币区使外围国不再受制于国内层面的融资约束,追逐高风险收益率的资本源源流入外围国房地产与基础设施建设领域,生产性领域吸收的跨境投资占比较低。利率高度敏感的经济部门的过度扩张,进一步助长资产泡沫,最终

---

①② 数据来源:OECD(http://www.oecd.org)。

造成了严重的外部失衡。同时,低廉的资本供给也为外围国私人部门的消费膨胀与公共部门的财政扩张提供了支持。由于利率维持在很低的水平上,各成员国对预算赤字和债务积累也变得更加漫不经心。加入欧元区后,外围国财政政策的顺周期性更加显著。主要外围国在共同货币区成立后都实施了长时间的扩张性财政政策,助推国内市场的需求膨胀。需求扩张带来国内物价水平的快速上涨,外围国的平均通货膨胀率显著高于核心国,相对单位劳动力成本处于明显的劣势地位。一方面,进口大幅上升;另一方面,出口增长有限,外围国净出口增速持续下滑。

此外,西班牙、葡萄牙、希腊等外围国既缺乏出口导向型经济所要求的工资协调机制,也不具备先进的创新驱动能力。区别于德国出口驱动的外需型增长模式,这些国家在加入货币联盟之前就主要依赖内需增长拉动经济。一般而言,需求拉动型增长往往伴随着较高的通胀水平。从理论上而言,这些国家更需要相机抉择的宏观经济政策和相对灵活的汇率制度,以抵消国内物价上涨带来的通胀影响,弥补在竞争力与出口贸易上的劣势。在货币政策独立的情况下,一国尚可通过货币贬值抵消通货膨胀对出口竞争力的影响,提高进口成本,维持国际收支平衡。然而,加入共同货币区后,各国失去了通过汇率调整改善价格竞争力的能力。调节外部失衡的主要工具被剥夺,在客观上也导致外围国不得不依赖其他的途径实现经济发展。

一方面,外围国在加入欧元区后受趋同预期、外部资本供给增加等因素激励,出现经济繁荣的景象,而以核心国经济为主要决策因素的"一刀切"政策,在相当程度上违背外围国经济的实际需要,不仅未能对其国内过热的经济实行有效的调控,反而对经济产生顺周期效应;另一方面,由外部市场持续涌入的资金,进一步刺激了外围国内消费与信贷需求的迅猛增长。并且,投机性的跨境资本主要进入外围国的房产、金融等非生产性领域,非但没有带来外围国生产部门技术水平与产出能力的提高,反而助长了消费需求的过度扩张及资产泡沫。葡萄牙在加入欧元区后经常账户赤字持续扩大,但经济没有同步增长;西班牙和爱尔兰高增长与高赤字并存,但是经济增长主要依赖建筑及房地产行业。以西班牙为例,其国内经济在1998年至2007年这十年中经历了现代历史上最长的一段经济扩张周期。经济增长主要来自房地产领域的繁荣。房地产业的迅猛发展有宽松移民政策以及婴儿潮人口到达置房年龄等社会因素,但共同货币区无疑是最主要的驱动因素。跨境资本的持续供给,使银行放松了对个人贷款的资质要求,抵押贷款门槛下降。低廉的融资成本(银行长期借贷利率从1992年的11.7%降至1999年的4.7%,2005年更是低至3.4%)以及对经济前景的盲目预期,激发了私人部门的消费需求。欧债危机爆发以前,西班牙新增住宅数量占同期欧洲总量的近2/3,房价平均涨幅高达150%。在1999年欧元区成立初期,外围国与核心国净固定资产投资占GDP比重基本相当。到2008年,爱尔兰、西班牙的净固定资产投资已经飙升至GDP的30%左右(同期,德国固定资产投资基本保持稳定,2008年净固定资产投资占GDP比例约为18%)。① 于是,外围国经济增长形成了一种自我强化的过程:源源流入外围国的廉价资本不断推高其国内的资产价格,持续加强外围国投资对国际资本的吸引力,又进一步鼓励了资本的跨境流动。

廉价信贷促进了非生产领域的扩张,为外围国经济增长带来暂时性的贡献,却掩盖了已经停滞不前的技术水平与劳动生产率。成本低廉的资金流入、资本与劳动力错配,也限制了产业市场的改革动力,导致外围国生产效率与竞争能力的进一步下降,并加速了资金向低生产率部门的不合理配置。流向外围国的资金,主要投向非贸易部门(尤其是房地产行业,如西班牙、爱尔兰)和消费领域(如希腊、葡萄牙),出口部门的国际竞争力没有增强。只是,欧债危机前成员国间的竞争力分化被暂时的产出趋同所掩盖。由于外部要素供给大量投入到非生产领域,外围国生产部门的生产能力没能得到相应提高,反而由于非贸易部门的收入上升推高了其他行业的工资水平,导致总体劳动力成本上升。相对于核心国稳定的价格水平,外围国单位劳动力成本显著上升。欧债危机前,外围国物价上涨幅度普遍高于主要核心国,尤其是德国。以2000年至2008年为例,相对于德国的工资变动,希腊平均工资水平同期上升16.5%,爱尔兰上升12%,葡萄牙、西班牙分别上升7%和8%。考虑各国与德国劳动生产率的差异,外围国单位劳动力成本相对德国的涨幅在25%—47%之间。② 虽然共同货币区消除了区内名义汇率的波动,但成员国间通货膨胀的巨大差异造成欧元区内实际汇率的差别。通胀差异导致的相对其贸易伙伴的竞争力丧失,是外围国在危机前经济表现疲软的重要原因之一。在汇率给定的条件下,相对较高的通货膨胀率会使一国出口产品价格相比其他国家更高,进口成本则相对更低,降低出口份额,助长进口需求。外围国生产力水平与劳动成本长期脱钩,外部竞争力匮乏,又进一步加大了外围国与核心国间的产出差距。在出口贸易无法对经济增长贡献力量、统一货币政策下宏观经济调控手段缺失的情况下,外围国日益加强了依赖内需与信贷

---

① 数据来源:AMECO 数据库(http://ec.europa.eu)。
② 根据欧元区成员国以2005年为基年的实际单位劳动力成本数据计算。数据来源:AMECO (http://ec.europa.eu)。

推动的经济偏好。劳动生产率差异驱动的"良性失衡"预期成为幻影,货币联盟内部最终产生出一种"坏"的失衡,对内表现为资产泡沫、财政赤字以及对经济增长的非理性预期,对外表现为经常账户的巨额赤字。

三、进一步理解成员国偏好:经济哲学与市场机制

欧元区盈余国与赤字国不同的经济偏好背后,是各国在政治体制、经济哲学与市场组织形式上的差异。

以德国为例,出口驱动增长的经济偏好与其长期以来的经济理念密切相关。20世纪30年代,以沃尔特·欧肯(Walter Eucken)和弗朗兹·伯姆(Franz Böhm)为代表的弗莱堡学派提出秩序自由主义(Ordo-liberalism)思想,核心是以秩序政策建立基于国家宪法保障的、完全竞争的市场经济制度。秩序自由主义的经济哲学,构成了第二次世界大战后德国经济决策的思想框架。鉴于20世纪20年代末经济萧条时期恶性通货膨胀的深刻记忆,弗莱堡学派强调应关注经济干预政策对政治的内在风险,以及通货膨胀可能引起的社会动荡和混乱。有别于凯恩斯主义需求管理的宏观经济政策主张,德国的秩序自由主义理念倾向于从供给端促进经济增长。秩序自由主义者认为市场经济活力的源泉在于私人部门,政府的角色仅限于经济的监督者,其首要职责是通过立法创建有利于市场稳定运行的经济环境,保障自由竞争与契约的履行,不赞成政府对经济进行相机抉择的干预。在制度上,秩序自由主义认为国家经济政策成功的基础是完善有力的法律和制度框架,政府不负责确保充分就业,但提供稳定和可预测的社会经济运行框架,以维护经济秩序,保障宏观经济目标实现的可能性。第二次世界大战后,秩序自由主义思想不论在制度层面上,还是在执政党与民众的意识上,都得以加强,成为德国政府宏观经济治理的核心理念[1]。相应的,德国的经济财政部门成为秩序自由主义思想在德国发挥影响的主要阵地[2]。凯恩斯主义国家干预经济、刺激总需求的经济理念在德国的影响长期受到限制,许多学者认为过度激进的经济政策可能导致市场秩序崩溃,凯恩斯主义的经济理念暗藏滞涨风险。因此,第二次世界大战以来,不论是德国的左翼政治力量还是右翼政党,都很少采用凯恩斯主义扩张需求的调控方式。对德国主要政党经济思想的研究指出,秩序

---

[1] Nedergaard, P., Snaith, H., "As I drifted on a river I could not control: the unintended ordoliberal consequences of the eurozone crisis", *Journal of Common Market Studies*, Vol. 53, No. 5, 2015, pp. 1094 – 1109.

[2] Bulmer, S., "Germany and the eurozone crisis: between hegemony and domestic Politics", *West European Politics*, Vol. 37, No. 6, 2014, pp. 1244 – 1263.

自由主义思想对德国主要政党基民盟、社民盟以及自由民主党等都产生了较深的影响①。对德国战后经济政策的研究也证实了,凯恩斯主义的经济思想只有在1966—1969年和1969—1974年两任政府执政期间对德国的经济决策产生过影响②。即使是在20世纪90年代两德统一后的经济萎靡时期,执政的施罗德政府也不曾采用激进的需求刺激政策。在秩序自由主义基础上建立的市场经济体制,也是德国国内利益平衡的结果。在秩序自由主义经济理念的指引下,"出口导向的经济增长模式成为德国经济的逻辑选择",是"德国政治精英在第二次世界大战后理性慎重的选择"③。若要实现出口增长,维持价格稳定,保持对外竞争力就显得尤为重要。这就不难理解,德国在第二次世界大战后形成了以"稳定"为核心的社会市场经济。德国在一体化经济政策上秉持的以币值稳定为目标的货币秩序倾向以及财政稳健的理念,都根植于秩序自由主义的思想逻辑。这种秩序自由主义的理念也限制了德国可接受和合法的政策选择的范围。

外向型经济的基础是一国出口产品拥有较强的国际市场竞争力。相对较低的单位劳动力成本、技术创新与资本推动能力,创造了德国的出口竞争力。成熟的政治经济基础与市场经济组织模式则是支撑上述能力的内在因素。施罗德执政期间实施的劳动市场结构性改革,使德国逐步扭转了在成员国中的成本劣势,在区内建立起强有力的竞争地位。德国一跃成为欧洲经济实力最强大的国家。两德统一后,德国面临东西部经济结构性差距以及严峻的就业考验,工资政策僵化,生产要素成本高企,出口竞争力减弱,一度被视为"欧洲病夫"。德国总理格哈德·施罗德(Gerhard Schroeder)在第二任执政期间,实施了较为激进的大范围经济改革,采取了一系列旨在增强劳动力市场灵活性与国际市场竞争力的改革举措。2003年,施罗德政府公布"2010议程"(Agenda 2010),开启艰难的供给侧转型之路,以期提高经济效率、增强国际竞争力,彻底扭转困扰德国多年的经济衰退。该议程的核心内容包括减税、改革劳动力市场、削减社会福利以及大力发展职业教育等。由德国劳动力市场现代服务业委("哈茨委员会")提出了一系列改革建议,形成"2010议程"的重要组成部分"哈茨方案",主要目的是降低劳动力市场的刚性。"哈茨

---

① Dullien, S., Guérot, U., "The long shadow of ordoliberalism: Germany's approach to the euro crisis", *ECFR Policy Brief*, 2012.
② Allen, C. S., "'Ordo-liberalism' trumps Keynesianism: economic policy in the federal republic of Germany and the EU", in Moss, B. H. ed., *Monetary union in crisis*, London: Palgrave Macmillan, 2005.
③ 同上。

方案"分成四个实施阶段,其中最具争议也是最具变革的"哈茨四号"(Harz IV),大幅削减了对长期失业者的财政补贴,将失业救济降至社会保险水平。尽管几经波折,但痛苦的劳动力市场改革最终在欧洲这样一个高福利传统的社会下得以实施。哈茨改革全面实施后,德国民众的失业救济金受到限制,社会福利大幅削减。虽然施罗德政府为此付出了惨痛的政治代价,但是"刮骨疗伤"的结构性改革,创造了德国经济增长的"奇迹"。企业层面成本控制的加强,使德国对外竞争力获得显著提升,经济产出稳步增长。历经剧烈痛苦的结构调整,德国成为欧盟区域内最具经济竞争力的国家。

此外,欧洲各国的工会组织与劳工关系存在显著差异,工资的形成与协商机制各不相同。根据曼瑟尔·奥尔森(Mancur Olson)的理论,当每个工会都为其成员争取利益时,可能会牺牲社会的总体福利[1]。对于社会而言,这个代价可能是高昂的。从这个角度来说,简化工会组织结构,减少工会数量,也许更有利于工会和公众利益的统一。从德国在第二次世界大战后的实践来看,秩序自由主义的市场经济模式强调劳动力市场自由竞争。在薪酬制度上,德国传统上采取集体工资谈判的方式,由产业工会和企业雇主自主协调,劳资双方共同参与工资决策。自20世纪90年代以来,德国工会密度逐年降低,工会结构简化,工会的代表性和权威性均有所下降。由于会员大量减少,工会的群众基础削弱,在集体谈判中的竞争力与谈判力明显减弱。同时,工人代表进入管理层级的监事会,国内劳资关系相对缓和,企业层级的工资谈判地位逐渐上升。据统计,1999—2007年,德国单位劳动生产率每年稳步增长1.1%左右;同期,工资平均年增长率仅为3.1%,收入的增长速度明显低于产出增长[2]。对德国收入分配的研究也证明,绝大多数民众受到实际可支配收入下降以及社会福利削减的影响[3]。对劳动力成本的有效控制极大地加强了德国在欧元区内成员国中的竞争优势。同时,工资约束也降低了私人部门的消费倾向,社会储蓄偏好增强。其结果是,德国出口增长强劲发展,但国内需求相对处于低迷状态,进口增长速度缓慢。

奥地利、比利时、芬兰、荷兰等欧元区核心成员国经济也有着与德国类似的制度特征。这类国家在很大程度上依赖于非市场关系来协调市场主

---

[1] Olson, M., "Collective action", in Eatwell, J., Milgate, M., Newman, P., eds., *The invisible hand*, London: Palgrave Macmillan, 1989.

[2] Uxó, J., Paúl, J., Febrero, E., "Current account imbalances in the Monetary Union and the Great Recession: causes and policies", *Panoeconomicus*, Vol. 58, No. 5, 2011, pp. 571–592.

[3] Horn, G. A., Joebges, H., & Zwiener, R., "From the financial crisis to the world economic crisis (II). Global imbalances: cause of the crisis and solution strategies for Germany", *IMF Policy Brief*, 2009.

体的经济活动,政府管理高效但对经济干预有限,属于协调市场经济模式(Coordinated Market Economies)的国家。① 在这种经济模式下,经济利益集团深度参与国家的经济政策决策②。企业可以通过有效的集中谈判协调工资,保障产品的成本竞争力,适应出口部门对外竞争的需要。此外,协调市场经济国家一般还有着较为完善的教育和职业培训体系,政府积极提供资金支持、税收优惠等激励创新活动的优惠措施。企业研发投入高,创新能力较强,能够为出口产品的质量竞争力提供支持。兼具成本优势和质量优势,这些国家产品的市场竞争能力较强,也进一步鼓励了出口导向的经济增长偏好。

区别于盈余国协调型的市场经济模式,希腊、葡萄牙和西班牙等国主要实行混合市场经济模式(Mixed Market Economies),国家在经济活动的协调中发挥关键作用。虽然政府承担协调经济活动的主要职责,负责调解国内经济关系,但在实践中政府却往往缺乏有效维持经济运行的能力,难以推行可信的结构性改革。这些国家没有灵活的劳动力和资本市场,也不具备协调的劳动力市场机制以支持国际竞争力,在促进出口增长方面的能力有限。③ 多数外围国经济中存在大量个体经营的中小微企业,缺乏类似核心国自主谈判的工资协调机制。由于长期以来形成的社会民主主义传统,工会力量较为强大,无法实行有效的工资约束。此外,教育及培训体系不完善,技术水平有限,生产以劳动密集型、低附加值的产品为主,导致外围国对外部竞争的响应能力较弱。

相较主要核心国而言,出口部门对外围国经济增长的贡献较低。由于缺乏有效的工资协调机制和驱动创新的能力,理论上说,经济基础较弱的外围成员国更需要相机抉择的宏观经济政策和相对灵活的汇率制度,以抵消国内物价上涨带来的通胀影响,弥补在竞争力与出口贸易上的劣势。加入货币联盟之前,本币贬值是希腊等外围国提高出口竞争力重要的政策手段。但加入欧元区后,统一货币政策剥夺了成员国调节外部失衡的主要工具,外围国出

---

① 法国模式兼具协调市场经济与混合市场经济的特点;意大利南北经济差异较大,经济模式具有典型的二元特征。总体来看,法国和意大利更趋近于外围国的内需驱动的经济增长模式,这也是法意两国在失衡治理立场上与外围国更加一致的原因。参见 Hall, P. A., Soskice, D., "Varieties of capitalism and institutional change: a response to three critics", *Comparative European Politics*, 2003, Vol. 1, No. 2, pp. 241 - 250; Vermeiren, M., "Monetary power and EMU: macroeconomic adjustment and autonomy in the Eurozone", *Review of International Studies*, Vol. 39, No. 3, 2013, pp. 729 - 761.

② Hall, P. A., "The economics and politics of the euro crisis", *German Politics*, Vol. 21, No. 4, 2012, pp. 355 - 371.

③ 爱尔兰的情况与希腊等国有所不同。一般认为,爱尔兰属于自由市场经济模式的国家,市场在协调经济活动中起决定性作用。

口对经济增长的推动作用被削弱,在客观上也导致其不得不依赖其他的途径实现经济发展。欧洲经济一体化带来跨境资本的持续涌入,为外围国内创造了依靠消费与信贷驱动经济增长的条件。最终,在希腊主要反映在政府财政赤字上;在西班牙和爱尔兰反映在金融、房地产的市场泡沫;在葡萄牙和意大利反映在财政及借贷的过度扩张。

总之,欧元区盈余国与赤字国的市场组织模式存在差异,在共同货币区内形成了趋异的国家经济偏好。核心国的经济基础与制度框架具备外向型经济发展所需要的条件,在一体化下日益加强了出口导向型的增长偏好。外围国经济既不具备有利的出口竞争力,又因统一货币失去了长期依赖的货币调节能力,在一体化的经济体系中逐渐形成以内需与信贷驱动的增长模式。

第五节 宏观经济失衡与主权债务危机的生成

欧元区成员国的经济哲学、工会组织和市场运作模式存在差异。在不对称货币政策效应、经济相互依赖以及国内政治经济利益的综合权衡下,共同货币区内生成了趋异的经济偏好与政策选择。自欧元区成立以后,成员国在经常账户、财政收支及竞争力等诸方面的差距日益扩大。欧债危机在美国次贷危机升级蔓延后点燃,但内在根源在于欧元区内部严重的宏观经济失衡,危机的全面爆发反映出成员国的经济失衡已经扩大至难以持续的程度。

一、共同货币区成员国的经济偏好互动

由于区域内贸易占欧元区整体贸易的较大比重,意味着欧元区在某种程度上是一个"半封闭"的经济体,欧元区成员国的国际收支状况之间存在显著的相关性。核心国盈余、外围国赤字,是欧元区宏观经济失衡的特点,其形成与一体化成员国经济偏好的互动发展密切联系。欧元区核心国与外围国在共同货币区内成本收益不对称,成员国经济相互依赖、互相影响,各自形成不同的经济增长路径。欧元区宏观经济失衡的形成正是统一货币政策下成员国趋异经济偏好互动的逻辑结果。

(一)共同货币区支持了盈余国出口导向的经济偏好

欧洲经济一体化支持并加强了以德国为代表的盈余核心国出口导向的经济偏好。首先,共同货币区增强了欧元区核心国经济增长对出口贸易的依

赖度。以德国为例,欧元区统一货币体系的设计以德意志银行为蓝本,完全适应了德国以"稳定"为核心的文化。从欧元区货币政策的实际运行来看,在成员国经济周期非同步的情况下,欧洲中央银行货币政策的具体决策总体更加适应德国等核心国的经济状况。偏向性的货币政策一方面维持了德国低通胀的经济环境,使德国进口需求长期维持低位;另一方面又刺激了外围国的消费膨胀,加大对"德国制造"的市场需求,促进德国的出口增长。其次,德国劳动力市场的价格优势,也是其他外围成员国家无法比拟的。共同货币区消除了其他成员国通过汇率贬值抗衡德国工资成本优势的可能。在加入欧元区以前,汇率升值压力一直是德国出口贸易的隐忧。共同货币区一劳永逸地消除了成员国间竞相贬值的风险,强化了德国在区内的出口优势。与外围国加入共同货币区后获得的融资收益不同,德国在欧元区成立前的融资成本就不高,加上德意志中央银行长期秉承的稳定哲学,德国国内通胀并未因此上升,与区内成员竞争力差距进一步扩大。再次,欧洲金融一体化程度的加深,也有助于德国出口盈余循环输出到区内其他国家,通过对外围国的消费需求融资,反过来促进德国出口贸易的增长。受益于共同货币区带来的货币稳定和贸易畅通,奥地利等主要核心国在加入欧元区后,也同样强化了出口导向的经济发展模式。

(二)共同货币区对赤字国内需驱动的经济偏好产生激励效应

欧元区赤字的外围国则在共同货币区中进一步加强了内需驱动增长的经济偏好。首先,外围国国内无法实现有效的工资约束,共同货币区又剥夺了其可以弥补劳动成本差距的汇率政策工具。经济一体化带来的持续外部资金供给,也降低了外围国内部改革的动力。加入欧元区后,外围国对外竞争能力严重丧失,在出口贸易难以支持经济增长的情况下,这些国家唯有转向依赖内需驱动的经济增长方式。其次,共同货币区使外围国得以分享德国的货币信誉,"经济赶超"的非理性预期吸引大量风险资本。国际资本市场对欧元区风险溢价的下调,使外围国外部资本的可得性上升,融资成本大幅下降,依赖外部债务支撑内部需求膨胀成为可能。再次,与核心国经济周期相适应的统一货币政策,对外围国经济产生明显的顺周期效应。由于欧洲中央银行必须实施共同的货币政策,无法在不阻碍核心国经济增长的情况下抑制外围国的通胀。较高的通货膨胀率进一步降低了外围国的实际借贷成本。欧洲中央银行的政策利率长期低于外围国经济实际,甚至出现负实际利率。低廉的融资成本助长了外围国的超前消费与过度信贷扩张。廉价信贷推动房地产等非生产性行业的扩张,资本劳动力的错配进一步削弱了出口部门的实际竞争力。欧洲中央银行以消费者物价调和指数(HICP)为核心的调控目标,关注重点是产品市场而非金融领域,几乎完全忽视了资产价格对成员国竞争力的影响。与此同时,核心国在出口导向型战略下积累了大量的资本盈余,国内金融系统为获取超额资本回报持续向外围国借款。廉价信贷的流入进一步鼓励了外围国的需求扩张。① 在相当程度上,共同货币区鼓励了外围国依靠内需拉动的经济增长。在欧元区建立以前,国际收支逆差与债务积累扩大通常会导致市场利率或汇率的调整,对赤字国起到警示作用。但在共同货币区内,金融市场忽视了成员国经济的实质差异,潜在经济风险被掩盖,外围国高消费、高通胀的经济模式得以支撑和激励。

(三)共同货币区内成员国偏好互相依赖、彼此加强

在共同货币区的庇护下,欧元区核心国消除了货币竞争性贬值的汇率风险,同时在币值稳定、宏观经济政策适应的货币区内,出口贸易获得显著发展。被剥夺了汇率调整工具的外围国,在货币联盟的规则约束下,逐渐生成以外部融资支持内需增长的经济偏好,落入看似低成本的债务陷阱。一方面,外围国经济发展严重依赖于国际资本,资本推动的消费需求不断推高国内价格水平。另一方面,外围国的劳动生产率水平却没有与工资同步增长。以相对劳动成本为衡量指标,外围国的国际竞争力严重下降。竞争力的丧失又进一步强化了外围国对于核心国资本的依赖性。反过来,外围国需求及债务推动的增长模式也加强了核心国出口导向的经济偏好。外围国在加入共同货币区后旺盛的进口需求,为核心国创造了巨大的区内市场,弥补了德国等成员国国内实际有效需求的不足。核心国出口导向的经济偏好在欧元区成立后获得最大程度的支持。

由于盈余国金融资本能够在赤字国获得更高的投资收益,而赤字国也能通过盈余国的资本转移实现信贷和消费扩张,从短期来看这样的循环通道对大多数市场参与者是有吸引力的。但是,随着大量金融资本从盈余国流出,赤字国债务持续堆积,当泡沫破裂、贷款枯竭,负债累累的外围国既无力偿还债务,也无法通过出口来弥补国内需求的崩溃。因此,尽管外围国的私人与公共部门不谨慎的经济行为难辞其咎,但是不论是债务堆积还是财政赤字,在某种程度上也可以说,是外围国经济在为德国等国疲弱的内部需求与过度的外部盈余买单。反过来,核心国也在以自身信誉为外围国的过度需求提供担保。由于欧元区统一政策的偏向性,货币政策不仅未能对外围国过热的经

---

① 事实上,欧洲中央银行在欧债危机以前的工作文件中也屡次提及需要关注共同货币区内核心国与外围国间持续扩大的竞争力差距与失衡问题,但由于外围国的经常账户赤字能够通过金融市场获得融资,这些问题在市场和政策制定过程中并未受到充分重视。

济起到相应的调控作用,还逆向助长其国内总需求的过度扩张,推动价格水平加速上扬。外围国资本狂欢下的需求膨胀又对核心国的出口贸易提供强劲支持。作为一个特殊的封闭经济体,欧元区外围国的繁荣假象基于核心国的盈余增长,而核心国的经济稳定与增长又很大程度建立在外围国的赤字之上。由此形成核心国生产储蓄、外围国吸收消费的畸形模式。核心国出口创造的财富通过金融体系输出,持续为外围国赤字融资,再依赖外围国的需求增长循环转化为核心国的外部盈余。一体化的金融市场助长了外围国依赖进口的金融积累机制与核心国以出口为导向的生产积累机制之间不可持续的相互依赖。欧元区核心国出口导向的经济偏好与外围国需求驱动增长的经济偏好在共同货币区中互相依赖、相互加强。

二、欧元区宏观经济失衡的形成

欧元区核心国出口导向的经济偏好与外围国内需驱动的经济偏好在共同货币区内并存。二者相互依赖、彼此加强,成员国宏观经济失衡是两种增长路径发展的逻辑结果,共同货币成为欧元区成员国经济分化的重要来源。总体而言,加入欧元区对外围国的结构性冲击,较之核心国更强。尽管所有成员国在货币联盟下都获得实际利率的下降,但外围国利率下降的相对幅度更大。虽然信贷环境的改善在一定程度上对外围国有利,但也导致了国内信贷规模的过度扩张与房地产泡沫。同时,共同货币区成员国身份放大了冲击的不对称影响。统一政策利率下成员国的通胀差异转化为真实利率差异。相比通胀水平较低的成员国,区内通胀水平较高的外围国实际利率更低,助长国内的消费与信贷需求,也导致出口竞争力的进一步下滑。此外,经济全球化的发展,也在共同货币区产生了不对称的冲击。德国等核心国能够保持甚至加强它们的国际市场竞争力,在与区外经济体之间日益加深的金融贸易关系中获得贸易增长。而外围国产业创新相对疲弱,成本控制不力,国际市场竞争力有限,区外贸易显著恶化。

一方面,外围国不断膨胀的需求增长支持了核心国的出口贸易;核心国大量积累的出口盈余又为外围国的消费需求提供资金支持。核心国重储蓄、外围国重消费,导致核心国出口持续上升,外围国进口迅猛增长。另一方面,核心国出口导向的经济模式,在很大程度上以牺牲国内劳动者的福利为代价,极大制约了国内的消费能力;外围国劳动生产率相对低下,在顺周期政策下劳动成本难以得到有效控制,在共同货币区内又无法运用汇率手段加以抵消,市场竞争力劣势明显,国内消费水平却呈不断上升趋势。核心国重供给、外围国重需求,导致核心国进口需求有限,外围国出口增长缓慢。结果是,欧元区内部形成特殊的宏观经济失衡现象：核心国净出口增长由外围国的需求扩张支持，外围国净进口需求依赖核心国信贷资金支撑，而信贷资本主要由核心国出口创造的盈余资金提供；核心国经常账户的持续盈余与外围国经常账户的赤字扩大并存，且两者规模基本相当。在共同货币区内，外围国缺乏弥补竞争差距的政策能力与货币工具。去工业化和大规模的金融市场化相结合，也加剧了外围国经常项目赤字的不断累积。依靠内需扩张驱动经济增长的代价是外围国内外部经济的日益失衡与对外债务的持续堆积。欧元区内部成员国的经济分化与失衡，反过来又对整个货币联盟造成严重的负面效应。在"一刀切"的货币政策下，成员国经济偏好与结构失衡的结果，形成了核心国的经常账户盈余与外围国的经常账户赤字。

欧洲经济一体化进程中的宏观经济失衡突出体现在成员国经常账户以及相应的资本流动失衡上。总体而言，在欧债危机以前，欧元区与外部经济体的经常账户收支基本保持平衡，但欧元区内核心国持有的巨额盈余与外围国日益恶化的收支状况形成鲜明对比（如图4-9所示）。加入货币联盟后，德国延续并加强了出口导向的经济偏好，依赖出口推动经济增长、提供就业机会，并在欧元区成立后迅速扭转了两德统一后的贸易颓势，外部盈余持续快速增长。自2002年起，德国经常账户持续盈余。即使在欧债危机爆发后，德国依然保持了较为强劲的出口增长（如图4-10所示），出口贸易额约占欧元区出口总量的1/3。

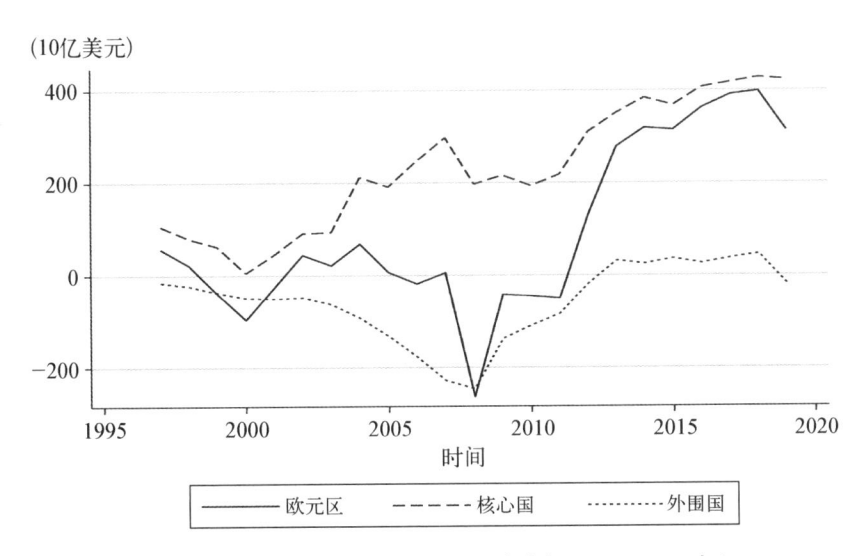

图4-9 欧元区及其成员国经常账户余额（1997—2019年）

注：根据OECD相关数据计算。其中，核心国包括德国、法国、奥地利、比利时、芬兰、意大利、荷兰和卢森堡；外围国包括希腊、爱尔兰、葡萄牙和西班牙。

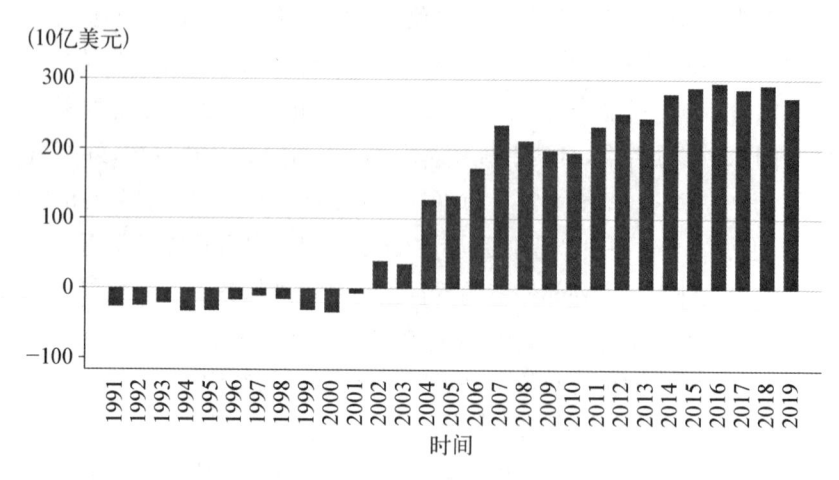

图 4-10 德国历年经常账户余额(1991—2019 年)

数据来源：OECD。

希腊等国在加入欧元区后产出水平没有明显提高，但需求水平大幅提振，进口贸易持续增加。1998年，欧元区国家经常账户失衡占GDP的平均比重约为3%。自2000年起，成员国间外部失衡日益分化。2000年至2008年期间，欧元区国家外部失衡占GDP比重的波动范围高达-15%至10%。其中，芬兰、比利时、德国和荷兰的年均经常账户盈余约占GDP的4%；而葡萄牙、西班牙、希腊年均经常账户赤字占GDP比重分别为9%、4%和12%。

三、欧元区主权债务危机的生成

由于一国经常账户余额反映了国内储蓄与投资的差额，因此欧元区外围国的经常账户赤字同时意味着国内过度的投资和消费需求需要依赖外部资本流入的支持。与欧元区经常账户严重失衡相伴随的是区内资本流向的扭曲，大量投机资本通过资本市场由盈余国进入赤字国逐利。与此同时，外围国私人部门储蓄持续下降，财政赤字逐年递增，债务规模不断堆积。葡萄牙、西班牙和希腊的外债规模在危机前约占GDP的70%，几乎达到欧元区国家历史的最高水平，在全部OECD国家中处于最糟糕的状态。同期，欧元区内核心国的对外净资产规模也达到历史高位，德国的对外净资产约占GDP的20%，比利时的对外净资产占GDP的比重则超过40%。在欧元区内，成员国经济的外部失衡与内部失衡紧密联系，与外围国经常账户巨额赤字相对应的是内部严重的财政赤字与外部竞争力的持续恶化。加入共同货币区后持续膨胀的国内需求，导致外围国私人部门的外债规模大幅飙升。从成员国1998年至2007年私人部门债务占GDP的比重来看，希腊从32%上升至

84%；爱尔兰由81%上升至184%；葡萄牙由92%上升至160%；西班牙由81%上升至169%；意大利由56%上升至97%。

单一货币加速了共同货币区的资本流动，催生欧元区宏观经济失衡，并直接孕育金融风险。共同货币区成立后，市场对其前景的乐观预期激励国际资本大量涌入欧元区。同时，出口驱动的核心国经济受共同货币区提振，贸易盈余持续累计，加之低水平的国内消费，形成规模庞大的资本盈余。这些超额资金，以低利率借贷给外围国家，进一步助长外围国的信贷增长。统一货币政策下的利率趋同，消除了区内货币的风险溢价，降低了外围国的融资成本，助长大量外债的形成。赤字国金融机构从外国部门借款更加容易，信贷增长转换为债务堆积，加大了其金融部门的脆弱性。当利率水平较低时，赤字国的债务负担尚能控制；一旦利率飙升，债务则难以为继。随着危机来临，逐利的风险资本不愿再继续流入外围国为其财政和经常账户赤字融资，资本流向的逆转导致危机进一步恶化。当资本从热闹的资本市场撤离时，外围国的经济困境就暴露在日光之下。跨境资本流动戛然停止，风险溢价显著上升。外部资金断流导致原本就已经相当脆弱的外围国私人部门无力应对，大量私人债务转化为公共债务，进一步加剧成员国财政失衡，将外围国政府推向破产边缘。特别是外围国内需带动的增长模式对扩张性的宏观经济政策与外部资金依赖性强，在经济金融市场环境发生逆转时更加脆弱[1]。

2008年始于美国的次贷危机造成全球流动性紧缩，金融海啸扩散至欧洲大陆，引发欧元区主权债务危机。欧债危机肇始于希腊，随后席卷欧元区其他外围国家，是欧洲经贸联盟成立以来遭遇的最严重危机。债务危机爆发初期，统一货币政策在应对危机上严重滞后，赤字国被迫进一步采取财政扩张，导致财政状况更加恶化。盈余的核心国也无法独善其身，对外风险敞口巨大的国内金融系统面临潜在危机。

第六节 本章小结

本章以欧元区成员国经济偏好的形成、趋异和互动为核心，研究了欧元区宏观经济失衡的形成机理以及主权债务危机的生成逻辑。提出的基本观点是：欧元区的宏观经济失衡是成员国趋异经济偏好形成互动的逻辑结果。

---

[1] 杨力、任嘉：《单一货币区经济趋同的实证研究与欧债危机的内在逻辑》，《国际观察》2013年第1期。

欧元区成员国的经济偏好既是国内利益与偏好的汇集,是该国政治经济体制的反映;同时,又是成员国在统一货币政策非对称分配效应下的理性选择,并在成员国间经济的相互依赖中得以加强。

欧元区在启动之时就不是最优货币区,原本增长路径、速度、财务能力迥异的经济体被绑定于同一个货币区内之后,预期的经济趋同效应没有实现。加入欧元区时的"突击达标"并未从根本上解决各国在经济结构、收入水平以及经济偏好等方面的差异。今天看来,不少国家当初为加入欧元区而采取的政策带有明显的机会主义倾向。这种为了赢得单一货币区"入场券"的投机行为,加大了成员国间经济趋同的难度。进入货币联盟后,成员国经济高度依赖、彼此互动,大致形成两条不同的经济增长路径。有效的监督和约束机制的缺失,进一步助推了成员国之间的经济趋异。虽然外围国不谨慎的财政与债务累积是引爆危机的直接原因,但危机根源是欧元区始终没有形成真正意义上的最优货币区。在统一货币政策下,成员国之间的经济趋异持续放大,经济失衡日益加重。

对统一货币政策效应以及成员国国内政治经济因素的分析,解释了为什么在合作的货币体系内会生成国家经济偏好的趋异,以及为什么不同的增长偏好会最终形成区内的宏观经济失衡。欧元区从创立至今始终远未达到OCA理论的"最优"标准,成员国经济的非同质性导致统一货币政策不可避免地在成员国间产生不对称的分配效应。适合欧元区某个成员国的某种利率水平,并不一定适合于另一个成员国的经济需要。诚如英国前首相戈登·布朗(Gordon Brown)所言,"欧元存在风险……各国不可能步调一致地共同发展,但目前似乎还不具备针对危机迅速调整经济所要求的高度灵活性,也不拥有单一货币体制所必不可少的严格纪律"[①]。在成员国经济与通胀水平分化的现实下,要在成员国间找到适当的政策点,制定适应所有成员国经济需要的经济政策,无疑存在困难。由于成员国在货币体系内政治经济权重的悬殊差异,欧元区统一货币政策最终倒向以德国为首的核心国。共同货币区强化了欧元区核心国出口导向的经济偏好,同时负面激励了欧元区外围国以内需及信贷驱动增长的经济偏好。成员国在共同货币区内经济相互依存,经济偏好互相依赖加强。赤字国内需驱动、高通胀的增长模式,通过共同货币区与盈余国出口导向、低通胀的经济模式相连接。盈余国的出口增长建立在赤字国旺盛的消费需求之上,赤字国的资金缺口依赖盈余国出口积累创造的

---

① Brown, G., *Beyond the Crash: Overcoming the First Crisis of Globalization*. New York: Free Press, 2010.

资本供给。趋异经济偏好发展的逻辑结果是欧元区内宏观经济的严重失衡。尽管市场管制的放松、财政的非谨慎行为、房地产市场泡沫、国际市场冲击等都是欧元区主权债务危机的诱导因素，但是成员国宏观经济失衡的不可持续是触发危机的内在因素。债务危机从本质上是欧元区内部核心国与外围国不同经济偏好引致的宏观经济失衡的外在爆发。

第五章　欧债危机后欧元区宏观经济失衡调整的政策博弈

> 在一个地方这种事物是实际的,而在另一个地方那种事物是实际的。无论这种事物还是那种事物,都是不合理性的。那就服从那些在你自己的小天地里实际的事物吧!
>
> ——卡尔·马克思(Karl Marx)

宏观经济失衡调整是经常账户盈余或赤字水平减少或消除的过程。如果经济的外部失衡源自理性的跨期预期,可以被视作是一种可持续的"好"的失衡,不需要主动的政策调节。但是,欧元区的宏观经济失衡经由成员国主权债务危机这种特殊方式,已经被证明是一种"坏"的失衡,不仅难以持续,而且对成员国经济乃至共同货币区的生存都造成严重的威胁。成员国经济的过度失衡产生调整压力,对失衡的主动调整在所难免。欧债危机后,欧盟各方积极采取救助措施,力图于泥淖中挽救成员国经济,维系一体化建设成果,对宏观经济失衡问题的重视程度也达到前所未有的高度。由于成员国间存在国家利益的冲突,经济失衡调整共识的达成必然要经过一系列复杂艰难的谈判过程。在失衡调整的方案上,成员国的经济偏好与利益诉求出现分歧,导致决策过程中的多重冲突与危机治理的行动迟缓。

欧元区成员国的宏观经济失衡亟待调整已是共识,但各国对调整的方式与成本分配存在差异的政策偏好。政策立场的形成既是各国经济政治利益的权衡汇集,同时也受一体化制度结构与权力关系的影响。国内经济上的压力、政治上的阻力、成员国间的利益冲突与交错,导致欧元区宏观经济失衡调整一再陷入集体行动困境。本章从理论上阐析宏观经济失衡的调整方式和成本分配问题,研究欧盟成员国对于失衡调整的不同政策主张与国家间的博弈谈判,解释欧元区危机治理的协调困难。

第一节 宏观经济失衡调整的理论分析

宏观经济失衡发展到不可持续的阶段，就要求进行相应的调整。从理论上说，开放经济下宏观经济的失衡有可能通过经济内部的自动调节实现。但当宏观经济的自动调节机制无法发挥作用时，就需要通过一定的政策调节来主动达成经济失衡的调整。

一、开放经济下宏观经济失衡调整的政策选项

理论上，当一国经济出现宏观经济失衡的情况时，国内经济中存在物价、汇率等具有自动调节作用的宏观经济变量，能够使外部失衡状况得到自动改善。国民收入及社会总需求水平的相应变动，也会实现外部均衡的自动恢复。例如，当一国出现贸易逆差时，对外支付高于收入，国民收入水平下降，引起社会总需求收缩，进而导致进口需求下降，贸易逆差缩小，外部经济失衡得以自动调整。此外，国民收入变动还能通过改变对外劳务及资产需求水平，改善经常账户收支与资本金融账户状况。通常认为，在实际经济运行中，收入调节机制还需要其他调节机制的共同配合。如在固定汇率制下，经常账户的赤字要求中央银行同时减少货币供应量，提高利率水平，影响投资及收入水平，进而影响进口需求，最终实现宏观经济的均衡。此外，利用金融资产、货币与利率之间的关系，改变利率水平，引导资金流向，也能够自动实现对外部失衡的调整。利率调节机制可以同时改善一国的经常账户与资本金融账户。具体而言，当一国出现国际收支赤字时，该国的货币存量相对减少，货币供给的下降将导致利率水平上升，金融资产收益水平提高，资金流向相应发生改变。另一方面，对本国金融资产的需求相对上升，对外国金融资产的需求相对减少，资本与金融项目也能够得到自动改善。并且，利率变化同时对社会总需求产生影响，如利率水平的上升会减少国内需求，导致进口下降、出口增加，也有助于贸易收支的改善。

在宏观经济的自动调节机制无法充分发挥作用的情况下，就需要通过政策的主动调节来实现经济失衡的调整。支出改变与支出转换是开放经济条件下宏观经济调整的主要政策。支出改变政策主要通过变动一国的支出水平，调节社会总需求，以达到改善宏观经济失衡状况的目的。这类政策通过改变社会总需求或总支出水平，影响国内对外国商品、劳务和金融资产的需求，从而对经济外部失衡进行调节。一般来说，支出改变政策主要包括财政政策和货币政策。财政政策对公共支出或税收进行调整，这些政策行为通过

乘数效应,影响国内产出与收入水平,并最终反映在本国的进出口需求上。货币政策涉及一国货币供应量的变化,会影响利率水平,改变一国的投资与收入水平。不论是采用财政政策,还是货币政策,都可以直接影响社会总需求水平,进而调节内部均衡。同时,社会总需求的变动还可以通过边际进口倾向影响进口,通过利率影响资本流动,进而调节经济的外部失衡状况。支出转换型政策不改变社会总需求和总支出,而是通过汇率调整或其他政策,改变需求和支出方向的政策。在开放经济中,通过经济政策改变货币价格,能改变对国内外产品的消费需求倾向,实现改善国际收支失衡的目的。通过对支出方向的变动,可以调节社会需求的内部结构,将国内支出从外国商品和劳务转移到国内的商品和劳务上来,以调节总需求中外国商品和劳务与本国商品和劳务的结构比例。通常,支出转换型政策主要包括汇率政策、补贴和关税政策,以及直接管制政策。

另外,对宏观经济失衡的其他调节政策还包括融资政策、供给政策等。融资政策以筹措资金的方式来填补国际收支不平衡的缺口,包括两个方面:一是内部融资,即当一国持有充足的官方储备时,可直接用官方储备来满足对外支付的需要;二是外部融资,即通过从外国政府、国际金融机构或国际金融市场融通资金,以弥补国际收支逆差。利用外汇储备或其他形式的外国资本为经常账户赤字融资,可以解决暂时性冲击引起的国际收支问题,但不能解决宏观经济和结构性问题引起的失衡问题。供给政策则是对经济进行的实质性调整,主要包括产业政策和科技政策,主要目的在于改善一国的经济结构和产业结构,增加出口商品和劳务的生产,提高产品质量,降低生产成本,以达到改善国际收支的目的。供给政策的特点是长期性,即政策的实施在短期内难以有显著效果,但是可以从根本上提升一个国家的经济实力和科技水平,提高生产率和出口竞争力,有效保障未来宏观经济均衡目标的实现。

上述政策中,利用汇率政策,通过名义汇率贬值使相对价格下降,改变国际收支的策略,通常被称为宏观经济失衡的外部调整;通过一国国内宏观经济政策的变化或者结构性改革,调整相对价格以实现经济再平衡的策略,也被称为内部调整,或内部贬值。

总体来看,共同货币区成员国宏观经济失衡调整的政策制定面临着一系列不具吸引力的选择[①]。债务危机之下,赤字的重债国财政支付能力受到约

---

① Walter, S., "Crisis politics in Europe: why austerity is easier to implement in some countries than in others", *Comparative Political Studies*, Vol. 49, No. 7, 2016, pp. 841–873.

束,统一货币又剥夺了各国利用货币政策和汇率政策进行失衡调整的能力。由于全球金融危机带来的资本流入骤停,使赤字国无法继续依赖国际市场外部融资弥补经常账户赤字。因此,依靠国际金融机构或区内的经济救助,或者紧缩财政、进行结构性改革,就成为欧元区赤字的外围国失衡调整的政策选项。但内部调整往往是痛苦的,它意味着财政紧缩、公共支出的削减或税收水平的提高,或者是对劳动力市场彻底的结构性改革。在短期内,这种调整策略通常会导致失业率上升、工资水平下降、资产缩水以及经济衰退。如果成员国国内经济环境已经恶化,且国内经济结构根深蒂固难以在短时间内改变,内部调整的实施代价就更加高昂,对民主选举的政府造成巨大的政治压力。盈余国进行内部调整需要采取提高相对价格的政策,例如通过扩张性的财政货币政策,刺激国内需求和通胀水平。对盈余的欧元区核心国来说,尽管外部失衡也意味着国内经济的某种失衡,但相对赤字国而言,其宏观经济失衡调整的压力和动力明显较弱。

二、宏观经济失衡调整的成本分配

不论是经常账户盈余,还是经常账户赤字,宏观经济的过度失衡都会产生调整的压力。通常,宏观经济再平衡包括外部调整与内部调整两条路径。利用汇率改变以外部调整改善失衡,是开放经济条件下赤字国调节失衡的一般选项。通过本币贬值,赤字国得以改变产品的相对价格,增强出口部门的竞争力,改善贸易条件,从而减少进口、增加出口。反之,如果盈余国汇率升值,则会扩大进口、减少经常账户顺差。采取宏观经济失衡的内部调节,意味着相对价格的改变,需要通过国内宏观经济政策调整以及结构性改革来获得。对赤字国而言,这种战略即所谓的"内部贬值",目的是抑制国内过度繁荣的消费需求与公共支出,一般通过税收政策与财政政策的实施来实现调整。对盈余国而言,通常要求采取扩大内需的政策。不管是通过外部调整,还是内部调节,宏观经济再平衡的过程对一国政府与民众而言都将是痛苦的。如果经济中存在为外部失衡融资以弥补收支逆差的条件,赤字国有可能获得延迟失衡调整的空间。这种融资或者由本国的储备积累来支持,或者依赖于国际资本的流入。在国际经济中,盈余国经常是赤字国的债权方,以贸易顺差形成的外汇储备积累进行跨境投资。但赤字融资无法解决宏观经济失衡的内在问题,甚至会因此而延迟了失衡调整,导致深层次问题的进一步加剧。一旦经济冲击导致外部融资断流,一国经济就可能因危机而不得不强行进行调整。

宏观经济失衡调整对一国经济的影响取决于具体的调整方式,但是,不论采用哪种方式进行调整,都会对调整主体产生相应的经济与政治上的调整成本,并可能对原有的国家经济偏好构成威胁。根据本杰明·科恩(Benjamin Cohen)的观点,调整的成本包括调整的"持续成本"和调整的"过渡成本"两个部分①。前者为完成调整、实现经济均衡的成本,是调整对各国产生的实际经济损失;后者为调整过程本身的成本。宏观经济失衡的调整成本如何在国家间分配,经济再平衡的实现路径是通过盈余国的通胀还是赤字国的通缩,无疑是争议的焦点所在。对于建立在政治理想上的共同货币区而言,以解体或成员国退出换取外部调整的空间,显然是各方最不希望看到的结果。在浮动汇率制下,宏观经济失衡的调整可以通过赤字国的货币贬值与盈余国的货币升值实现。但在共同货币区内,成员国丧失了传统的汇率政策工具,无法运用支出转移政策进行失衡调整。因此,经济的外部失衡往往只能通过支出改变政策来实现。从简单的两国收支失衡模型来看,如果调整主要由赤字国承担,就要求该国进口规模相对出口规模的大幅下降,调整需要通过价格水平的下跌以及财政紧缩来实现,接踵而至的必然是通货紧缩、失业率上升以及社会总体福利水平的相应下滑。同时紧缩国内需求的政策也会造成经济低速增长,甚至是国内经济较长时期的衰退风险。如果调整主要由盈余国承担,就要求盈余国实现扩张性的经济政策,提高相对价格水平,可能刺激国内通货膨胀,降低实际购买能力,并出现投资激励的扭曲。此外,对外竞争能力的下降还将对成员国原有的经济增长方式造成影响。

从政治角度而言,宏观经济失衡调整可能引发的社会动荡以及执政党支持率下降的风险,更是各国政府难以承受之重。紧缩政策无疑会直接削减社会福利,影响政府支持率。而扩张政策所带来的高通胀会侵蚀购买力,在政治上也不受欢迎。因此,虽然从理论上说,宏观经济失衡的调整应该是双向的。但是,在现实的国际社会中,不论是从经济还是政治的角度来看,没有哪个国家愿意主动承担失衡调整的成本。不管是赤字国,还是盈余国,都有延迟或转嫁失衡调整的动机。当宏观经济失衡的调整势在必行时,从国家利益出发,每个成员国都倾向于调整成本的外部化,希望由他国而非本国做出必要的牺牲。因此,宏观经济失衡调整的成本分配,不可避免会产生成员国间的政治冲突。尽管各国都有规避调整成本的动机,但在现实的货币体系中,由于政治经济实力的差异,各国对于失衡调整的延迟与转嫁能力却不尽相同。从宏观层面上说,一国的国家货币权力正体现在其对外部失衡调整负担

---

① Cohen, B. J., "The macrofoundations of monetary power", in Andrews, D. M. ed., *International Monetary Power*, New York: Cornell University Press, 2006, pp. 31–50.

的规避能力上。一国规避调整成本的能力越强,该国在宏观层面的货币权力就越大[①]。于是,失衡成本负担的转嫁与分配问题也自然成为成员国宏观经济失衡调整中最关键的问题。由于失衡双方各具博弈的筹码,因此,失衡调整的成本分配将是各国在不对称相互依赖下讨价还价的结果。

第二节 欧元区宏观经济失衡调整的政策谈判

在欧债危机爆发以前,欧元区的宏观经济失衡主要通过内部自盈余国向赤字国的资本流动予以调节。欧元区启动后,金融市场一体化带来的大规模跨境资本,持续为外围国赤字融资,延迟了内部经济失衡的调整要求。由于欧盟官方对于共同货币区宏观经济失衡的过度乐观认识,不论是初期确立成员国"准入门槛"的《马约》,还是继而为稳定欧元区经济而制定的《稳约》,都未对成员国的外部失衡予以制度性的约束。既无有效的机制约束,又无外在的市场调整需求,同时也缺乏传统的失衡调整工具,导致成员国既无动力也无压力施行必要的结构性改革。欧元区宏观经济失衡调整在总体经济外部均衡的假象下得以延迟。直到美国次贷危机向欧洲蔓延,希腊债务问题暴露,资本市场才惊觉向外围国融资的巨大风险。当资金流入骤停,成员国宏观经济失衡再难持续,欧元区的失衡调整才引起欧盟层面的重视。

繁荣泡沫破裂后,赤字的欧元区外围国需要偿还债务。区内盈余核心国作为主要的债权国,也担心本国对外投资资产的安全性。维护欧洲经济一体化的建设成果,更是各国共同的利益诉求。于是,面临的关键问题就是如何调整以及如何分配相应的失衡调整负担。对于宏观经济失衡调整政策的争议主要围绕着调整方式与调整主体两个问题展开,分别形成核心国(盈余国)与外围国(赤字国)两方阵营。双方存在明显的利益冲突与政策分歧,博弈的焦点在于失衡调整的承担主体与成本分配。由于参与欧洲经济一体化本身就是各国在多方利益权衡下的选择,成员国政府的治理主张需要综合考虑选民及利益集团的诉求。因此,成员国国内经济团体的意见也是影响各国政策立场的重要因素。

---

① Cohen, B. J., "The macrofoundations of monetary power", in Andrews, D. M. ed., *International monetary power*, New York: Cornell University Press, 2006, pp. 31–50.

一、核心国与外围国的宏观经济失衡调整主张

（一）核心国：赤字国为调整主体，财政整顿与结构改革并行

以德国为代表的主要核心国成员，坚持赤字国应作为区内宏观经济失衡的调整主体，主张外围国进行财政紧缩与结构性改革。对由于过度失衡所引起的外围国债务危机，"德国式"纾困方案的核心是，赤字国必须承担过度消费及财政支出所造成的恶果，危机救助应建立在外围国的紧缩与改革基础之上。德国坚持本国经常账户并不存在过度盈余问题，驳斥对德国出口偏好的指责，反对有关债务共同化的提议。德国要求欧洲中央银行恪守物价稳定的政策目标，并力主欧盟通过"财政契约"，强化欧元区的财政监督与纪律约束，区内其他盈余国也不愿意主动改善与外围国间的失衡状态。

适应性货币政策的庇佑，确实使德国获得了与本国经济偏好相适宜的政策环境与外部市场。但德国国际出口竞争力的显著增强，无可厚非同时建立在国内痛苦的劳动力市场改革基础之上的，德国民众为此付出巨大代价。德国民众普遍认为，他们在两德统一后已经为提高本国竞争力作出巨大牺牲，不能再为欧元区危机付出成本[1]。出口驱动下经济的持续增长，被认为是德国"良性改革"的应有回报。在德国民众因工资约束政策影响而紧缩开支的时候，外围国借助一体化金融市场实现了与核心国的"福利趋同"，甚至享受了比核心国更高的幸福指数。当"挥霍无度"的外围国深陷债务危机之时，要求核心国用纳税人的劳动创造与牺牲的福利来支援"懒惰""不负责任"的赤字国经济，不仅与德国传统规则、纪律的经济理念背道而驰，在情感上也难以接受。德国一项民意调查显示，78%的德国民众担心德国会成为赤字国的"提款机"，坚决反对对外围国的救援，甚至要求希腊退出欧元区。[2] 德国前财政部长沃尔夫冈·朔伊布勒（Wolfgang Schäuble）多次表示，是德国危机前主动的结构性调整保证了德国经济的稳健状态，"德国在成为欧盟经济稳定增长的引擎之前，经历了漫长而痛苦的过程"，结构性改革也应该是外围国实现经济可持续发展的必经之路。[3] 此外，以稳定与责任为核心的文化在德国

---

[1] Newman, A., "The reluctant leader: Germany's Euro experience and the long shadow of reunification", in Matthijs M. and Blyth M. eds., *The Future of the Euro*, New York: Oxford University Press, 2015, pp. 117 – 135.

[2] 网易财经：《德国财长：希腊应停止求援，该国已经失去欧洲多数信任》，https://www.163.com/money/article/84R9UURK00253B0H.html.

[3] The Guardian, Schäuble, Wolfgang, "We Germans don't want a German Europe", June 19, 2013, https://www.theguardian.com/commentisfree/2013/jul/19/we-germans-dont-want-german-europe.

根深蒂固,秩序自由主义的经济思想同样反映在德国社会对危机应对的态度及政策倾向上①。秩序自由主义思想强调责任义务,认为市场参与者需要直面经济行为的后果,承担经济失败的代价;中央银行承担最后贷款人职责是对金融货币秩序的破坏,可能引发道德风险;政府经济政策应对国内选民负责,结构改革是实现经济增长的必要路径。对德国主要政党的研究指出,秩序自由主义的思想对德国国内不同政治群体的危机救助主张产生了影响②。德国认为,只有一个以规则为基础的社会才能保证货币的稳定,为经济复苏而牺牲法律稳定的企图是短视的,也是误入歧途的。对于宏观经济失衡的调整问题,德国强调成员国应为自己的行为负责,不应寄希望于通过事后的转移支付来转嫁代价,认为依赖他国救助会导致激励机制的严重扭曲。如果成员国不谨慎的经济行为可以在事后获得救助,就会鼓励不合理的资源配置和过度投资,过高风险偏好的后果将由一体化成员共同承担。曾经漫长而痛苦的劳动力市场改革在德国产生了实实在在的经济效益,因此德国坚持认为,以结构改革扭转竞争力劣势,也理应是外围国外部失衡改善的必由之路。此外,制造业部门在德国经济中发挥主导作用,为保证这些出口部门的成本竞争力,成本控制以及持续的技术创新就尤为重要。因此,德国并不愿意通过提高本国通胀水平进行宏观经济失衡的调整。从政策决策的角度来看,任何试图通过增加工资降低德国出口竞争力的战略,都是不可接受的。从市场角度,经常账户盈余积累对德国经济不构成严重的威胁,德国既无强烈的市场压力也无意愿承担失衡调整的责任。历经结构性改革痛苦的国内民众,不愿意为外围国"不负责"的经济结果埋单,将对债务国的危机救助视作对德国纳税人的背叛。政府因而也难以说服民众为欧元区危机应对提供经济支持。皮尤研究中心的一项调查显示,70%的德国民众认同危机的解决之道是外围国的财政紧缩。③ 国内选民与利益集团的诉求,无疑是德国政府危机治理决策的重要考量因素。当时默克尔政府的理念是首先"保护德国的钱袋,保持德国在国际市场上的竞争力",在有可能的条件下,"附带救助一下欧洲"。④

---

① Olender, M., "Germany's euro crisis: preferences, management, and contingencies", *Review of European and Russian Affairs*, Vol. 7, No. 2, 2012. pp. 1 – 17; Bonatti, L., Fracasso, A., "The German model and the European crisis", *Journal of Common Market Studies*, Vol. 51, No. 6, 2013, pp. 1023 – 1039; Bofinger, P., "German macroeconomics: the long shadow of Walter Eucken", in Bratsiotis G, Cobham D, Bofinger P, et al. eds., *German Macro: How it's Different and Why that Matters*, Brussels: European Policy Centre, 2016.

② Dullien, S., Guérot, U., "The long shadow of ordoliberalism: Germany's approach to the euro crisis", *ECFR Policy Brief*, 2012.

③ PEW Research, "The new sick man of Europe." Global Attitudes Project, May 13, 2013.

④ 转引自乌尔里希贝克:《德国的欧洲》,袁杰译,同济大学出版社,2014年版,第58页。

此外，出口创造的经济收入能够对政府财政提供支持，德国也具备坚持财政约束的政治底气与经济实力。

作为区内最具政治经济实力的成员国，德国能够对欧盟的宏观经济失衡调整方案施加实际的影响力，"德国声音"可以放大成为欧盟立场。德国的货币权力在欧元区危机中进一步加强，有能力通过对他国施压，强制债务国根据德国方案进行失衡调整，最大化维护德国经济利益。因此，尽可能规避、转嫁宏观经济失衡调整成本，显然是德国政府的理性选择。总体而言，德国代表了欧洲一体化成员国中的稳定联盟，强调国家对经济失败的责任。德国的失衡调整主张基本上得到荷兰、比利时、奥地利等主要核心国家的支持（法国的治理立场将在下文中论述）。主要核心国都试图尽可能避免对外围国的债务和财政援助。这些国家均具有较高的偿付能力与信用评级，能够独立于外部援助。总之，盈余的核心国既希望加强外围国对财政纪律承诺的可信性，又试图限制本国的财务承诺和风险敞口；既意识到宏观经济失衡对欧洲一体化的共同威胁，又力图尽可能避免本国失衡调整的经济与社会成本。在德国主导下，欧盟对内部宏观经济失衡开出的主要药方就是外围国的"内部贬值"、财政紧缩与结构性改革。

（二）外围国：盈余国共担成本，赤字国适度紧缩

对于赤字的外围国而言，主权债务危机的全面爆发，宣告了以债务为本国过度支出扩张和外部赤字融资的方式已经无法维继。延迟宏观经济失衡调整再无可能，采取必要的调整措施在所难免。在债务危机重压之下，外围国一方面严重依赖纾困资金，为获取核心国和国际金融机构的危机救助，不得不以适当妥协为代价换取外部救援；另一方面，鉴于国内政治经济的巨大压力，担心过度紧缩会导致国内投资及消费水平的急剧收缩，限制政府财政收入，造成经济萎缩、增长乏力、偿债无力，甚至社会政治动荡，又迫切期望能通过适当的增长方案，以挽救国内经济。

在实践上，以核心国主张为导向的宏观经济失衡调整方案，对外围国国内的政治经济都构成极大压力。以"内部贬值"实现失衡改善，要求赤字国或者削减财政支出、降低工资，或者进行结构性改革提高产出效率。由于调整负担最终要落实到产出、就业与可支配收入上，财政紧缩与结构改革往往不可避免地伴随经济较长时间的衰退。按照凯恩斯经济学的理论，任何财政紧缩措施都会通过乘数效应对经济增长产生负面影响。不论是政府支出减少或是增加税收，都必然引起产出及收入水平的下降，进而影响消费，反过来进一步加剧产出水平的下滑，增加持续实行财政紧缩的困难。欧洲政策研究中心的一份研究报告以《马约》赤字标准为调整目标，估算了财政紧缩政策对外

围国产出的影响,估测紧缩政策将导致外围国 GDP 平均下降 15%,其中希腊经济受影响的程度最为严重(产出下跌比率达 31%)①。此外,通过"内部贬值"的方式提高对外竞争力、改善外部失衡的效果也与一国的贸易开放度相关。在外围国家中,爱尔兰开放程度最高,全球经济复苏能够对其出口贸易产生良性效应,从而抵消紧缩政策的负面影响,相对也较有可能通过价格调整步入复苏通道。而希腊和葡萄牙两国,长期以来国内储蓄率水平低下、贸易开放度较低,通过"内部贬值"拉动出口贸易的能力相对有限。这就导致赤字国外部失衡的改善往往最终来自内需抑制引致的进口收缩,而非真实竞争力增强产生的出口扩大。危机过后,外围国依赖债务融资的增长方式无法持续,财政扩张推动需求的方式也受到约束。如果没有新的需求产生,外围国经济将持续陷入低迷状态。对外围国而言,不但巨额存量债务的偿还难以得到保证,经济增长与就业前景暗淡,宏观经济也可能长期受困于"坏"的失衡之中。

从政治角度而言,"内部贬值"触及劳动者实际利益。在经济萧条阶段实施的劳动市场改革对国民福利水平的影响更大,势必引起国内民众的抵触情绪,对政府的执政地位构成现实威胁。尤其是紧缩政策的最终承担者主要是社会的工薪阶层,更容易激起民众的不满情绪。盖洛普咨询公司在欧洲开展的民意调查显示,希腊民众中反对紧缩财政政策的比例高达 94%,葡萄牙和西班牙两国的反对比例也高达 81% 和 80%。② 自欧债危机以来,外围国多次发生大规模示威游行,政府更迭加速,正是国内对于紧缩政策强烈不满的体现。因而,过分激进的减赤措施,对外围国而言,不仅在经济上难以承受,政治上也面临重重阻力。此外,许多成员国还认为,德国在欧元区内的宏观经济失衡中负有责任,正是德国的工资约束、紧缩内需的政策对外围国形成了"以邻为壑"的负面效应。

因此,外围国一再要求核心国共担失衡调整成本,强调赤字国的紧缩与改革必须以核心国经济的相应调整以及更高的成本分担为基础,甚至以退出欧元区为威胁要求放松对其紧缩经济的要求。法国尽管位居欧元区核心国之列,但近年来国内经济停滞不前,失业率高居不下,与德国竞争力差距日趋加大,出口贸易下滑。自欧债危机以来,法国就积极推动欧盟采取措施应对危机,建立和扩大救援基金。法国的政策主张基本适应了外围国的诉求,反

---

① Gros, D., Alcidi, C., "Adjustment difficulties and debt overhangs in the eurozone periphery", *CEPS Working Document*, No. 347, 2011.
② 中国新闻网:《多半欧洲民众反对"紧缩财政"应对欧债危机》,http://www.chinanews.com/gj/2013/10-02/5343780.shtml?_fin,2013 年 10 月 2 日。

对对赤字国家实施严厉制裁和紧缩,力图推动主权债务的欧洲化和软性调整政策。在奥朗德上台之后,危机救助的"默科齐"阵营瓦解,法国对于宏观经济失衡调整的政策主张日益向外围国靠近,强调盈余国应通过财政扩张或价格调整,增加内需,以缓解赤字国的调整痛苦。埃马纽埃尔·马克龙(Emmanuel Macron)就任法国总统后,也宣称严厉的改革方案会加大欧元成员国间的竞争力差距,主张风险共担。

二、不同政策选项下的国家间博弈

成员国宏观经济失衡的调整,关系欧洲经济一体化的存续发展。如前文所分析,在不考虑外部市场的情况下,宏观经济失衡的形成与调整是一个双向的过程。不论由哪方承担失衡调整的责任,都会产生福利损失,使该国在政治经济上承受相当的痛苦。具体来说,欧元区盈余国与赤字国在危机中可以共担调整成本,但需要盈余的核心国为赤字的外围国支付部分调整成本;或者,由赤字的成员国通过财政紧缩、通胀下调进行国内调整,赤字的外围国完全承担调整负担。伴随成员国对一体化共同利益诉求的是在成本分配问题上的冲突。各国政府的理性选择,都是尽可能地规避调整责任,降低调整负担。盈余的核心国一再拒绝和推迟对危机国家的经济支持,要求赤字国削减财政开支;赤字的外围国则试图减缓或推迟痛苦的内部调整,强调只靠自身力量无法应对市场压力。欧元区内形成两个对立的阵营,以德国为代表的核心国拒绝债务共同化,要求赤字国进行内部调整;外围国的主张得到法国的支持,希望推动更进一步的"欧洲化"和对赤字重债国的软性约束。

欧元区成员国对宏观经济失衡调整方式与调整主体的不同主张,出于对各自国家利益的考虑与追求。自欧元区宏观经济失衡问题暴露以来,核心国与外围国之间关于危机救助的博弈焦点,就是成员国间失衡调整责任的承担与调整成本的分配问题。双方就该问题进行了一系列的谈判磋商,但由于在国家利益上存在的冲突,始终难以达成最终共识。在希腊债务危机爆发、欧元区宏观经济失衡问题初现水面之时,以德国为首的核心国态度十分坚决。在危机救助问题上,德国始终以防止"道德风险"为由,坚持《马约》的"不纾困"原则。在危机初期,对于外围国债务问题,德国国内的主流观点均强调成员国自身问题,将外围国的巨额外部赤字完全归咎于其不谨慎的财政扩张与过度的消费支出而导致的内部失衡。德国要求严格遵守规则,强调赤字国必须独自承担失衡调整的全部责任,反对向"不负责任"的债务国提供救援支持。秩序自由主义的经济理念也反映在德国对待危机救助的态度上。通过内部升值减少对区内赤字国的出口顺差,不符合"德国保守的社会市场经济模式特征"①。德国政府的政策倾向是国内不同利益集团的偏好聚合,这些偏好深深根植于国内的市场经济制度之中②。普通德国民众在经历过两德统一的巨大代价后,又要承受赤字国"不负责行为"的经济后果,担心可能无限期地向其他成员国提供财政补贴。因此,对赤字国的危机救援持强烈的否定态度。德国贸易部门的制造企业担心价格上涨会削弱产品的成本竞争力,反对政府采取通胀政策以减轻赤字国的调整负担。德国媒体对欧洲当局的救援行动几乎很少给出正面的评价。此外,德国的政治制度体系也对政府的政策立场构成掣肘。不论是德国前总理安格拉·默克尔(Angela Merkel)所属的基民盟及其姊妹党基社盟,还是德国自由民主党,都坚决反对成本共担的提议。默克尔既需要寻求联盟党内部以及执政伙伴、反对党对欧元区危机治理方案的共识,又受制于德国的宪法监督。面临巨大的国内压力,默克尔也不愿意对危机国采取救助行动。2009年12月,刚上任的德国财政部长朔伊布勒就公开表示,德国"不能为希腊的问题买单"。2010年2月,默克尔接受德国 ARD 电视台采访时也表态,"希腊必须承担债务危机的全部责任",明确表示"不会救助希腊一分钱"。③ 总之,坚持"不纾困"的原则,认为成员国应该对自己的债务和赤字负责,是德国在危机初期的基本立场。奥地利、芬兰和荷兰政府均表示支持德国的立场。

  主要核心国拒绝对外围国的债务危机进行救助,也不愿意主动采取失衡调整措施。国际金融市场强烈质疑外围国的偿债能力及其偿还债务所必需的经济增长,导致外围国长期主权债券收益率持续上升。直到外围国主权债务问题愈演愈烈,爱尔兰、葡萄牙等国相继卷入危机漩涡,债务国主权债券风险收益率显著飙升,共同货币区面临解体的可能,德国才表示"出于对保护欧元区经济和欧元稳定的责任感",同意有限介入对债务国的救助。默克尔政府同意通过双边或多边的贷款方式,为外围国提供资金,缓解燃眉之急,但要求救援必须附加严格条件。德国坚持,成员国必须遵守欧盟条约,财政巩固、加强竞争力是危机治理的根本,外围国必须实施财政紧缩与市场改革。在德国看来,危机解决的关键在于对危机成因的"严谨分析",欧元区危机的根源是"某些成员国的竞争力匮乏",经济增长不能仅仅依赖于财政支出,赤字国

---

① Bonatti, L., Fracasso, A., "The German model and the European crisis", *Journal of Common Market Studies*, Vol. 51, No. 6, 2013, pp. 1023 – 1039.
② Steinberg, F., Vermeiren, M., "Germany's institutional power and the EMU regime after the crisis: towards a germanized euro area?", *Journal of Common Market Studies*, Vol. 54, No. 2, 2016, pp. 388 – 407.
③ Joe Weisenthal, "Merkel: there Is 'no possibility' of bailing out greece", http://www.businessinsider.com/angela-merkel-denies-greek-bailout-2010-2.

只能通过严格的紧缩计划来解决经济问题。

为获得紧急援助资金,赤字国在危机重压之下被迫接受救援的附加条件。2010年,当市场对债务国乃至整个欧元区的信心严重丧失,威胁到欧洲一体化存续时,对外围国的救助行动才正式启动。2010年3月的欧盟峰会上,欧洲理事会常任主席赫尔曼·范龙佩(Herman Van Rompuy)领导的工作组,受命提出应对欧元区危机的一揽子政策建议。2010年5月,欧洲金融稳定基金(European Financial Stability Facility,EFSF)成立,由欧元区成员国以政府间协议的形式为受困国提供4 400亿欧元的金融支持。随后,欧元区分别向希腊、爱尔兰提供了265亿及850亿欧元的救助资金,德国在其中都承担了较大比例的出资额。2010年10月,默克尔与时任法国总统尼古拉·萨科齐(Nicolas Sarkozy)在法国城市多维尔会晤后达成一致,决定适当修改《里斯本条约》,建立一个永久性的欧元区危机处理机制,维护欧元区的稳定。2011年1月,由欧盟委员会创立的紧急救助基金——欧洲金融稳定机制(European Financial Stabilisation Mechanism,EFSM)成立,以欧盟预算为担保,由27个成员国支持,通过在金融市场募集600亿欧元资金,对危机国提供经济资助,以确保欧洲的金融稳定。2012年,欧洲稳定机制(European Stability Mechanism,ESM)作为永久性的救助基金计划取代临时性的欧洲金融稳定基金和欧洲金融稳定机制。欧洲稳定机制以受援国承诺实施财政和结构性改革为贷款条件,为受困的外围国提供帮助,德国出资份额超过25%。① 此外,德国还默许了欧洲中央银行在二级市场上无限量购买欧元区成员国主权债券的"直接货币交易计划"(Outright Monetary Transactions,OMT)。直接货币交易计划同样附加严格的约束条件,要求受助国必须参加欧洲金融稳定基金或者欧洲稳定机制救助计划,并接受附加条件。2011年12月起,欧洲中央银行先后推出两轮总规模约1万亿欧元、期限为3年的"长期再融资操作"(Long Term Refinance Operation,LTRO),为欧洲商业银行大规模提供低成本资金,用以缓解金融市场的流动性短缺问题,在实质上履行了"最后贷款人"的职责。尽管如此,德国政府仍反复强调要确保"德国纳税人的利益",要求"援助必须附加严格的限制性内容"。德国中央银行也希望欧洲中央银行尽可能遵守其"稳健"货币的秩序自由主义原则,一再强调不赞成欧洲中央银行直接购买主权债券。

---

① 德国国内对ESM的合法性至今仍存极大争议。舆论认为欧洲稳定机制违背了"不纾困条款",并且作为永久性救助机制,将在实质上造成德国对外围国经济的持续补贴,加重国内纳税人的财政负担。德国自由民主党在2017年的竞选中仍然主张逐步削弱并退出欧洲稳定机制。

迫于情势需要，欧元区主要核心国为债务国提供了多种方式的危机救助，外围国也相应做出了经济紧缩与改革的承诺，但是双方就宏观经济失衡调整负担的分配问题始终没有达成最终的共识，成员国间的严重分歧依旧难以弥合。德国仍然坚称赤字国应对经济失衡问题承担主要责任，外围国的财政紧缩及结构性改革是解决宏观经济失衡的唯一途径。对于外围国呼吁建立的债务共担机制，德国政府一直予以坚决否定的回应，反对关于债务共同化的相关提议，拒绝发行欧元债券。时任德国总理的默克尔和财政部长朔伊布勒多次公开声明，表示欧洲不能成为一个"转移联盟"，履行协议义务是"一种品德"，在当前条件下发行欧元债券、由欧元区所有成员国共担债务风险的做法会催生"道德风险"，使外围国丧失整顿财政与结构性改革动力，并声称该做法违背德国宪法。2010年3月25日的欧盟峰会上，默克尔仍坚持了较为强硬的路线。默克尔甚至公开放言，"只要我活着，就不会允许欧元区发行共同债券"。[①] 2016年12月，朔伊布勒在欧元区财长重要会议前夕接受德国媒体采访时也重申，"如果希腊想要留在欧元区，就必须实施必要的改革"[②]。受制于国内声浪高涨的反救助舆论与民意力量，德国在欧债危机中一直扮演着"不情愿"的领导角色，始终在失衡调整的成本收益中权衡犹豫。德国政府反复强调不能要求德国承担"超出实力的责任"，应坚定不移地加强欧洲的财政纪律，实现欧元区真正的增长与团结。在德国看来，欧洲一体化的加深不应该意味着更多的责任分担，而应该带来更强的监督约束。默克尔提出，共同承担责任的首要前提是建立"足够的控制权"，"包括欧委会在内的欧盟机构应该拥有更多的监督机制，否则货币联盟无法维继"[③]，力主将成员国的财政及经济政策置于欧盟的统一约束之下，进一步实现成员间在财政和政治层面的深度整合。朔伊布勒德公开表示，德国分担责任的前提是"确认财政一体化进程已不可逆转，并且参与各方达成充分协调"。[④] 欧盟在危机后出台的"财政契约"，就带有明显的德国烙印。此外，德国提出的将欧洲稳定机制

---

① Reuters, "Merkel buries euro bonds as summit tension rises", https://www.reuters.com/article/us-eurozone/merkel-buries-euro-bonds-as-summit-tension-rises-idUSBRE85O0CS20120626?feedType=RSS, June 26, 2012.

② Gregory Pappas, "Germany's finance minister Wolfgang Schäuble Drops (Yet Another) bomb on Greece ahead of crucial eurozone meeting", http://www.pappaspost.com/germanys-finance-minister-wolfgang-schauble-drops-yet-another-bomb-greece-ahead-crucial-eurozone-meeting/.

③ 纽约时报中文版：《默克尔申明强硬立场》，https://cn.nytimes.com/business/20120628/c28merkel/，2012年6月28日。

④ 中国新闻网：《德国财长称德愿意就欧元区共同债券进行磋商》，http://www.chinanews.com/gj/2012/06-29/3997461.shtml，2012年6月29日。

由纾困基金转型为欧洲货币基金组织的设想,其目的也正在于对成员国实现更强的纪律约束。另一方面,默克尔政府自欧债危机以来政治压力与日俱增,德国国内舆论对纾困外围国持有激烈的负面情绪,救助计划受国内民意的牵制。尤其是对赤字国提供的救援贷款支持,虽然以严苛的附加条件将主要调整负担转移至外围国,并有助于核心国金融机构摆脱危机困境,但由于救助资金来自国内纳税人收入,民众对此强烈不满,造成执政党政治危机。受制于国内政治压力,默克尔在德国议会发言时公开表态,要"竭尽全力"维护德国利益,不会接受过度的调整负担,"德国的力量不是无限的"[1]。意味着德国只可能有限承担失衡调整成本,调整的主体仍应是赤字的外围国。

希腊等外围国政府倾向于超国家的纾困方案,并要求增强核心国以其金融影响力支持欧元区承诺的可信度。外围国反对德国提议的制裁措施,力图限制财政纪律的约束,寻求货币联盟监管的灵活性。虽然外围国在欧债危机初期迫于债务重压,不得不接受核心国主导的调整方案。但是,这些国家的财政状况堪忧,高负债加上来自金融市场的压力,使其难以承受苛刻的救援条件,期望在附加少量条件的情况下获得流动性支持。对于上交财政的主张,外围国政府也竭力反对。毕竟,在已经丧失货币政策工具的情况下,如果再交出对本国财政的控制权,赤字国未来经济就只剩"节流"这条唯一的出路了。尤其是随着国内经济政治压力的加大,外围国国内民众对抗情绪日益加重。从现实角度来看,紧缩财政政策对外围国修复宏观经济失衡的效果难以马上显现,结构性改革对于已经千疮百孔的国内形势而言更是难度重重。因此,外围国强烈盼望能够在强制性的改革与紧缩计划中获得"呼吸的空气",以重拾经济增长。此外,许多外围成员国还认为,以德国为首的核心国在区内宏观经济失衡中,负有不可推卸的责任,不应该将失衡调整责任完全转嫁于赤字国之上。[2]对于宏观经济失衡的调整负担,外围国一直寄希望于成本共担,将盈余国明确分担调整成本作为接受紧缩政策与结构性改革的前提条件。希腊等国甚至以退出欧元区为威胁,要求德国转变立场。民粹主义政党借助社会矛盾的激化,不断扩大选民基础。2015 年 1 月,希腊激进左翼联盟政府上台后,核心国与外围国间就欧盟内部危机治理与失衡调整的争论更加

---

[1] 纽约时报中文版:《默克尔称德国拯救欧洲能力有限》,https://cn.nytimes.com/business/20120615/c15germany/dual/,2012 年 6 月 15 日。

[2] 相关研究指出,从经验来看,通常主权债务危机的解决方案会包含某种形式的债务减免,但欧债危机中的主要重债国几乎没有获得任何形式的债务减免或债务重组,这是极为罕见的。参见 Frieden, J., Walter, S, "Understanding the political economy of the eurozone crisis", *Annual Review of Political Science*, No. 20, 2017, pp. 371 - 390。

激烈。希腊左翼联盟领袖阿莱克斯·齐普拉斯（Alexis Tsipras）在竞选时，明确提出反对欧盟委员会、欧洲央行和国际货币基金组织"三驾马车"以紧缩为条件的纾困方案。为了兑现自己的选举承诺，新政府组建初期，希腊一再拒绝接受外部救助的附加条件，要求核心国在降低其债务负担以及放宽紧缩政策方面做出重大让步。

由于意大利、法国、西班牙三个欧元区大国经济困境的加深，欧元区反对德国紧缩经济的阵营逐渐加强。法国奥朗德政府公开反对原总统萨科齐与德国总理默克尔的紧缩立场，在一定程度上顺应了外围成员国的情绪，加强了对核心国倡导的治理主张的反对。反对德国的观点认为，欧洲需要增长以实现经济调整，以财政整顿作为减少债务负担的办法，其结果只能是欧洲经济"无情的紧缩"。对于德国的财政统一倡议，在没有得到德国明确的共担调整责任承诺之前，赤字国毫无参与动力。默克尔政府一方面表示重视德法在欧元区中的轴心作用；另一方面，由于双方治理理念的分歧，对法国提议的治理方案一直保持谨慎保守姿态，担心德国利益受损以及潜在的政治成本，在失衡调整问题上依然无法与赤字国政府达成一致。

三、宏观经济失衡调整问题中的法德关系

作为欧洲一体化进程的核心力量，法国与德国的立场深刻影响并决定了欧元区宏观经济失衡调整的谈判进程。法德两国是欧洲一体化的发动机，在很大程度上推动了欧洲一体化的进程[1]。德国是欧元区内经济实力最强劲的成员国，法国是政治军事影响力强大的成员国，双方都是共同货币区危机管理的关键国家。除非法德两国达成一致，否则任何重要的"高级政治"问题都难以在欧盟推进[2]。法德关系主导了欧洲经济一体化的机制设计，欧元区的方案设计本质上是两国协调和解的结果。尽管法德在危机治理的理念与行动路径上存在分歧，但都具备尽力维护经济一体化建设成果的强烈动机。一方面，法国和德国都希望根据各自的利益和偏好，推动欧洲经济治理的变革；另一方面，双方在如何纾困成员国、如何调节失衡、如何改革经济治理框架等具体操作上存在分歧。德国认为，欧元区的危机治理必须在达成一致原则和规则的基础上进行；法国强调灵活协调以推进欧洲经济一体化进程。法国主张建立一个具有统一财政、风险共担的财政联盟；德国要求建立稳定联

---

[1] Cole, A., "Franco-German Europe", in Dyson, K., Sepos, A. eds., *Which Europe? The Politics of Differentiated Integration*, New York: Palgrave Macmillan, 2010, pp. 156-169.

[2] Maris, G., Sklias, P., "France, Germany and the new framework for EMU governance", *Journal of Contemporary European Studies*, Vol. 24, No. 1, 2016, pp. 1-23.

盟,强调国家对经济政策的责任和对失败的承担。法德的谈判协调是欧洲经济一体化达成实质性改革的必要条件。

法德危机治理立场的分歧与双方经济理念和市场组织模式的差异密切相关。法德经济的组织形式不同,国家在市场经济中的角色存在明显差异。如前所述,德国的经济决策深植于秩序自由主义的经济哲学,而法国的政策理念则深受凯恩斯主义思想的影响[①]。秩序自由主义与凯恩斯主义的经济思想在货币政策、通货膨胀以及市场竞争等诸多问题上的理解不同,对政府在国家经济中的角色看法也不一样。秩序自由主义认为政府的职责是完善制度框架,明确界定经济行为体的责任与义务,为社会经济的运行提供保障,反对政府对经济生活的直接干预。凯恩斯主义强调"市场失灵",相信"看得见的手"的力量,认为政府应积极介入经济生活,协调资源配置,通过"相机抉择"的政策措施引导社会经济的有效运行。在实践上,德国的市场组织模式重视"秩序政策"和"竞争秩序",主张政府在法律框架下对经济进行有限监管。法国政府对社会经济生活的介入较深,干预力度显著超过德国。从欧元区成立以来的统计数据来看,法国政府支出占 GDP 的平均比例为 55%,在欧元区中处于较高水平,多数年份甚至高于希腊等外围重债国的财政支出占比。相较而言,德国的政府支出占 GDP 的平均比例约为 45%。[②] 相比德国,法国出口竞争力较弱,经济增长对政府部门财政支出的依赖度更高。经济理念的分歧同样影响了法德对欧洲经济一体化治理的政策主张。德国的秩序自由主义哲学重视规则的稳定性,认为规则不能被短期因素左右,对潜在的道德风险十分警惕,强调责任和义务,认为市场参与者应承担自身行为的后果,为失败付出代价。表现在宏观经济失衡调整的政策主张上,德国始终坚持应该通过外围国的结构改革,而非资金支持的方式实现失衡调整和经济增长;法国信奉的"相机抉择"的经济哲学,则认为应该灵活应对和管理危机,凯恩斯式的激励扩张一直是法国方案的核心。

法德两国的经济表现与制度结构也影响到双方对失衡治理的态度。德国作为区内最大的经常账户顺差国,缺乏主动调整外部盈余的动力。民众不愿承担失衡调整的代价,国内选民的利益和偏好影响德国政府治理方案的基本走向。虽然默克尔尝试在欧元区危机中走"中间路线",对法国提出的加强欧盟层面经济治理的诉求做出适当让步,但国内独特的政治体系对其政策立

---

① Vermeiren, M., "Monetary power and EMU: macroeconomic adjustment and autonomy in the eurozone", *Review of International Studies*, Vol. 39, No. 3, 2013, pp. 729 - 761.
② 根据欧盟统计局数据(http://ec.europa.eu/eurostat)计算。

场形成多方牵制。默克尔政府既需要在联盟政党之间寻求欧洲政策的共识,又受制于联邦宪法法院的制度约束。法国虽然是欧元区第二大经济体,但自20世纪90年代以来国内经济一直提振乏力。与德国的稳定文化形成鲜明对比的是,法国坚持欧元区改革的重点应该放在经济增长上,反对财政约束以及对赤字国的严厉制裁,主张在欧元区规则下允许各国政府在预算方面拥有投资的灵活性。法国的治理主张同样基于平衡国内不同社会行为者偏好的考虑。由于长期存在的劳动力市场僵化、企业创新力不足、竞争力下降等结构性问题,欧债危机后法国经济一直停滞不前,国内失业率上升,消费者信心大幅跌落。民众对紧缩财政和福利削减不满,在激进左翼阵营动员下走上巴黎街头示威游行。法国前总统萨科齐的败选和反建制政党的崛起,很大程度上正是由于民众对紧缩政策的不认同和对经济疲弱的担忧。从执政角度而言,法国政府需要回应国内民众和利益集团的诉求。此外,自欧洲一体化进程启动以来,法国也一直试图通过"降低德国经济模式的可信度"以平衡其与德国之间的关系①。

对于成员国宏观经济失衡问题,法国更倾向于推进事后转移支付,支持对外围国提供财政转移支付,不愿意将财政权力上交至欧盟当局。法国方案强调稳定与增长的结合,认为改善失衡的重点是成员国实际的经济增长,紧缩不适合赤字国,经济联盟应建立在加强各国政策和国家政策协调的基础上,失衡的调整需要对称实施,盈余国也应采取相应措施。② 法国关于支持欧洲经济政策、重塑欧洲单一市场的提议,都体现了这方面的利益诉求。德国坚持赤字国需要为"不负责任"的经济行为承担政治经济代价,认为经济失衡调整虽然艰苦却是必由之路。法国提议发行欧元债券,但德国以道德风险为由拒绝了这一提议。德国反对包括欧元债券在内各种形式的债务共担机制,认为债务共担的引入可能产生道德风险问题,削弱成员国承诺的可信度,增加一体化未来的不确定性。在德国看来,如果欧盟成为一个"转移联盟",必然会侵蚀欧洲经济一体化"规则政治"的基础,并伤害德国的国家利益。法德双方在欧元区宏观经济失衡的治理方向上迟迟难以达成一致,加大了一体化政策协调的困难。在欧债危机初期,萨科齐就呼吁德国前总理默克尔慎重

---

① Dyson, K., Featherstone, K., *The Road to Maastricht: Negotiating Economic and Monetary Union*, Oxford: Oxford University Press, 1999.

② 相关研究指出,历史上,法国总统在面临一体化危机时往往都倾向于实施救援,主张采取风险共担的政策工具。马克龙总统也主张为实现欧盟宏观经济稳定适当动用欧元区预算。参见 Maris, G., Sklias, P., "France, Germany and the new framework for EMU governance", *Journal of Contemporary European Studies*, Vol. 24, No. 1, 2016, pp. 1–23.

考虑危机治理的行动方向,只是鉴于法国经济的不景气,萨科齐并没有对德国紧缩预算的政策方案提出强烈反对。① 不过,时任法国财政部长的克里斯蒂娜·拉加德(Christine Lagarde)曾公开质疑德国经济增长模式的可持续性,指出德国出口导向型模式的成功基于对其他成员国的工资优势,呼吁德国提高国内需求。德国工业联合会迅速回应,称拉加德的建议"在全球化和开放市场的时代是过时的",赤字国只能"通过劳动生产率和工资的改革来提高竞争力"②。

尽管在危机治理与失衡调整的理念上存在差异,在希腊危机蔓延至欧元区其他疲弱的经济体后,法德国两国开始尝试合作领导欧元区走出危机。默克尔表态要"不惜一切代价"捍卫欧元,萨科齐也声称,"我们创建了欧元,就不能让一个欧元区国家垮台",公开承诺法国"决心支持欧元"。③ 默克尔与萨科齐最终达成共识,确立建设基于紧缩原则的治理方向。2010 年,法德共同表示愿意采取"果断的一致行动",维护欧元区金融系统稳定。在萨科齐的支持下,2012 年欧盟峰会通过《欧洲经济货币联盟稳定、协调和治理公约》(简称《财政契约》),要求成员国每年结构性赤字不得超过国内生产总值的 0.5%。默克尔也对法国加强欧盟经济治理的要求做出让步,同意将临时性救助机制欧洲金融稳定基金转变为永久性的欧洲稳定机制。双方在危机应对上的团结合作,一度被国际社会称为"默克齐"组合(Merkozy)。

虽然默克尔和萨科齐在应对欧元区危机方面达成了一定的共识,但法德对失衡调整以及一体化的机制建设始终存在分歧。弗朗索瓦·奥朗德(François Hollande)总统执政法国后,与德国的政策分歧加大。奥朗德公开反对原总统萨科齐与德国总理默克尔共同推动的紧缩政策,认为赤字国的经济增长才是摆脱危机、解决宏观经济失衡问题的正确途径,主张欧盟对危机救援做出强有力的财政承诺。在竞选时,奥朗德就将放松紧缩作为主要议题之一,提出"紧缩未必是欧洲的未来"④。奥朗德声称"决定整个欧洲的不是德国",承诺要制定一个"既能对赤字进行必要缩减,又能兼顾必要经济刺

---

① 参见 Schild, J., "Leadership in hard times: Germany, France, and the management of the eurozone crisis", *German Politics and Society*, Vol. 31, No. 1, 2013, pp. 24 – 47。

② Steinberg, F., Vermeiren, M., "Germany's institutional power and the EMU regime after the crisis: towards a germanized euro area?", *Journal of Common Market Studies*, Vol. 54, No. 2, 2016, pp. 388 – 407。

③ 参见 Schimmelfennig, F., Leuffen, D., Rittberger, B., "The European Union as a system of differentiated integration: interdependence, politicization and differentiation", *Journal of European Public Policy*, Vol. 22, No. 6, 2015b, pp. 764 – 782。

④ The guardian, "François Hollande's chemistry with Angela Merkel crucial for Europe", https://www.theguardian.com/world/2012/may/06/francois-hollande-angela-merkel-europe.

"激"的政策组合。针对德国以上交财政为前提的责任共担主张,奥朗德多次明确表示,没有足够的责任共担,不可能放弃财政主权。西班牙、意大利等国也希望法国能带头反对德国的紧缩方案。2012年,奥朗德在上任后首次参加欧盟峰会,就提出"增长愿景",并与德国在欧元区共同债券问题上激烈争锋。默克尔坚决反对欧元债券的提议,明确表态欧元债券绝不可能在她的"有生之年出现",德国历史上没有过债务共担,也不会共同分担欧元区外围国的调整成本,重申只有通过财政调整与结构性变革才能真正促进成员国经济的增长,并表示虽然德国是欧盟的经济引擎,但"德国的能力并非无限"。[①]现任法国总统埃马纽埃尔·马克龙(Emmanuel Macron)上台后,力图加强"法德轴心"、重塑法国在一体化治理的领导地位,提出雄心勃勃的改革方案。但默克尔坚持欧洲经济的一体化是循序渐进的过程,对马克龙建立共同预算机制以缩小成员国经济差异的提议始终持谨慎态度。此外,法德在欧洲中央银行的职能与政策工具上亦存在分歧。在秩序自由主义的理念框架下,德国对于欧洲中央银行的最后贷款人角色持谨慎态度,担忧由此产生的成员国道德风险。德国认为,援助计划会加大对未来救助的预期,从而激励成员国的冒险行为。同时,中央银行承担最后贷款人义务,也会影响其货币政策的独立性。法国则主张欧洲中央银行应增强危机干预力度,加大对市场的流动性供给。

总体而言,法德两国在欧元区危机治理上既有本国利益考量的政策对立,也有基于共同利益的危机协调。尽管双方在宏观经济失衡的调整决策上立场不同,但鉴于一体化带来的利益,在"法德引擎"的推动下,欧盟也达成了一系列欧元区失衡治理的制度建设(详见本书第五章)。

第三节 欧元区宏观经济失衡调整困境的博弈论解释

综上所述,共同货币区限制了成员国宏观经济失衡调整的政策选项。成员国对于经济失衡调整的不同主张,与本国经济利益密切相关,并受制于国内的政治压力。成员国经济基础、发展模式与增长偏好不同,在统一货币政策与有限财政空间下,宏观经济政策的协调面临挑战。各方在失衡调整的谈

---

① 中国新闻网:《默克尔称德国能力并非无限力挺欧洲央行》,https://www.chinanews.com/gj/2012/06-15/3967354.shtml,2012年6月15日。

判博弈中都表现出了强硬的政策倾向与立场,双方各执一词。外围国强调其经济的无能为力,并以退出货币联盟为赌注迫使核心国分担调整成本。核心国坚持赤字国单方面紧缩财政,尽可能规避调整成本。危机以来,欧元区宏观经济失衡调整的每一步举措都充满争议①。就宏观经济失衡调整的主体与责任分配,货币联盟成员国相互推诿指摘、讨价还价,至今未从根本上达成失衡调整的政策协调。由于成员国间难以达成利益的聚合,导致欧元区宏观经济失衡的调整行动迟缓、谈判艰难,出现集体行动的困境。

欧盟危机管理和改革的重大决定,需要成员国各方的一致同意。博弈论的分析方法在"揭示导致合作和稳定的条件问题上最具说服力,它不仅揭示了合作机制是否能够真正地确立和这种机制如何才能制度化,而且揭示了构成这种机制的规则和规范"②。为了从理论上解释欧元区失衡调整的困局,本节运用博弈理论进一步对成员国间的利益冲突与纠葛加以分析。

博弈论的基本思想是:相互联系的行为体在研究其他行为者策略的基础上,权衡采取不同决策的预期收益,从而做出符合自身利益最大化的理性抉择。为研究成员国在宏观经济失衡调整中的策略选择,本研究分别构建了不同情形下的成员国博弈模型,并分析相应的均衡解。

首先,假设在欧元区宏观经济的失衡调整中,核心国与外围国分别存在两个政策选项。对盈余的核心国而言,选项为是否分担宏观经济失衡调整责任;对赤字的外围国而言,选项为是否实施结构性改革。同时,假设成员国采取两种选择方案的可能收益。

如表5-1所示,如果核心国与外围国选择合作,即核心国同意与外围国分担失衡调整责任,外围国依照核心国要求严格实行财政紧缩及结构性改革,则双方可以获得的收益为(1,1),总收益最大。如果成员国选择不合作,博弈的结果是(0,0),总收益最小。显然,对于一体化成员国而言,合作的收益大于非合作收益。

但是,从各成员国自身收益最大化的情况来看,核心国的占优策略应该是不分担调整成本,强制外围国施行改革,承担全部的调整责任;外围国的占优策略则是抵制结构性改革,要求核心国分担调整责任。假设成员国间存在信息不对称,那么,最终各国理性选择的结果将是非合作均衡,纳什均衡解是(0,0),即核心国不分担责任,外围国也不实施改革,出现所谓的"囚徒困境"。

---

① Howarth, D., Quaglia, L., "The political economy of the euro area's sovereign debt crisis: introduction to the special issue of the Review of International Political Economy", *Review of International Political Economy*, No. 22, 2015, pp. 457-484.
② 苏长和:《全球公共问题与国际合作:一种制度的分析》,上海:上海人民出版社,2009年版。

表5-1 成员国经济失衡调整的博弈模型

		核心国	
		分担	不分担
外围国	改革	1, 1	2, −1
外围国	不改革	2, 1	0, 0

欧债危机后,欧盟之所以迟迟未能对内部的宏观经济失衡调整达成制度性的共识,正是由于核心国与外围国在失衡调整政策选择中面临的集体行动困境。核心国坚持对赤字国纾困的前提必须是外围国严格的紧缩与内部改革；外围国则要求核心国首先做出愿意承担更多调整责任的承诺。无法达成调整共识的关键因素就在于欧元区内缺乏有效可信的调整机制,以切实保障双方国家的经济利益。德国坚持推动基于秩序的经济联盟,希望通过成员国出让财政主权的承诺,以保障赤字国事前承诺的可信性。但是,对于已经被剥夺了独立货币政策的外围国而言,上交财政主权意味着其彻底丧失对本国经济实施调整的能力。在成员国经济异质性仍相当显著的情况下,外围国在统一货币政策下已经承受了非对称冲击所造成的后果,如果没有得到相应的补偿保证,要继续出让财政主权,绝非易事。

更进一步,本研究考察外围国以退出欧元区、放弃固定汇率政策作为解决外部失衡问题的可能性,以及成员国相应的博弈选择。外围国是否会做出退出欧元区的决定,以及核心国是否会因此相应调整立场,取决于实施该策略对各方可能产生的成本收益比较。图5-1是分别以希腊(赤字的外围国)和德国(盈余的核心国)为例,构建的成员国间三阶段重复博弈模型。该博弈模型的假设前提是：如果希腊选择以非合作的方式退出共同货币区,解决本国的外部经济失衡问题,不论是德国还是希腊都将遭受损失。对于希腊而言,退出欧元区虽然获得了利用汇率工具调整经济失衡的收益,但是非合作的成本将抵消并超过可能的收益。具体而言,如果希腊的退出属于一种无序的单方面退出。一方面,意味着希腊对于成员国双边承诺的失信,存在违约的政治成本；另一方面,缺乏德国及欧元体系的信誉担保,希腊的银行及非银行金融机构必将遭受巨大的冲击,短期内将面临金融市场混乱、外部融资受阻的局面。因此,离开了欧元区这棵大树,希腊的社会及金融体系都有可能陷入剧烈的动荡之中,政治经济上均存在相应的成本。对于德国而言,德国是欧元区最大的受益国，希腊的无序退出将是对欧元体系的重创，可能引发多米诺骨牌效应，并导致苦心经营多年的经济一体化成果毁于一旦。如上文所述，以德国意志建立的欧元货币体系为德国带来了经济上的巨大收益，在统一货币政策的庇护下，德国外贸企业获得稳定的货币环境，出口部门竞争力增强，出口导向的经济偏好得以加强，外部赤字状况得以扭转，在欧盟成员国中的货币权力得以建立。因而，希腊以退出货币联盟解决失衡问题的策略将对德国产生极大的经济成本，并且在相当程度上甚至高于希腊可能蒙受的损失。

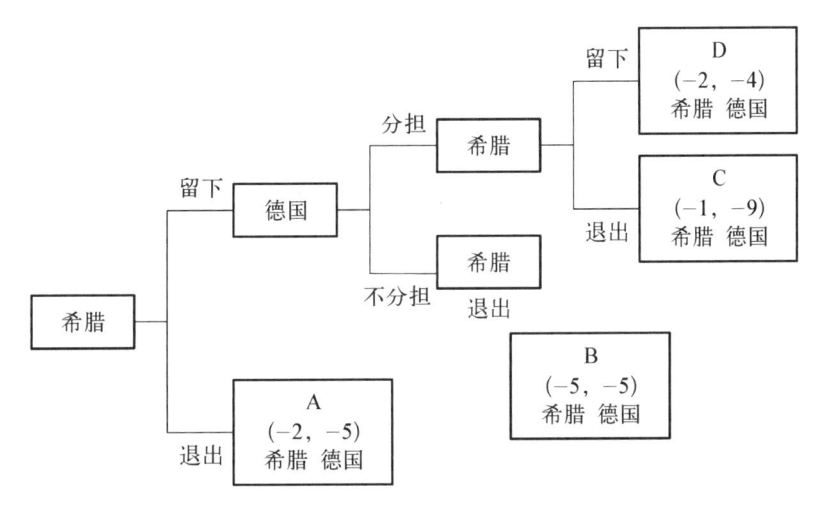

图 5-1 两国博弈模型

基于上述假设前提，分别假设希腊与德国在不同策略选择下的期望收益（成本）。在第一阶段，希腊选择是否继续留下欧元区。如果希腊的策略是退出，则博弈结束，双方的收益集合是 A(−2,−5)；如果希腊选择留下，那么，德国需要对是否分担失衡调整成本做出抉择，博弈进入第二阶段。如果德国选择不承担调整责任，则希腊选择退出欧元区，但希腊此时的退出成本将高于第一阶段，德国的成本不变，双方的收益集合是 B(−5,−5)，博弈结束；如果德国愿意分担调整成本，双方博弈继续。在第三阶段，在德国愿意适当承担失衡调整责任的情形下，如果希腊选择留在欧元区内，双方的收益集合为 D(−2,−2)。很明显，德国的收益(−4)高于拒绝合作而任由希腊离开的策略收益。如果希腊选择此时退出，那么，双方的收益集合为 C(−1,−9)。其中，希腊的收益为(−1)(从德国救助中获得的收益 4 − 退出的固定成本 2 − 违约成本 3)；德国的收益为(−9)(包括因希腊退出产生的成本−4 和已经在第二阶段向希腊支付的成本−4)。

根据以上分析，倒推求出该博弈模型的均衡解。在第三阶段，对于希腊而言,收益 C(-1)大于收益 D(-2),因此,希腊的占优策略应该是退出欧元区。在这种情况下,德国在第二阶段的理性选择应该为不同意分担调整成本,因为无论德国在这一阶段做出何种选择,希腊在下一阶段都会选择违约。由此继续倒推至第一阶段,如果希腊预料到德国在第二阶段会选择拒绝承担调整责任,那么显然,希腊的占优策略是在第一阶段就选择退出欧元区。因此,在这个博弈模型中,希腊的理性选择将是拒绝经济紧缩及改革方案,退出欧元区,德国的理性选择则是坚持不分担失衡调整成本。

上述的博弈模型说明,参与博弈的双方成员国出于各自国家利益的理性选择,会带来"囚徒困境"与不合作的结果,这也正是宏观经济失衡问题暴露以来,欧元区出现的现实状况。那么,如何从理论上解释这样的博弈结果?

之所以出现上述的博弈结果,首要的原因是,上述的博弈模型是一种有限次的重复博弈模型。也就是说,参与者知道什么时候是双方博弈的末期。因此,为了获取本国的最大利益,参与博弈的主体具有在最后一期违约的动力。出于对对方不合作的"理性预期"以及对自身利益的维护,双方的理性选择必然是在一开始就都采取不合作的策略。换言之,在理性人的假设前提下,非合作是参与者的最优策略。其次的原因是,上述的博弈模型是建立在成员间信息不对称的假设基础之上的,即博弈双方无法事先充分沟通,每个参与者通过猜测对方的行为来决定自身的策略。由于事先都假定对方会做"损人利己"的选择,因而最终双方的博弈也就无法得到有效率的结果。最后也是最重要的原因在于,博弈双方之间缺乏可信的承诺。因为没有相应的制度约束,缺乏有效的激励与惩罚机制,保证对方在下期选择中会采取对自己有利的行为,出于自利的立场,参与博弈双方的占优策略往往无法实现帕累托最优。这也就是为什么德国拒不接受欧元债券的提议,坚持外围国的紧缩财政与结构性改革是核心国分担调整成本的前提;而外围国则要求在财政与市场改革以先,德国应明确其对区内失衡调整的责任。关键的原因就在于,货币联盟缺乏有效的预防与调整经济失衡的制度,成员国难以保证对方的成本分担或改革承诺。在这种情况下,双方都希望先由对方切实的行动落实来保障承诺的可信度,以维护本国的利益。这恰恰是欧元区成员国宏观经济失衡调整一再陷入博弈困境的重要原因。

第四节 本 章 小 结

宏观经济失衡的调整必然是漫长而痛苦的过程。欧盟成员国不同的经常项目表现,也是统一货币区内迥异的经济增长路径与竞争力的反映。一方面,共同货币区没有带来欧元区成员国切实的经济趋同,甚至还助推了成员国间的宏观经济失衡;另一方面,一体化体系内的资金循环,在一定时期内延迟了成员国宏观经济失衡的调整要求。欧债危机的全面爆发,宣告了欧元区内部宏观经济失衡的难以为继,失衡的主动调整势在必行。于是,欧元区面临的关键问题就成为如何调整以及如何分配经济失衡的调整负担。虽然,从理论而言,宏观经济失衡的调整应该是双向的。然而,从现实角度而言,共同货币区成员国都具有分享一体化收益但尽可能避免成本,或企图由他国承担代价的愿望。宏观经济失衡调整会造成国家利益的损失,各方都具有强烈的规避、转嫁或减少失衡调整成本的动机。

欧债危机后,欧元区内部分别形成核心国(盈余国)与外围国(赤字国)两方阵营,双方存在明显的利益冲突与政策分歧,博弈的焦点在于失衡调整的承担主体与成本分配。成员国分歧导致欧盟迟迟难以达成一致的解决方案。以德国为首的核心国,坚持以赤字国为宏观经济失衡的调整主体,主张外围国进行财政紧缩与结构性改革,采取支出改变的"内部贬值"政策,以摆脱危机困境,真正实现外部经济的失衡调整。外围国一方面受到危机重创,难以逃避失衡调整的责任;另一方面,鉴于紧缩财政对国内政治经济产生的巨大压力,又极力渴望能够适当减轻调整负担。希腊等国强调赤字国的紧缩与改革应以核心国的成本分担承诺为基础,要求债务减免。有偿付能力的核心国要求赤字国的国内调整,而债台高筑的外围国则倾向于共同调整。

法德关系是欧元区宏观经济失衡调整达成一致的关键。法德两国在治理理念上存在显著差异。德国的稳定文化和法国对增长的关切体现在双方对失衡调整的政策立场上。法国主张成本共担、刺激经济;德国反对转移支付、强调财政约束。在欧元区宏观经济失衡的调整问题上,德国一直处于矛盾的状态之中。一方面,为维护本国利益,依托德国在欧元区内的经济与政治实力,德国存在规避调整成本的能力与意愿;另一方面,考虑到欧元区为德国经济创造的收益,为外围国提供救助支持,维持欧元区稳定、避免欧洲一体化分崩离析也是德国的利益所在。

由于参与一体化进程本身就是各国在多方利益权衡下的选择,成员国政府的政策主张需要综合考虑国内选民以及经济利益集团的立场。欧债危机后成员国经济的不景气,加深了欧盟各国内部的政治分裂和传统政党的执政危机。国内民众对欧洲一体化的质疑,以及成员国国内政治力量的日益多元化,都动摇了成员国参与一体化进程的社会基础。反建制民粹主义政党在欧洲多国的异军突起,加剧了民众对欧洲一体化的认同危机。国内博弈的复杂性进一步加大了成员国间谈判的难度。失衡治理方向的冲突,不仅由于成员国经济社会基础的不同,还源于根深蒂固的经济理念差异。这些差异都使欧洲经济一体化的治理变革更为困难。

欧元区主权债务危机对欧洲经济一体化的机制构建与政策工具提出了新的要求。只有成员国努力达成集体共识,设计出切实可行的治理规则,一体化合作才可能继续深化发展。但是欧盟各国失衡调整的谈判屡现僵局,迟迟难以达成一套完善可信的战略措施,导致欧元区危机治理的行动迟缓,出现集体行动的困境。共同货币区内的失衡各方均具备讨价还价的筹码,"囚徒困境"与有限次重复博弈模型,在理论上解释了成员国产生宏观经济失衡调整困境的原因。

第六章 欧债危机后欧元区宏观经济失衡调整的制度协调

我们之间的差异其实是上天馈赠的礼物……应该清醒地认识到这个事实,……必须相互合作。

——罗伯特·舒曼(Robert Schuman)

本章研究欧盟在欧元区主权债务危机后的失衡治理改革与政策实践。对欧元区宏观经济失衡调整博弈的研究,证明了即使在一体化的合作体系中,成员国政策选择的出发点仍始终是国家利益。欧元区宏观经济失衡的调整势在必行,争议的焦点在于调整责任与成本的分配,核心问题是外围国能否有效地落实结构改革措施,以及盈余国能否分担和在多大程度上分担内部失衡的调整成本。成员国内部差异与利益分歧导致失衡调整方案难以达成一致。在寻求共同货币区宏观经济失衡的协调路径之前,本章首先探讨欧元区核心国与外围国之间宏观经济政策协调的可能性与可行性,进而求解一体化失衡调整达成协调的条件。制度建设提供的可信承诺作为不同利益主体博弈协调的关键,是本章研究的重点。欧元区创立之初,对成员国的经常账户失衡关注不足,缺乏有效的宏观经济失衡预警与纠正机制。欧债危机后,欧元区宏观经济失衡问题受到充分重视,成员国通过博弈协调就部分机制改革方案达成共识,宏观经济失衡治理的制度建设取得初步进展。

第一节 欧元区宏观经济失衡调整困境的求解

一、共同货币区成员国政策协调的可能性

如前文所述,不论采取何种方式进行宏观经济失衡调整,都有可能对调整主体带来经济上的代价和政治上的压力。因此,每个国家都存在逃避、减

少或转嫁失衡调整负担的动力。在假设的有限次重复博弈模型中,非合作是参与双方的占优策略。但是,在现实中,欧元区成员国在经济上相互依赖,在维护欧洲一体化的政治利益上亦存在交集。如果外围国无法走出危机困境,核心国经济也将同时受损。即使是德国,纵然拥有对弱国强制施压的所谓"货币权力",若外围国经济长期无法修复,德国仍难以在其他成员国的经济困局中独善其身。如果完全要求赤字国单方面实行经济调整,在短期内技术与生产力水平无法大幅提高,通过内需与投资拉动经济的条件又不复存在的情况下,外围国唯有完全依赖相对价格的调整来赢得对外竞争能力。但这又可能导致成员国间陷入"以邻为壑"的价格竞争之中,最终的结果可能是两败俱伤。更进一步,如果外围国由于难以承担调整重压之负而选择退出欧元区,还将危及欧洲经济一体化的建设成果。成员国的无序退出,不仅会引起欧洲金融市场与社会政治的动荡,还可能导致欧洲经货联盟的崩溃。为经济一体化进程所投入的成本将付之东流,重启本国货币的成员国也可能面临巨大的风险溢价,这是所有成员国都不愿意看到的。不论是对核心国,还是对外围国,理论上的"占优"决策可能产生不可估量的后果。事实上,尽管成员国国内对危机治理和失衡调整政策存在巨大争议,但只有少数民粹主义政党呼吁彻底解散或退出欧元区。即使是希腊的极左翼联盟(SYRIZA)和西班牙的民粹政党社会民主力量党(Podemos),也不支持脱离欧元区的提议[①][②]。

退出成本有助于解释为什么欧洲领导人致力于推动欧元区机制改革。欧元区的解体将给所有成员国带来令人望而却步的经济成本。对赤字的外围国来说,放弃欧元同时意味着主权违约。失去欧元区的庇护,金融市场对外围国的信任将进一步跌落,可能引发国内货币金融体系的全面崩溃,诱发恶性通货膨胀风险。对盈余的核心国而言,欧元区解体后其主权货币可能面临大幅升值,影响出口部门利益,威胁经济增长。2011年的一项研究预测,欧元区解体将使希腊货币对新的德国马克贬值80%,西班牙、葡萄牙和爱尔兰货币贬值50%,意大利货币贬值15%,对德国出口导向型产业的盈利能力与就业市场都将是致命的破坏[③]。另据估计,如果欧元区解体,德国的产出损失将高达到1.2万亿欧元,这个数字还不包括由于新德国马克升值以及成

[①] Frieden, J., Walter, S, "Understanding the political economy of the eurozone crisis", *Annual Review of Political Science*, No. 20, 2017, pp. 371-390.

[②] 尽管这两大民粹主义政党都对欧盟与主要核心国的危机处理方式提出强烈批评,但对于退出一体化仍然持极为谨慎的态度。

[③] Cliffe, M., Leen, M., Houte, P. V., et al., "EMU break-up", *ING Financial Markets Research*, July 7, 2011.

员国债务导致的德国金融机构和纳税人海外资产巨大的财务损失①。作为从共同货币区中获益最大的成员国,德国对一体化市场的依赖程度超过欧元区其他国家。因此,德国更不可能轻易放弃既得利益,任由欧元货币体系处于风雨飘摇之中。事实上,包括德国在内的主要核心国家,一直试图通过出口市场的多元化适当降低对区内贸易的依赖度。尤其是欧债危机后,德国等国都加强了与对新兴市场国家的经贸关系。但是,区外需求的增长不可能完全弥补区内需求的急剧下滑,欧洲大陆仍是核心国企业逐利的重要市场。如果外围国经济长期陷入停滞,必然影响核心国企业的出口增长。欧元区的崩溃,更将对核心国的出口部门造成不可挽回的打击,其损失难以估量。同理,对外围国来说,退出也并非是一个理性的选项。一个成员国退出触发的多米诺骨牌效应,可能会引起所有赤字国金融市场的崩溃。经济一体化建设成果的崩溃,会使整个欧洲在经济、社会和政治上付出高昂的代价。

另一方面,成员国协调合作的共同利益,也与欧洲经济一体化的前期进程有着密切的内在联系,即存在所谓的"路径依赖"。货币联盟的成员国身份加强了各国相互依赖的市场与金融关系,前述的退出成本也使放弃欧元区的选项变得越来越难以控制。欧洲经济合作建立在共同利益的基础之上,成员国协议从一开始就无有效期限。成员国长期以来为经济一体化建设投入的前期成本,构成退出的潜在成本,激励各国努力达成可以接受的协调措施,而不是任由共同货币区分裂解体。即使是经济最强大的成员国,为了维护一体化的成果,也不得不在一定程度上放弃长期秉持的偏好与原则。

总之,一体化危机治理与失衡调整的谈判协调达成,符合成员国的共同利益,促使各国愿意通过谈判达成治理共识,进一步完善一体化的制度和规则。默克尔在2012年会见希腊总理时就公开表态,希腊应该留在欧元区中,明确德国不会轻易让希腊退出欧元区的立场。德国在欧债危机救助过程中屡屡做出的妥协与让步,也证明了欧元区的稳定与德国的根本利益一致。诚如默克尔所言,欧元的存在不仅意味着一种共同的货币,欧元是"统一欧洲的保证","欧元失败,意味着整个欧洲的失败"(If the euro fails, Europe fails)②。德国放弃了"不纾困"原则,表示欧盟将与欧元共进退,在赤字国财政约束的前提下对创立临时性的纾困安排欧洲金融稳定基金和永久性救助机制欧洲稳定机制都做出适当的让步。由于经济上相互依赖、政治上利益趋同,欧盟

---

① Peterson, A., Wahlström, M., Wennerhag, M., "European anti-austerity protests — beyond 'old' and 'new' social movements?", *Acta Sociologica*, Vol. 58, No. 4, 2015, pp. 293–310.

② BBC, "If the euro fails, Europe fails", http://www.bbc.com/news/av/business-14827834/merkel-if-the-euro-fails-europe-fails, 2011-09-07.

成员国之间存在尽最大努力开展政策协调的动力,宏观经济失衡调整的国家间博弈完全有可能是一种合作性的博弈。从现实来看,德国在危机期间的政策偏好,并不是"单一""固定"的,是基于不确定性形势在相互依赖与风险的权衡中进行的适时调整①。

另外,如前文所分析的,有限次重复博弈的特征是,参与者明确什么时候是双方博弈的末期,因而参与者存在于最后一次博弈中"损人利己"的动机。在这种情况下,进行决策逆推,非合作是博弈主体的最优策略。但从现实的情况来看,欧洲国家之间的谈判绝非一次"一锤定音"的简单交易,非合作的经济政治后果也远非用一个简单的支付矩阵就能够加以衡量。事实上,现实国际社会中的国家间博弈应该更接近于无限次的重复博弈。因为长期而言,违约或欺骗存在被他国报复的潜在风险,可能会使决策方遭遇惨重的损失,包括丧失政治信誉、遭受经济制裁等。2012 年出任希腊联合政府总理的新民主党领袖安东尼斯·萨马拉斯(Antonis Samaras)就明确表态,愿意"以负责任的态度"重新谈判国际救助协议,并对声称要"撕毁"救助协议的左派政党联盟提出批评,告诫其"不能拿希腊的命运来赌博。如果退出欧元区,代价将非常大。如果撕毁国际救助协议,我们将成为欧洲的'害群之马'"。② 虽然外围国担忧紧缩政策对经济的打击,但离开共同货币区的后果更难以估量。因此,寻求各方都能接受的理性共识,才是欧元区成员国的最佳选择,宏观经济失衡调整的合作性博弈完全存在可能。尽管在谈判开始时,成员国的经济偏好与失衡调整立场有很大的不同,但经过艰难的谈判博弈,所有成员国都准备接受危机的解决方案。即使法德这两个区内最强大的成员国,也愿意求同存异尽力就一揽子失衡调整方案达成一致。

二、共同货币区成员国政策协调的可行性

在博弈理论的分析中,不论是"囚徒困境"模型还是有限次重复博弈模型,都暗藏一个假设前提,即参与者间无法充分交流信息。在存在信息障碍的情况下,每个博弈主体的决策都是建立在对对方行为预估的基础之上,导致集体的非理性成为最终的博弈结果。然而,从欧元区的运行机制来看,成员国间完全有可能最大化的减少信息不对称所产生的问题,实现彼此信息的

---

① Schimmelfennig, F., Leuffen, D., Rittberger, B., "The European Union as a system of differentiated integration: interdependence, politicization and differentiation", *Journal of European Public Policy*, Vol. 22, No. 6, 2015b, pp. 764 – 782.

② 新华网:《希腊新民主党称将以负责任态度重谈救助协议》,http://world.xinhua08.com/a/20120614/972184.shtml,2012 年 2 月 14 日。

充分沟通。从欧盟委员会、欧洲议会、欧盟峰会等欧盟常设机制,到欧委会框架内的各国央行与财长会议,再到2012年6月诞生的欧元区首脑会议,欧元区成员国间存在多层次的沟通平台。在各方都存在合作意愿的前提下,欧元区成员国可以在现有的对话机制框架下充分沟通,寻求各方都能受益、都能接受的解决方案,达成最优的政策协调。

对于欧元区外围国而言,完全依赖内需及信贷驱动经济增长的发展模式已经宣布破产。从长远来看,欧元区核心国倡导的紧缩财政与结构性改革,对于提高赤字国对外竞争能力,修复经济内外部失衡,具有相当的合理性。如果能够以改革承诺换取核心国的成本分担,对外围国而言未尝不是一件好事。毕竟,退出共同货币区的潜在损失可能远超想象。对核心国来说,虽然从理论上要求外围国进行内部改革、调整经济增长路径的观点不无道理。但是,要求外围国完全承担宏观经济失衡的调整成本,在实践中显然困难重重。一方面,已经陷入疲软的经济体无力承担结构性改革的巨大成本;另一方面,财政紧缩将使外围国的经济前景更加黯淡,使其经济陷入"增长乏力—债务扩张—强制性财政紧缩—经济更加低迷"的恶性循环中[1],最终可能伤害欧元区所有成员国的利益。因此,如果能够以适当分配调整成本为代价换取关键利益,保证欧元区的持续运行,对核心国也是有利的。以德国为例,一方面,区内外围国的债务危机对德国产生负面冲击,但得益于欧元汇率贬值以及全球经济复苏因素的提振,经济仍处于稳步增长态势。在满足自身利益诉求的情况下,德国具备适当分担宏观经济失衡调整成本的能力。另一方面,长期过度依赖出口驱动经济增长的发展模式,存在种种弊端。经常账户盈余与国内较低的投资水平相关,在德国国内存在着对于未来经济可否持续增长的担忧。客观上,德国也需要适当调整经济增长方式,提高国内福利水平,减少对外部需求的过度依赖。此外,鉴于德国从共同货币区获得的巨大收益[2],德国存在"不惜一切代价"维持欧元区稳定的强烈动力。虽然欧洲稳定机制的创立带来核心国对赤字国实质性的责任共担,但救援贷款的条件是加入财政契约,也实现了将紧缩为主的失衡调整方案制度化的目的。德国最初以纾困违反《马约》为由否决了欧洲稳定机制,但最终做出了适当让步。通过在一体化经济治理框架中融入秩序规则,德国也切实维护了本国的经济偏好。此外,默克尔还成功说服了法国及其他成员国,让国际货币基金组织共

---

[1] 杨力:《评析欧元区统一的货币政策》,《财经研究》2002年第6期。
[2] 德国财政部长朔伊布勒在接受媒体采访时,也明确表示德国"从欧洲经济一体化中获益最多",维持欧元区稳定符合德国的根本利益。参见 https://www.deutschland.de/zh-hans/topic/zhengzhi/deguoyouozhou/woxiangxinhuichenggong。

同参与欧元区救助计划①,以确保德国金融机构及债权人的利益,并争取到了德国商界对共同纾困的支持②。

所以,不论是核心国,还是外围国,从本国经济政治的实际需要来看,都认同政策协调的共同利益。欧债危机过后,欧盟领袖和成员国政府首脑在不同场合公开承诺对欧元区的支持,德国的政策立场也从袖手旁观向积极介入转变。欧洲一体化成员国间高度的相互依赖以及长期建立的沟通平台,使宏观经济失衡调整的成本分配和制度协调具有可行性。尽管欧元区危机治理方案的达成需要经过一系列艰难的国家间谈判,但成员国间的博弈过程是一种理性的合作性博弈。虽然谈判过程可能曲折艰难,然而,也正是在不断的讨价还价与沟通协调中,成员国得以逐渐探寻利益的聚合点,达成最终的理性共识。同时,欧元区成员国间的博弈过程也是国家间不对称相互依赖的体现。从现行货币合作体系中获益最大的国家,为了维护自身的既得利益,有可能适当调整立场,在保证国家核心利益的基础之上做出更多相应的妥协,以换取更关键的经济和政治收益。默克尔在危机后明确表示,虽然各国对欧元区改革方案仍然存在分歧,但"我们需要具备妥协的能力"。③

三、可信承诺:共同货币区成员国政策协调的关键

综上所述,欧元区成员国达成宏观经济失衡调整的政策协调,既存在可能性,又具有可行性。那么,接下来的问题就是,如何来实现这种调整的政策协调,或者说,如何破解成员国间经济失衡调整的博弈困局?

求解经济失衡调整的博弈困境,首先应找到问题的根源,方能有的放矢,对症下药。再次回到上文构建的失衡调整博弈模型。在希腊与德国的有限次重复博弈模型中,为什么最终的占优策略是不合作?正如前文所分析的,导致这个博弈结果最重要、最根本的原因在于,参与者间缺乏可信的承诺,博弈双方无法确定对方会在下一次博弈中选择对自己有利的策略。因此,在可信承诺缺位的情况下,非合作成为参与者的最终选择,尽管这是一种集体的非理性选择。所谓的可信承诺,即有效的预防、分配、激励、惩罚与保障机制。机制的成功,需要确保其可信度。事实上,超国家主权机构的建立,也正是希

---

① Young, B., Semmler, W., "The European sovereign debt crisis: is Germany to blame?", *German Politics and Society*, Vol. 29, No. 1, 2011, pp. 1-24.
② Moravcsik, A., *The choice for Europe: Social purpose and state power from Messina to Maastricht*, London: Routledge, 2013.
③ 新华网:《欧元区改革时间紧迫 默克尔暗示愿作出妥协》,http://www.xinhuanet.com/world/2018-04/21/c_129855175.htm,2018年4月21日。

望从根本上解决各国经济政策不协调的问题,将欧洲一体化区域内规范和管理货币供应的任务委托给统一的货币当局。

现在,再来考察欧元区成员国间的调整博弈。欧元区宏观经济失衡问题暴露以来,尽管核心国与外围国都不愿意主动承担区内失衡的调整责任,不希望过多地承担相应的调整成本。但是,不合作就可能意味着共同货币区的崩溃。换言之,要维持欧洲经济一体化长久稳定的发展,内部宏观经济失衡的问题必须解决。期望完全推卸调整责任,既不现实,也不可能。所以,达成宏观经济失衡调整的政策协调是双方都愿意看到的结果。双方在失衡调整问题上的博弈难题是,核心国坚持外围国的紧缩财政与结构性改革是其分担调整成本的前提;外围国要求在财政与市场改革以先,核心国应明确对区内失衡调整的责任。简而言之,就是双方都对对方的合作承诺持怀疑态度,都希望先经由对方切实的政策行动来落实保证自己的利益。调整共识迟迟难以达成的原因在于缺乏可信的承诺,也就是真正有效的机制约束。德国拒绝更多调整负担的理由是所谓的"道德风险",虽然其实质是对本国经济与选民利益的维护,但也是出于在缺乏可靠机制保障下对妥协可能产生损失的理性担忧。因此,制度的缺位,是欧元区成员国间面临宏观经济失衡调整困境的根本原因。欧洲经济一体化的推进要求成员国具备达成协议的意愿与能力。同时,可信的承诺对国家间谈判的达成也至关重要。欧元区的危机治理与失衡调整,需要通过制度建设,以保证协议的执行。解决成员国间协调困境的关键是,通过国家间的谈判磋商,实现利益聚合,并将博弈结果以制度形式汇集,以切实保证承诺的可信度。这里所说的制度,既包括明确的利益与责任分配机制,又包括对成员国未来行动有效的监督机制,还包括对成员国遵守与违背承诺的有效的激励与惩罚机制。

第二节 欧元区宏观经济治理的战略路线

上文的分析证明,欧元区成员国具备政策协调达成一致的可能性与可行性,达成共识的关键在于有效的机制设计,将合作性的博弈结果以一系列预防、监督经济失衡与成本分配的制度形式汇集,保证承诺的可信度。

成员国一致同意是欧洲经济一体化基本的决策规则,寻求共识成为共同货币区治理的指导准则。在欧债危机以前,欧元区成员国宏观经济的政策框架主要由《马约》和《稳约》规定。早期的制度建设重在对成员国的财政约束,缺乏有效的经济失衡治理机制。欧债危机后,欧洲一体化层面的失衡治理改革力度加强。2012年7月,时任欧洲中央银行行长的马里奥·德拉吉(Mario Draghi)明确表态,要"不惜一切代价"拯救欧元。成员国政府在一体化的机制和合作平台下,通过磋商协调达成利益聚合,逐步完善了失衡治理的制度架构。欧盟确定了宏观经济治理的战略目标,先后建立了一系列完善内部治理的法规,制定了多项预防与纠正经济失衡的政策措施,在宏观经济失衡治理的机制建设上取得初步的进展。

2010年3月,欧盟峰会达成设立宏观经济治理专门小组的决议,由时任欧洲理事会常任主席范龙佩领导,欧洲中央银行行长、成员国财长以及欧盟委员会成员共同参加,从制度层面监督协调成员国经济政策。随后,欧盟出台了具有战略意义的纲领性计划"欧洲2020战略"。这是继"里斯本战略"后,欧盟在推动成员国经济趋同与竞争力方面的第二份发展规划,确立了欧盟未来的发展重点、量化目标及实施计划。2011年5月,欧盟通过"促进竞争力与趋同的经济政策协调"的《欧元附加条约》(Euro Plus Pact),确定了加强竞争力、促进就业、巩固财政和维护金融稳定四个方面的治理目标。2011年12月,"六部立法"出台,包括了聚焦宏观经济失衡治理的两部法案,推出了旨在预防纠正成员国失衡的重要机制——宏观经济失衡程序。

2014年10月,欧元峰会就通过机制建设加强成员国宏观经济政策协调达成一致意见。2015年,欧盟"五总管"——欧盟委员会主席让-克洛德·容克(Jean-Claude Juncker)、欧洲理事会主席唐纳德·图斯克(Donald Tusk)、欧元集团主席迪塞尔布洛姆(Jeroen Dijsselbloem)、欧洲中央银行行长德拉吉以及欧洲议会议长马丁·舒尔茨(Martin Schulz)发布联合报告,提出进一步加强欧元区经济融合,深化经济与货币联盟建设的指导意见。"五总管报告"(Five Presidents' Report)明确指出,欧元"不仅是一种货币,而且是一项政治经济工程",需要加强一体化融合,纠正由于成员国经济差异与分化造成的脆弱性,保证"所有成员国都从货币联盟中受益"。该报告提出,危机救助只能提供短期的风险分担,中长期应该通过机制建设加强风险预警与分担,并确定了经济联盟、政治联盟、财政联盟和政治联盟四个模块的一体化建设方案。

根据"五总管报告",欧盟确定了深化宏观经济治理的路线规划:

第一阶段(2015年7月1日至2017年6月30日),加深融合。在现有政策工具和法律框架下,促进经济趋同,建立银行业联盟,强化财政纪律,改进民主问责制,加强货币联盟的凝聚力。在这个阶段,宏观经济失衡治理的重点是推动成员国竞争力与结构性改革,加强宏观经济失衡程序的监督职能及国别建议对成员国的约束力,实现欧洲学期内更有效的经济政策协调。

第二阶段,完成欧洲经济与货币联盟建设,加强欧盟层面的治理效力,完善制度法规建设,推动成员国经济结构的趋同,强化融合进程的约束力。在这个阶段,宏观经济失衡治理的重点在于协定成员国间在劳动力市场、竞争力、税收政策等方面的趋同标准,加强宏观经济失衡程序对成员国结构性改革与趋同进展的监督作用,提高应对冲击的能力。

最后阶段(最迟于 2025 年以前):实现成员国真正的一体化。

2017 年 6 月,在"五总管报告"的基础上,欧洲委员会公布了深化欧洲一体化建设的路线方案,包括未来 18 个月的具体行动纲要,旨在实现在 2025 年以前加强经货联盟统一、效率和民主问责的目标。德国前财政部长朔伊布勒倡导的将欧洲稳定机制转型为欧洲货币基金的构想被正式纳入规划。

同时,欧盟委员会确立了以财政、投资和结构改革为重点的治理方案,强调通过劳动力市场、产品市场、税收政策和养老金改革,加强成员国经济弹性与竞争力,提高潜在经济增长率。2015 年 7 月,欧盟设立了专门的结构性改革支持服务机制,以帮助成员国设计和实施结构改革方案。此外,欧盟还建立了专项的结构性改革支持项目(Structural Reform Support Programme, SRSP),2017 年至 2020 年期间为支持成员国改革提供 1.43 亿欧元的预算资金,涉及公共部门管理、商业环境、金融、劳动力市场、医疗和社会保障服务等领域。

欧盟成员国通过谈判磋商,大致确立了欧元区宏观经济治理的战略,确定了以财政稳健、投资增长和结构性改革为三支柱的治理框架,并制定了实施治理改革具体的时间规划与行动路线。总体来看,不论是"五总管报告",还是相关的制度法案,都主要表达了德国为首的核心国的诉求,治理重点在于对成员国的财政监督,对于外围国要求的风险分担与财政支持诉求表达模糊。在欧盟总体宏观经济治理改革方略的指引下,成员国经过反复协商,先后启动了欧洲学期(European Semester)、欧盟宏观经济失衡程序等具体治理措施,在加强成员国经济趋同方面也取得一定进展。

第三节 欧元区宏观经济失衡调整的制度建设

一、欧洲学期:政策协调框架

2010 年 9 月,欧盟修订了实施《稳约》的《行动准则》,决定自 2011 年 1 月起引入"欧洲学期",旨在指导成员国的预算及财政政策,预防经济过度失衡,加强经济政策协调。欧洲学期提供了欧盟宏观经济政策的协调框架,成员国在该框架下讨论制定宏观经济和预算计划,由欧盟层面监督协调成员国政策的执行与进展情况。

欧洲学期为期 6 个月,始于每年的《年度增长调查报告》(*Annual Growth Survey*)(以下简称"《增长报告》")公布之时。《增长报告》是欧盟委员会对成员国经济增长与结构性改革状况的详细评估。每年 2 月至 3 月,欧洲议会与欧盟各部长会晤,对《增长报告》进行讨论。欧盟委员会发布冬季经济预测。欧洲理事会基于《增长报告》设立经济政策上的优先事项,对成员国财政政策、宏观经济结构改革以及经济增长等方面提出指导意见。同时,欧盟委员会发布对成员国潜在经济失衡的深度评估报告。

每年 4 月,成员国根据欧盟委员会的建议起草中期预算方案《稳定与趋同计划》(*Stability or Convergence Programmes*)和经济计划《国家改革计划》(*National Reform Programmes*),制定可行的财政与改革措施,以及促进就业、创新、能源利用与社会融合等方面的政策。欧洲统计局同时公布上年度的债务及赤字数据,检查成员国财政政策的执行情况。每年 5 月至 6 月,欧盟委员会对成员国提出的方案进行评估,并提出国家层面具体的指导建议。同时,欧洲理事会在成员国开始实施行动前对方案进行讨论及审议。最终,在每年 6 月底或 7 月初,正式采纳相应的指导建议。如果上述指导建议没有在规定的时间内执行,欧盟委员会将对成员国政策提出警告。

每年 10 月,成员国向欧盟委员会提交预算草案。如果财政计划不符合中期目标,欧盟委员会将要求成员国重新制定预算方案。每年 11 月,新的《增长报告》启动。同时,欧盟委员会出台年度《预警机制报告》,对成员国存在的经济失衡提出预警,启动欧洲学期制下的宏观经济失衡监督程序。欧盟委员会分别对所有成员国的预算草案以及过度赤字国的《经济伙伴方案》(*Economic Partnership Programmes*)提出意见。预算草案同时被提交给欧元区财政部长讨论。每年 12 月,欧元区成员国根据欧盟委员会和财政部部长的建议确定最终的年度预算方案。

欧洲学期是欧盟对成员国财政预算、结构性改革及宏观经济失衡的监督与协调机制。在欧债危机以前,欧盟对成员国经济行为的监督与约束主要关注在财政领域。欧洲学期机制在强化财政预算监督之外,还引入了对成员国结构性改革与宏观经济失衡状况的预警与评估。在以财政监督为主导的《稳约》框架之外,欧盟要求成员国提交《稳定与趋同方案》与《国家改革方案》,并对成员国宏观经济失衡开展年度评估。同时,建立了一系列相关的预警机制,加强对成员国过度宏观经济失衡的激励与惩罚力度。欧洲学期机制为成员国建立了新的经济政策的沟通与协调平台,既保证成员国间在各自经济政策施行以前能够充分沟通，又保证欧盟官方层面对各国经济政策的及时指导。

此外，2011年5月欧盟23国通过旨在加强经济政策协调、预防外部失衡的《欧元附加条约》(Euro Plus Pact)，与欧洲学期相配合，强调各成员国有义务通过结构性改革增强本国的竞争力。该条约提出一系列监督成员国改革成效的指标体系，包括劳动生产率、单位劳动力成本等竞争力评估指标、长期失业率、青年人口失业率、劳动参与率等就业评估指标，以及评估成员国财政稳健性的可持续差距指标等。对于成员国金融安全的评估，监控重点在于金融及私人部门的债务水平。

二、宏观经济失衡程序：失衡预警与纠正

2011年12月，欧盟推出了旨在加强欧盟经济治理的"六部立法"(Six-Pack)，其中四项涉及改革《稳约》、加强财政纪律及违规制裁力度，两项涉及强化对成员国经济政策监督以及宏观经济失衡管理。

六部立法于2012年起正式实施。其中，最重要的一项经济失衡管理措施就是设立了以纠正和避免成员国宏观经济失衡为目的的欧盟宏观经济失衡程序(Macroeconomic Imbalance Procedure，以下简称MIP)。MIP是对成员国宏观经济的新的预警机制，旨在及早识别潜在经济风险，预防与纠正宏观经济中"坏"的失衡。

作为欧元区成员国宏观经济失衡的预防与纠正机制，MIP由早期警告、预防纠正措施以及处罚机制三个部分构成。

MIP是欧洲学期对成员国经济监督和指导的重要内容。每年的MIP从预警机制报告(Alert Mechanism Report，AMR)开始。AMR是检测成员国经济失衡的预警机制，基于一系列经济指标构成的评分表，以及时发现成员国经济失衡问题，确定对成员国开展深度评估的必要性。欧盟设立的宏观经济预警包括14项指标：(1)近3年经常项目的平均余额，盈余不超过GDP的6%，赤字不超过GDP的4%；(2)净国际投资头寸不低于GDP的−35%；(3)近5年以市场价值衡量的出口市场份额跌幅不高于6%；(4)近3年名义单位劳动力成本的变动率，欧元区国家低于9%，非欧元区国家低于12%；(5)近3年基于调和消费者物价指数(HICP)或CPI平减指数计算的，相对于其他35个工业化国家的实际有效汇率变动幅度，欧元区国家在正负5%之间，非欧元区国家在正负11%之间；(6)私人部门债务占GDP百分比的低于160%；(7)私人部门信贷占GDP的比例低于14%；(8)房价相对于欧洲统计局消费平减指数的同比变动幅度不超过6%；(9)政府部门总体债务水平占

GDP的比例低于60%；(10)近3年失业率的平均波动幅度低于10%；(11)金融部门总体债务水平同比变动率不超过16.5%；(12)劳动力市场参与率近3年增长率不低于-0.2%；(13)近3年长期失业率低于0.5%；(14)青年失业率波动低于2%。其中，前5项指标主要监测成员国外部失衡与竞争力状况；第6—11项指标监测成员国的内部失衡；最后3项指标关注成员国的就业市场。预警机制报告的主要目的是及时发现成员国的宏观经济失衡风险，以便及时采取必要的政策措施，防止过度失衡的扩大。欧盟委员会会对存在潜在失衡风险的成员国经济进行深入审查，并于每年2月左右的年度国别报告中公布分析结果。

预警机制报告被提交给欧洲理事会与欧元集团讨论，MIP授权欧盟委员会对成员国经济政策方案提出指导建议。欧盟委员会在预警机制报告基础上，对存在经济失衡风险的成员国进行国别经济的深度评估（In-depth Review，IDR），并于每年2月左右的年度国别报告中公布分析结果，评估成员国潜在经济失衡的程度。欧盟委员会根据成员国经济情况，出具"不存在失衡""失衡""过度失衡"的评判。如果认为成员国确实存在宏观经济失衡问题，欧盟委员会将对成员国提出警告与指导意见。如果欧盟委员会认为成员国经济失衡问题十分严重，威胁到货币联盟的正常运行，欧盟委员会将建议欧洲理事会启动过度失衡程序（Excessive Imbalance Procedure）。存在过度经济失衡问题的成员国必须根据欧盟建议采取相应的调整措施，向欧盟委员会提交一份包含清晰的失衡调整行动路线和日程安排的纠正行动计划（Corrective Action Plan）。纠正行动计划中的政策措施需要涵盖所有重要的经济领域，包括财政、工资政策、劳动力市场、产品与服务市场以及金融市场。欧盟委员会负责评估成员国提交的整改计划。如果认定成员国提交的整改计划不够充分有效，欧洲理事会将要求成员国重新制定新的纠正行动计划。如果成员国连续两次未能提交合理的失衡纠正行动计划，将被施以相应的制裁，罚金为GDP的0.1%。一旦纠正行动计划通过并付诸实施后，该国应定期向欧盟委员会提交执行报告，欧盟委员会根据该计划评估成员国的执行情况。如果成员国在一定时期内仍然未能解决经济失衡问题，欧洲理事会将酌情对成员国启动调整行动评估与惩罚机制。如果欧洲理事会判定成员国没有根据建议严格执行失衡调整措施，对成员国的强制机制将生效。MIP设立了对成员国的新的处罚机制。没有根据欧盟委员会建议采取相应失衡调整行动的成员国，必须交纳有息的保证金，金额为GDP的0.1%。如果成员国失衡纠正再次失败，所缴纳的有息保证金将自动转化为罚金。此外，欧盟还在决策程序中引入了"逆向多数投票"（Reverse Qualified Majority Voting）

原则，以加强对成员国的监管与处罚力度。如果欧洲理事会认为成员国确实严格执行了失衡纠正计划，但其经济失衡问题仍未得到有效调整，对成员国的处罚将暂缓执行。成员国应继续采取失衡调整行动，并定期向欧洲理事会提交执行报告。直到欧洲理事会认定成员国不再存在过度经济失衡的问题，过度失衡程序才宣告结束。

2012年5月30日，欧盟首次公布了MIP中的深度评估报告，覆盖了2012年2月预警机制报告中提出的12个需要进行深度经济分析以得出是否存在宏观经济失衡或风险的国家，包括比利时、保加利亚、塞浦路斯、丹麦、芬兰、法国、意大利、匈牙利、斯洛文尼亚、西班牙、瑞典和英国。深度评估报告分析了上述国家宏观经济失衡的成因、性质及程度，建议应采取相关的应对措施以纠正经济失衡问题。2013年11月13日，欧盟发布的成员国宏观经济失衡指数与年度预警机制报告中，德国、荷兰和卢森堡首次被列入经济过度盈余的观察名单中。[1] 截至目前，欧盟已经启动了10轮年度宏观经济失衡程序。根据预警机制报告，2021年欧盟对13个在上一学期中被认定为存在失衡问题的成员国进行了深入审查。其中，德国、荷兰被认定存在经常项目过度盈余，希腊、爱尔兰净外国投资头寸超过阈值水平。[2]

三、加强《稳约》：财政监督与协调

《稳约》是欧债危机以前欧元区经济政策协调与监督的重要制度框架。尽管1997年正式生效的《稳约》中确定了对成员国财政赤字和债务比率的警戒水平，却没有建立有力的约束机制，对成员国违约行为难以产生有效的惩罚。2005年通过的允许灵活执行《稳约》的提案，导致该机制在实践中仅仅对成员国构成"软约束"。危机后，欧盟相继出台了"六部立法""两部立法"(Two Pack)以及《欧洲经济货币联盟稳定、协调与治理公约》(*Treaty On Stability, Coordination and Government*, 以下简称《财政契约》)等一系列政策法案，增强成员国经济政策的协调，以进一步加强《稳约》对成员国宏观经济失衡的预防与纠正功能。

改革后的政策强调对成员国的财政监督与协调，鼓励成员国实施结构性改革以促进经济增长和创造就业，并引入了更灵活的预算赤字降低方式。总体而言，加强后的《稳约》主要包含预防和纠正两项功能。

---

[1] 2013年的16个成员国包括：西班牙、斯洛文尼亚、法国、意大利、匈牙利、比利时、保加利亚、丹麦、马耳他、荷兰、芬兰、瑞典、英国、德国、卢森堡和克罗地亚。

[2] 2021年被评估为存在失衡风险的成员国包括：保加利亚、克罗地亚、塞浦路斯、法国、德国、希腊、爱尔兰、意大利、荷兰、葡萄牙、罗马尼亚、西班牙和瑞典。

《稳约》的预防功能主要体现在对成员国中期财政预算政策的监督和管理上。除了保留财政赤字及政府债务比例 3% 和 60% 的参考值外，新规还对成员国设立了中期预算目标（Medium-Term Budgetary Objective）。中期预算目标根据成员国经济的具体情况而定。新规要求，中期预算目标应建立在财政赤字不超过 3% 的安全边界之上。鉴于人口老龄化对经济及财政收入的潜在影响，中期预算目标还考虑了成员国对债务头寸可持续性的保证程度。同时，新规还要求中期预算目标应保障预算资金调动享有充分空间，尤其是充分保证公共投资需求。成员国需要致力达到或接近各自的中期预算目标。如果成员国的结构性改革对本国财政收支产生重大影响，中期预算目标应至少每 3 年调整一次。鉴于成员国间经济的差异性，欧盟对各个国家设立了不同的标准。欧元区及欧洲汇率机制（Exchange Rate Mechanism，ERM II）下的成员国，被允许的财政失衡波动范围为 GDP 的 1% 以下；已经签署了《财政契约》的欧元区成员国的财政赤字必须控制在 GDP 的 0.5% 以内。成员国在进行重大结构性改革时，根据改革对长期财政收支所造成的冲击程度，允许暂时脱离中期预算目标或相应的调整通道。此外，新规还要求成员国的财政收入应与支出增长相匹配。对成员国中期预算目标的分析根据结构性预算平衡，采用可支配收入的净支出分析法进行评估，即成员国超过中期潜在 GDP 增长水平的过度支出，必须与可支配收入相匹配。

作为多边财政监管体系的重要组成部门，欧盟委员会对成员国财政状况进行事前与事后双向评估与监督。事前评估包括对政策方案中经济假设的合理性、成员国中期预算目标及相应经济调整路径的可行性等分析。2013 年 5 月生效的"两部立法"更进一步加强了对成员国财政预算的事前监督。"两部立法"设立了明确的预算监督时间，要求成员国在通过本国预算方案之前，应于每年 10 月 15 日以前向欧盟委员会提交预算草案。欧盟委员会根据提交的草案，对成员国提出指导意见，同时对欧元区整体的财政状况及经济前景做出评估。欧盟委员会对成员国的事后评估，主要审查成员国是否为达到中期预算目标采取了有效的措施，主要评价基准是成员国的结构性余额是否按 GDP 的 0.5% 逐年改善，以及财政支出是否与可支配收入相匹配。如果认定成员国的财政状况与中期预算目标存在显著偏离，欧盟委员会将对该成员国提出警告，同时欧洲理事会将在一个月内对成员国提出指导建议。如果欧元区成员国未能遵循指导意见，将被处于金额相当于 GDP 的 0.2% 的罚款。

新规对于《稳约》纠正功能的加强，主要体现在对过度赤字程序（Excessive Deficit Procedure，EDP）的修订上。过度赤字程序启动于成员国财政赤字超过 GDP 的 3%、政府债务超过 GDP 的 60% 之时。"两部立法"加强了对处于过度赤字程序下的成员国的监管力度,以促使成员国更及时持续地采取失衡调整措施。为了欧洲理事会能够及时了解成员国的失衡调整进展,新规建立了对经济失衡成员国的渐进监督体系,包括要求成员国每 3—6 个月提交纠正报告等。同时,"两部立法"为成员国提交的纠正行动计划制定了明确的时间表。每年 4 月 30 日以前,成员国应公布并向欧盟提交国家中期财政方案《国家改革计划》及《稳定与趋同计划》;每年 10 月 15 日以前,成员国提交预算草案;每年 12 月 31 日以前,成员国通过并公布预算法案。此外,新规还要求进入过度赤字程序的成员国提交《经济伙伴方案》,制定清晰的结构改革路线图,为纠正成员国过度赤字提供持续有效的经济调整工具。通过上述制度建设,一方面从欧盟层面上加强了对成员国宏观经济的监督力度;另一方面,成员国预算决策的透明度增强,有助于加强成员国间的经济政策协调。

2013 年 1 月 1 日正式生效的《财政契约》,对欧元区成员国及未来计划加入欧盟的国家建立了更加严格的财政监督纪律。签署《财政契约》的成员国需要承诺将预算平衡纳入本国法律体系,从制度层面上加强财政约束的保证。根据《财政契约》的规定,成员国必须在契约生效后的一年内将平衡预算的内容加入本国宪法或等同效力的法律中。欧盟法院有权监督成员国的预算执行情况,对成员国具有法律上的约束效力。没有加入《财政契约》的国家无法获得欧洲稳定机制的永久性救助。如果成员国违背规定,其他国家有权强制该成员国实施必要的改革措施,成员国必须接受欧盟委员会和欧盟理事会的处罚。如果成员国拒不执行改革方案,欧盟法院可对其实施处罚,罚金归欧洲稳定机制处置。同时,《财政契约》确定了对成员国的自动惩罚规定:由欧洲法院对结构性赤字超过国内生产总值 0.5% 的国家进行处罚,罚金上限为该国国内生产总值的 0.1%。此外,《财政契约》还强调为成员国协调经济政策创造更多的沟通平台,包括设立由欧洲及各成员国议会代表参加的预算政策讨论会议,以及定期召开欧洲峰会等。

四、欧洲稳定机制:永久性救援安排

在欧债危机持续升级的压力之下,欧洲经货联盟被迫在一定程度上放弃长期以来秉承的"不纾困"(No Bailout)原则,相继建立了短期应急与长效性的救援机制。

欧洲金融稳定基金是欧盟与国际货币基金组织在 2010 年 5 月为应对债务危机而特设的临时性纾困机制,由欧元区成员国按各自在欧洲中央银行的出资比例提供担保。欧洲金融稳定基金通过在国际资本市场上募集资金,为

危机国提供支持,主要工具包括贷款、预防性信用额度、金融机构资本重组贷款支持、政府债券购买等。欧洲金融稳定基金初始救助规模设为4 400亿欧元,2011年扩容至7 800亿欧元,在债务危机期间分别用于希腊、爱尔兰和葡萄牙的救援项目。其中,德国承担的份额为27%;法国、意大利和西班牙分别承担20%、18%和12%。同时,欧盟还成立了以欧盟预算为担保、面向全体欧盟成员国的救助机制——欧洲金融稳定机制,与欧洲金融稳定基金共同组成对货币联盟成员国的支持体系。作为欧盟层面的稳定机制,欧洲金融稳定机制可以筹集600亿欧元限额的资金。该机制在危机期间先后为爱尔兰和葡萄牙提供了救援帮助。

2012年9月,德国宪法法院最终裁定准许在特定条件下批准欧洲稳定机制及其预算协议,为建立欧元区永久性救助机制扫清最后障碍。同月,德国总统约阿希姆·高克(Joachim Gauck)批准签署法案,将德国参与欧洲稳定机制纳入德国法律。2012年10月,17个欧元区成员国在欧洲稳定机制首次理事会议中批准并正式启动欧洲稳定机制。2013年7月,欧洲稳定机制取代临时救助性的欧洲金融稳定基金和欧洲金融稳定机制,成为欧元区永久性的救助安排,为区内经济受困国提供资金援助与金融支持。在操作上,欧洲稳定机制的主要支持手段仍然是通过一系列的金融援助工具对成员国实施救助,但是其活动范围与权利更大,可以在货币及资本市场发行金融产品并进行市场干预。欧洲稳定机制由欧元区国家联合签署并共同出资组建,同时向欧盟内其他非欧元区国家开放,总资本7 000亿欧元,由欧元区成员国根据本国GDP占区内经济的比例出资,德国、法国、意大利和西班牙出资额分别为1 900亿欧元、1 427亿欧元、1 254亿欧元和833亿欧元,占欧洲稳定机制总资本的77.35%。总资本中实收资本800亿欧元,另外6 200亿为欧元成员国承诺通知即付资本,是成员国股东无条件、不可撤回的资本支付款项。欧洲稳定机制有效借贷规模5 000亿欧元,成员国要获得欧洲稳定机制的救助,必须以严格的宏观经济调整与财政整顿为承诺。欧洲稳定机制理事会由欧元区各国财长组成,是欧洲稳定机制的最高决策主体,负责融资授权、确定救援条件与信贷规模等重要政策。欧洲稳定机制理事会决策采取一致同意原则,需要迅速行动的紧急议案,至少应获得85%的表决通过,投票权根据成员国的出资份额分配。欧洲稳定机制董事会对日常管理负责,决策采用特定多数原则。

尽管以危机救助的形式出现,但欧洲稳定机制同时也是成员国间经济协调的方式,是欧元区机制建设的重要举措。作为欧盟常设性的成员国救助机制,欧洲稳定机制以债务国财政约束为条件,在事实上实现了区内核心国对外围国的财政转移,向欧元区财政统一迈出重要的一步。2017年,欧盟委员会正式提出将欧洲稳定机制发展为欧洲货币基金组织(European Monetary Fund)的设想。欧洲货币基金除了将继续为陷入财务困境成员国提供援助支持外,更主要目的在于希望通过机构转型,强化对成员国财政纪律执行的监督,提高对成员国经济风险的预警能力。通过欧洲稳定机制向陷入困境的成员国政府提供纾困贷款,是欧盟在危机后重大的制度创新。

第四节 本章小结

制度缺位是欧盟宏观经济失衡调整产生困境的根本原因。欧洲经济一体化的继续推进,要求成员国具备达成协议的意愿与能力,也要求确立成员国对一体化的可信承诺。欧元区的危机治理与失衡调整,需要通过机制建设,以保证协议的执行。从现实来看,欧元区成员国经济高度相互依赖,退出一体化将对各国带来潜在的高昂代价。因此,各国都存在团结一致、协调一体化治理体系、改善区内宏观经济失衡的动机。但一体化经济决策权向超国家机构的进一步转移,必然意味着某种程度的利益让渡与妥协,合作体系内的谈判博弈不可避免。

欧元区宏观经济失衡的调整势在必行,争议的焦点在于调整责任与成本的分配,核心问题是外围国能否有效地落实结构改革措施,以及盈余国能否分担和在多大程度上分担内部失衡的调整成本。理论上,欧元区的宏观经济失衡问题存在政策协调的可能性与可行性。出现调整困境的主要原因在于缺乏可信的承诺,即有效的制度约束,包括对成员国未来行动有效的监督机制,以及对成员国遵守与违背承诺的有效的激励与惩罚机制。解决成员国间协调困境的关键在于通过国家间的谈判磋商,实现利益聚合,并将博弈结果以制度形式汇集,保证承诺的可信度。欧盟治理改革旨在加强成员国对单一货币承诺的可信度。成员国的经济分化与失衡是共同货币区运行的潜在风险,但欧元区的设计以货币政策为主导,没有包括应对不对称冲击的措施,也没有失衡调整的分配方案。成员国多元化下的经济政策协调乏力,导致了欧元区内部主要风险的累积。在欧债危机以前,《马约》和《稳约》是规范与协调欧元区成员国经济政策的主要制度。由于对经济失衡问题的忽视,早期的制度建设主要侧重于对成员国的财政约束,并且上述的制度规范在事实上也没有得到严格的执行,缺乏有效的宏观经济失衡预警、监督与协调机制。欧债危机爆发后,欧元区各方都试图避免和转移维持共同货币区的成本,在失衡调整的负担分配上存在分歧。尽管成员国在危机治理的制度设计上偏好不同,但一体化建设的前期投入与收益,以及退出成本的不可承受之重,使成员国具备谈判协调达成共识的意愿。

欧债危机爆发以来,欧盟及成员国政府积极协调,力挽一体化建设成果于狂澜。主要的危机救助计划、一体化改革协议与失衡管理机制在成员国政府间艰难的博弈谈判中得以达成。无论是欧盟还是成员国政府都具备协调合作的意愿,为一轮又一轮的纾困谈判提供了基础。经过成员国政府间不断的磋商协调,欧元区制定了预防和纠正宏观经济失衡、财政赤字监控与处罚等多项政策措施,加强成员国对共同货币的可信承诺,为达成利益聚合做出了切实的努力。欧元区在制度层面上加强了对宏观经济失衡的预防与监督,并建立了初步的失衡调整与成本负担机制。"六部立法"在强化财政纪律的同时,创立了"欧洲学期"和宏观经济失衡程序,为成员国间加强经济政策协调、落实结构改革、预防与纠正经济失衡,确定了具体的事前预警指导、事中监督以及事后审查机制。永久性救助安排欧洲稳定机制的建立在一定程度上提供了区内失衡调整成本的共担机制。此外,欧元区在财政一体化建设方面也取得一定进展。通过宏观经济失衡预防与调整的博弈和磋商,欧元区进一步加深了经济主权的委托汇集,超国家机构的治理与改革权力得到加强。

但是,欧盟目前建立的各种机制在预防与调整宏观经济失衡方面仍存在相当的局限性。首先,现有的经济失衡管理制度侧重于对成员国宏观经济失衡的预防和监督,失衡调整的主要基调还是财政紧缩与预算控制。其次,欧元区宏观经济失衡程序本身存在诸多争议。譬如,由多项指标综合构成的预警机制报告,是否适用于对成员国过度失衡的识别,在经济失衡界定上对于"过度盈余"与"过度赤字"的警戒线设置是否合理,采用后溯而非前瞻性指标在失衡防范与预警上是否有效等,在实际操作中均存在质疑。再次,成员国宏观经济失衡产生的根源没有解决。统一经济政策下的经济异质性,是造成货币联盟内部经济失衡发展的原因。如果不能切实促进成员国经济的实际趋同,一体化下宏观经济失衡的隐忧就始终存在。

第七章　欧债危机后欧元区宏观经济失衡的治理成效

> 从一个危机到另一个危机,正是在这个过程中,统一欧洲的观念开始形成,并逐渐成为现实。
>
> ——让-吕克·德阿纳(Jean-Luc Dehaene)

理论上,鉴于共同货币区崩溃可能产生的巨大的潜在成本,合作更符合所有成员国的利益。欧盟各方在欧元区主权债务危机后几经谈判,初步达成宏观经济失衡调整的制度规则。欧元区在危机后迈入宏观经济的深度调整进程,成员国经济失衡得到相当程度改善。宏观经济失衡的改善既有全球经济复苏的周期性因素,也与成员国在危机后的经济治理与结构性改革相关。作为一个相对封闭的经济体,欧元区的宏观经济失衡调整反映了治理责任在区内的分配结果。以德国为代表的欧元区核心国凭借实力在失衡治理的制度决策中占据主导地位。欧元区宏观经济失衡调整的政策方案与制度设计,在很大程度上根据盈余国的经济偏好确定。总体来看,欧元区危机治理的成本分配不对称,成员国国际收支分化依然显著。本章研究欧债危机后欧元区宏观经济失衡的调整进程,分析危机后成员国宏观经济失衡改善的贡献因素与成本分配,分析欧元区失衡治理的制约因素。

第一节　欧元区宏观经济失衡的调整成效

一、欧元区经常账户收支状况有所改善

欧债危机爆发后,欧洲经济一体化建设步入深度调整与改革进程。外围国经过痛苦的财政整顿和经济调整,结构性改革初见成效,外部失衡状况有所改善。2013年,爱尔兰率先宣布退出欧盟、IMF与欧洲中央银行"三驾马车"的救援计划。此后,西班牙、葡萄牙、塞浦路斯和希腊相继宣布退出救援

计划。以德国为代表的核心国经常账户盈余在危机后继续保持稳步增长。受益于结构性改革与全球经济的总体回暖,欧元区经济自2013年以来逐渐从危机泥潭中挣脱,财政状况改善,进入经济复苏通道。其中,爱尔兰经济复苏势头尤为强劲。2017年,欧元区经济实现主权债务危机以来的最高增速,GDP实际增长率达2.6%,成员国各项经济指标总体良好,政府赤字与债务水平有所改善,市场投资者信心回暖,国内消费需求上扬,区内外贸易同步增长。但自2018年起,受外部市场需求疲软的影响,欧元区经济产出增速再次放缓。2020年以来,受全球新冠肺炎疫情的冲击,欧元区经济复苏进程受阻,GDP增速显著下跌,债务风险增大,未来经济前景仍存在较大的不确定性。

如前文所述,欧洲货币联盟成立后,由于区内贸易占比较高,成员国宏观经济失衡被隐藏在欧元区总体大致平衡的表象下。2001年至2007年间,欧元区总体经常账户保持顺差。作为区内最大经济体,也是共同货币区最大的受益者,德国的出口贸易对欧元区总体收支增长起到重要贡献。2008年,美国金融危机引发全球市场大幅波动后,欧元区经常账户出现显著逆转,当年赤字额高达2 134.14亿美元。2009年至2011年,受外围国债务危机拖累,欧元区经常账户持续逆差。自2012年起,在欧盟当局的一系列危机救助、非常规货币政策操作以及成员国紧缩政策效应下,欧元区危机形势有所缓和,国际收支状况逐步改善。核心国出口顺差保持增长,外围国外部失衡逆转。一方面,紧缩政策导致赤字国国内消费疲软,进口需求萎缩;另一方面,欧债危机后,欧元汇率连续下挫,弱势欧元带动区内成员国与区外国家的贸易发展,全球经济复苏进程也利好欧盟的对外出口。2012—2019年,欧元区经常账户盈余逐年上升,2019年实现盈余3 976.57亿美元,创历史新高。受全球新冠肺炎疫情的影响,欧元区2020年对外贸易总额有所下滑,但仍实现3 130.31亿美元的经常账户盈余。①

二、核心国经常账户继续保持盈余

欧元区核心国在危机初期受外围国债务困境与财政整顿影响,区内出口收缩。受益于欧元贬值、国际融资成本下降以及外部市场回暖等因素,核心国对美国及新兴市场出口增长稳定,国际收支总体表现良好。

欧债危机后,德国国内生产总值继续保持增长态势,产业升级创造的竞争优势,通过强劲的出口数据得以体现。除2008—2010年受危机影响出现

---

① 数据来源:欧盟统计局。

短暂下滑，德国经常账户盈余总体稳步上升。欧债危机后，德国劳动力成本相对于区内成员国的优势未减，成员国对德国产品的进口贸易基本保持稳定。尽管区内贸易仍是德国出口增长的重要支持，但从结构上看，德国对外贸易的伙伴构成出现变化，区内贸易对德国出口的贡献度有所下降。德国的汽车、电子、机械设备等产业持续保持较强的国际竞争力，加之美国市场需求回振、亚洲市场消费升级，都对德国货物及服务出口产生积极影响。欧债危机后德国加强了与新兴市场的经贸关系，对欧盟外市场的出口贸易呈扩大趋势。目前，美国和中国是德国在欧盟外最大的出口市场。得益于全球经济复苏以及国际大宗商品价格下跌因素，2016年德国经常账户盈余达到2949.18亿美元的峰值，占当年GDP的8.6%，为全球第一大贸易顺差国。2019年，德国录得经常账户顺差2 920.62亿美元，占当年国内生产总值的7.6%，贸易顺差持续位居全球首位。2020年以来，由于新冠肺炎疫情的蔓延，德国国内出口部门生产受到严重影响，企业投资意愿不足。同时，主要贸易伙伴经济疲弱、对外需求减少，汽车、机械制造等德国支柱产业的生产和出口都受到一定程度的负面冲击，导致出口贸易出现较大下滑。国内经济深层的结构性问题，也在一定程度上制约了德国经济的长期增长。为维护德国制造的全球竞争力，2019年德国发布了《国家工业战略2030：对于德国和欧洲产业政策的战略指导方针》(*National Industrial Strategy 2030: Strategic Guidelines for a German and European Industrial Policy*，简称《德国工业战略2030》)，旨在扶持关键工业部门，进一步加强基础创新能力。①

卢森堡、荷兰总体经常账户盈余增长保持稳定。意大利经常账户扭亏为盈。欧债危机后，意大利也积极拓展非欧盟地区出口市场。受益于出口增长和进口需求萎缩，意大利近年贸易顺差逐年增加。但意大利的实际经济产出仍低于危机前的峰值，经济增长速度也显著低于欧元区平均水平。由于内需不振、融资成本上升，意大利国内经济仍相当疲弱。尽管经济复苏略微降低了总体赤字水平，但意大利的公共债务继续增长，长期失业率和青年人口失业率依然维持在高位。法国是核心国中国际收支表现相对最差的国家。虽然劳动力成本竞争力有所改善，但经济复苏带来的家庭消费回暖以及进口能源需求增加，造成法国进口增长超过出口增长速度。自欧债危机以来，法国贸易逆差始终没有得到根本改善，拖累欧元区总体进出口表现。同样受国际综合因素的负面冲击，2020年以来，法国对外贸易大幅萎缩，能源、航空、旅

---

① 该战略也在德国国内引发强烈争论。质疑的观点认为，该战略方案的出台会加强政府对市场的干预，违背了德国长期秉持的经济理念。

游等关键行业出口受挫,短期国际收支形势难言乐观。

三、外围国经常账户扭亏为盈

欧元区外围国在欧债危机后被迫以紧缩与改革承诺换取救援支持,开启艰难的经济再平衡进程,在修正经常账户与财政赤字方面取得一定进展。2009年以后,主要重债国经常账户逆差都逐渐收窄。除希腊外,其他欧元区债务国自2013年起均实现国际收支的扭亏为盈(如图7-1所示)。外围国在欧债危机后实施了巩固财政和增强竞争力的改革,包括税制改革、养老金福利改革、公共部门改革和劳动力市场改革等一系列举措。总体来看,外围国结构性改革略见成效,劳动力成本下降对出口贸易起到一定促进作用。但是,外围国经常账户的改善主要源自紧缩政策造成的需求萎缩与进口减少,此外,也与欧债危机后欧元贬值产生的价格效应有关。

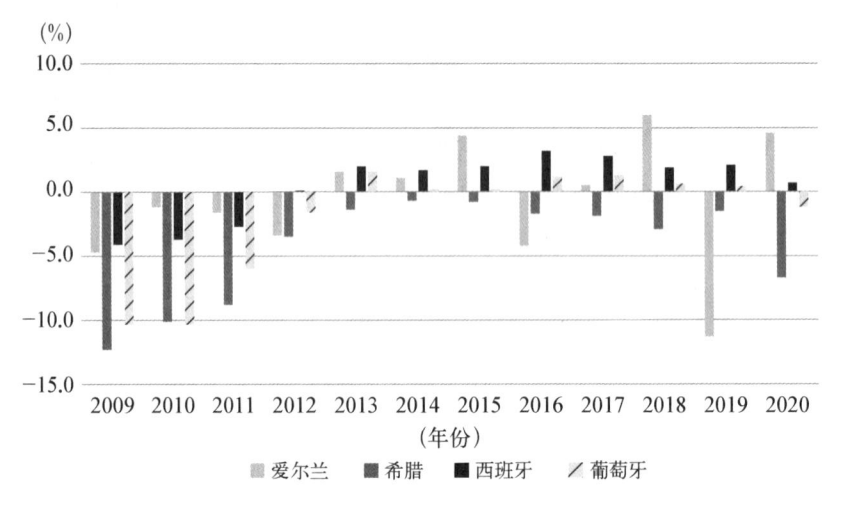

图7-1 欧元区外围国经常账户余额占GDP比重(2009—2020年)
数据来源:欧盟统计局。

爱尔兰是外围国中经济表现最好的国家,不仅最快摆脱债务危机的困境,成为欧元区中首个脱离纾困计划的成员国,进出口贸易也大幅增长。2015年,爱尔兰净出口增长迅速,经常账户顺差占GDP比重超出10%,甚至高于区内的"模范生"德国。2018年,爱尔兰经常账户顺差再创新高。但爱尔兰国际收支的改善相当程度是税收政策带来跨国公司转移支付的结果,生产的出口竞争力并未得到显著加强,国际收支状况较不稳定。近年爱尔兰经济波动明显,反映出经济对外部市场景气程度的高度依赖与脆弱性。葡萄牙、西班牙经济在疫情前相继步入复苏通道,经常账户扭亏为盈,但债务压力仍存。2018年,希腊摆脱了持续多年的经济衰退,正式退出纾困计划。希腊的国际收支状况自2012年以来显著改善,但经常账户仍处于赤字状态。总体而言,外部市场环境不稳、出口部门市场竞争力不足,依然是外围国未来经济发展的主要问题。

四、区内国际收支分化未根本逆转

虽然在紧缩政策与结构改革的作用下,外围国在欧债危机后基本扭转了经常账户的赤字状态,但欧元区成员国国际收支状况依然分化明显。由于一国的经常账户余额基本等于净资本流入与官方储备之和,经常账户的盈余或赤字可以通过资本的流入(流出)来获得平衡。因此,本研究进一步从成员国在欧洲中央银行TARGET2的账户变动研究欧元区宏观经济失衡的调整情况。

TARGET(Trans-European Automated Real-time Gross settlement Express Transfer System,泛欧实时全额自动清算系统)是欧洲中央银行间的实时交易清算机制。该机制的初衷是确保支付系统的有效运作,便于欧洲各国的交易结算,支持欧洲中央银行的单一货币政策,是维持欧元区金融稳定与一体化的关键组成部分。自2007年11月起,欧洲中央银行启用了TARGET的第二代系统,即TARGET2。TARGET2余额可以反映欧元区各国央行资金在欧元体系内部的跨境支付情况。从TARGET2的运作来看,当一国与区内其他成员国间存在收支失衡时,就会产生在TARGET2账户的盈余或赤字,盈余国出现TARGET项下的净债权,赤字国出现TARGET2项下的净债务。

欧债危机前,欧元区赤字国的经常账户逆差通过TARGET2流入的资金弥补缺口。虽然欧元区成员国内部已经出现国际收支分化,但这种失衡被表面平衡所掩盖。德国等核心国家的经常账户盈余通过私人资本输出为外围国赤字融资,大量顺差转化为TARGET2项下资产。因此,尽管核心国收支盈余持续积累,但TARGET2账户净头寸变动不大。欧债危机后,TARGET2账户分化加剧。一方面,债权日益集中在德国、卢森堡等少数核心国;另一方面,意大利和外围成员国债务规模扩大。目前,持有净债务规模最高的成员国是意大利和西班牙,此外希腊和葡萄牙也是TARGET2的主要债务国(如图7-2所示)。

受避险情绪影响,欧债危机后欧盟内资本大量向核心国集中,尤其是德国成为资本的避风港。加上德国出口保持的强劲增长,以及非会员国通过德国进行跨境清算的结果,导致德国TARGET2项下净债权猛增(如图7-3所

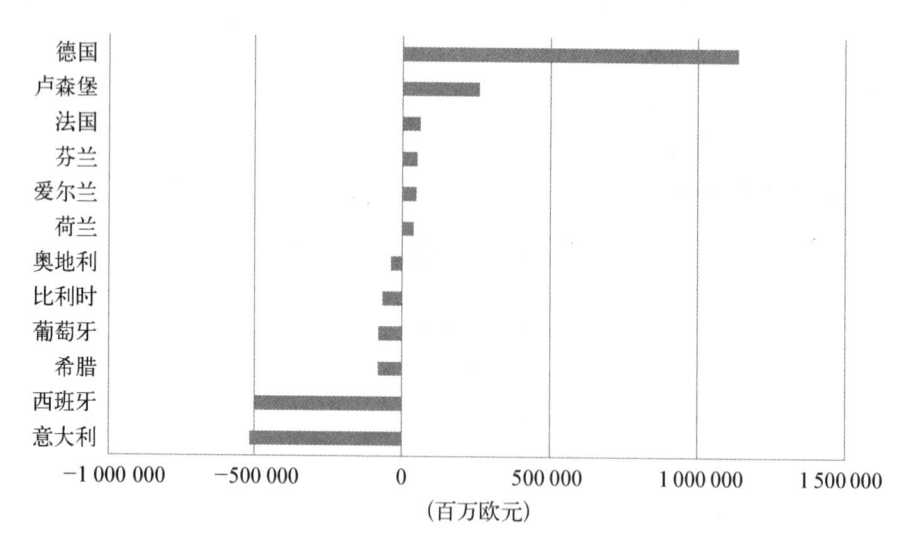

图 7-2 欧元区成员国在欧洲中央银行 TARGET2 账户余额(2020 年 12 月)
数据来源：欧洲中央银行。

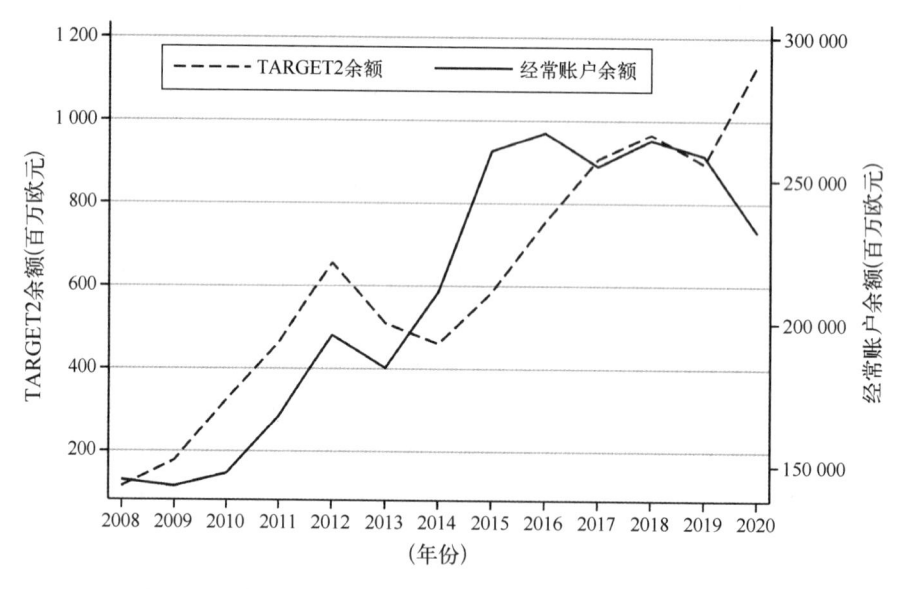

图 7-3 德国经常账户与 TARGET2 账户余额(2008—2020 年)
数据来源：欧洲中央银行。

示)。而主要赤字国在欧债危机后则出现了 TARGET2 账户的急剧变动(如图 7-4 所示)。私人资本流入放缓后,"三驾马车"的贷款继续经由 TARGET2 为重债国融资。欧洲中央银行自 2015 年开始的资产购买计划,也增加了外围国的 TARGET2 项下债务。外围国出口增长疲软、市场信心不足,是 TARGET2 净债务持续上升的主要原因。意大利、西班牙 TARGET2 项下的债务规模,目前都超过危机最严重时期。2019年,意大利TARGET2的净债务余额增加1070亿欧元,达到近4920亿欧元的创纪录高点。希腊TARGET2项下负债自2011年达到峰值后有所回落,2015年欧洲债务危机升级后再次上升。

虽然欧债危机后TARGET2的变动部分源于救助贷款与欧洲中央银行资产购买计划所产生的资金流动,但成员国在TARGET2项下资金流动的失衡,反映出外围国经济依然疲弱,欧元区成员国国际收支的分化格局未出

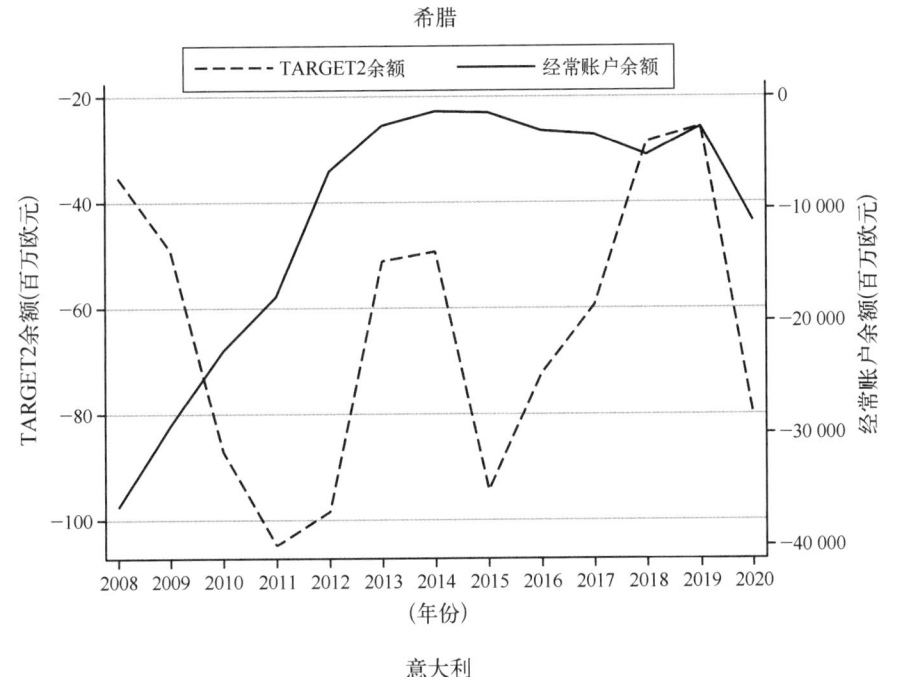

希腊

意大利

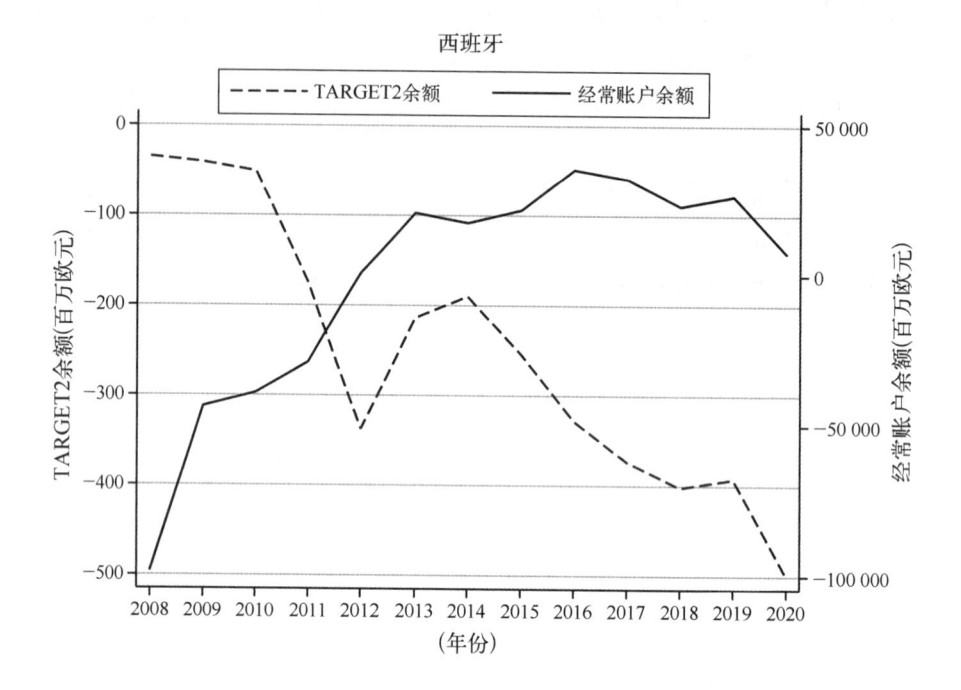

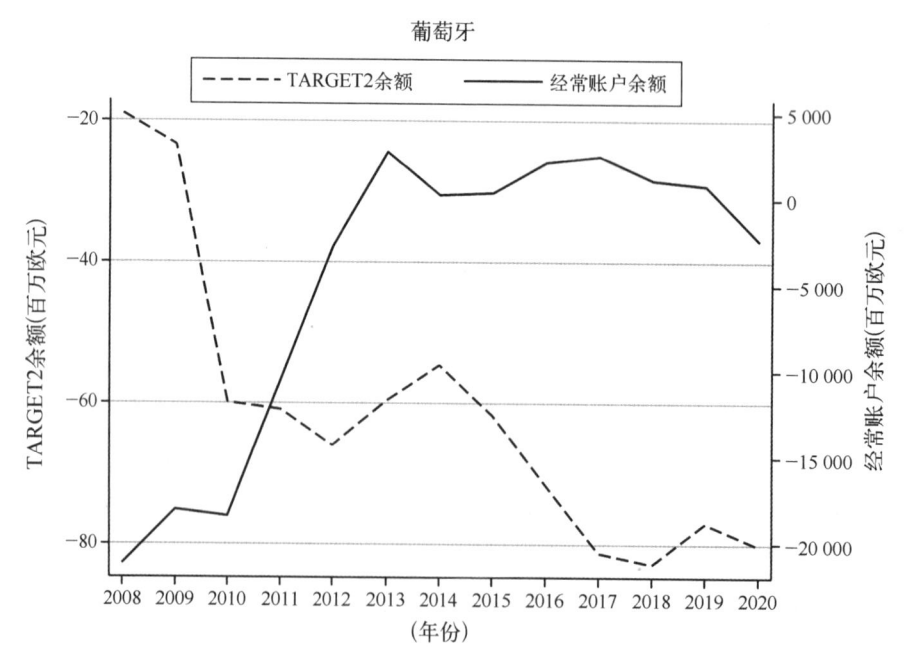

图 7-4 意大利、希腊、西班牙、葡萄牙经常账户与
TARGET2 账户余额（2008—2020 年）

数据来源：欧盟统计局、欧洲中央银行。

现根本改变。德国央行在 TARGET 2 中的资产再创新高,也反映了市场对欧元区不对称经济增长的担忧。从总体经济增长态势来看,德国等主要核心国对区域经济复苏发挥引领作用;外围国家经济走势呈现分化状态,爱尔兰复苏态势较为强劲,希腊复苏进程缓慢。

第二节 欧元区宏观经济失衡调整成本的不对称分配

当失衡不可持续,调整势在必行时,失衡调整的责任与成本分配无疑是最关键的问题。尽管欧元区成员国近年对外部市场的出口有所扩大,但区内成员国间贸易仍占主要比重(如图 7-5 所示)。从成员国对欧盟内部贸易的贡献度来看,德国占据绝对的核心地位,2020 年德国进口贸易份额占欧盟进口总额的 23.3%,出口贸易份额占区内进口总额的 23.3%。因此,外部失衡的调整成本在相当程度上需要在共同货币区内部分配。对于欧元区而言,问题的焦点在于改善经常账户失衡必要的政策调整,应该由经常账户的盈余国还是赤字国来实施。具体来说,问题在于调整的成本负担最终由哪个成员国来承担。

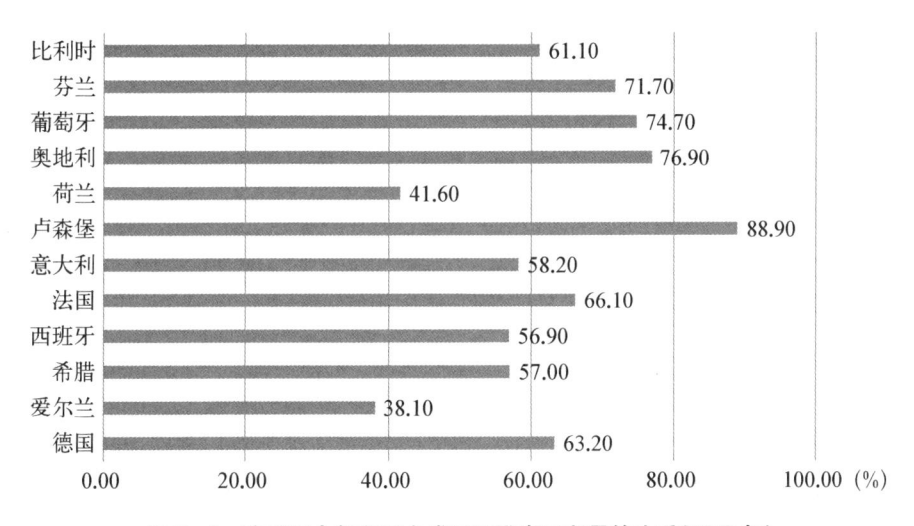

国家	比重(%)
比利时	61.10
芬兰	71.70
葡萄牙	74.70
奥地利	76.90
荷兰	41.60
卢森堡	88.90
意大利	58.20
法国	66.10
西班牙	56.90
希腊	57.00
爱尔兰	38.10
德国	63.20

图 7-5 欧元区内部贸易占成员国进出口贸易的比重(2020 年)

数据来源:欧盟统计局、欧洲中央银行。

前文分析了欧元区成员国在失衡调整进程中的谈判博弈。从欧债危机爆发以来,欧元区成员国就一直进行着失衡调整成本分配的讨价还价与政策协调。纵观欧元区宏观经济失衡的调整进程,差异的政治经济行为体被联合在一个统一的货币联盟之中,成员国经济偏好不同、利益诉求不同、调整主张不同,失衡调整的结构冲突显著。以德国为代表的核心国在共同货币区内的相对权力,决定了欧元区宏观经济失衡的调整基本以德国式的"稳定"方案为基调。核心国成为宏观经济失衡调整规则的主要制定者,外围国基本是规则的接受者。从失衡调整的成本分配结果来看,调整负担主要由赤字的外围国承担。同时,成员国政治利益与经济发展高度的相互依赖,也迫使盈余的核心国在决定危机救助条件的同时,有限分配了共同货币区的失衡调整成本。

一、失衡调整决策的不对称权力

欧洲经济一体化的治理体系反映了成员国间的权力关系。失衡治理决策中的权力关系,主要反映在成员国避免国际收支失衡调整负担的能力上。在失衡调整的决策进程中,成员国的不对称权力决定了博弈能力的不同,并最终决定了议价结果与一体化治理的方向。欧元区核心国与外围国的经济分化,是构成一体化成员国权力关系的基础。在危机处理与失衡调整的战略方向上,欧盟内部不同经济理念激烈交锋。由于不对称的相互依赖,纾困条款主要反映了盈余的核心国偏好,基本上,危机解决方案的形成向着德国主张的方向发展。

理论上说,在政府间谈判中,对议程的控制能力是决定谈判结果的重要因素。议程设置决定了哪些问题可以谈判,按什么顺序进行谈判,以及哪些政策选项会被事先排除在谈判议程之外[①]。这无疑极大影响了谈判的结果,并决定各国政府的预期目标能否顺利实现。在一体化的决策系统中,实力强大的国家往往具有更强的影响力,有能力制定谈判议程。因此,德国和法国作为区内的经济和政治强国,毫无疑问在很大程度上左右了治理谈判的决策方案与议程设置,是一体化治理方案主要的规则制定者。奥地利、荷兰等其他核心成员国与德国总体立场一致,是德国方案的重要支持者。意大利虽为欧元区第三大经济体,但国内经济多年低迷不振,深陷财政赤字与债务困境,在一体化治理改革中的影响力有限。受经济实力与债务负担制约,外围成员国在治理谈判中的话语权有限,基本只能充当规则的接受者。

鉴于法德的参与和支持对欧洲经济一体化而言极为重要,两国在政府间谈判中无可厚非占有显著优势。德国是欧元区最大的经济体,是欧洲中央银行的主要出资国,也是最坚定支持欧洲经济一体化的成员国。德国在一体化体系中的影响不仅源自结构性的力量,也来自其在战后令人瞩目的经济表

---

① Bachrach, P., Baratz, M.S., "Decisions and nondecisions: an analytical framework", *American political science review*, Vol. 57, No. 3, 1963, pp. 632–642.

现。在欧洲经济一体化的整个进程中,德国的经济理念、价值偏好与政策立场深刻影响了欧元区的制度建设。欧债危机初期,德国的反应犹豫缓慢,没有在集体行动中发挥领导作用。默克尔政府在这一时期的谨慎态度,使欧元区危机治理出现明显的领导赤字。一方面,德国坚持认为成员国财政与国际收支的责任应由自身承担。另一方面,德国国内的制度约束也限制了其在一体化中领导作用的发挥。但是,随着危机的日益扩散,作为区内的主导经济体和主要债权国,德国开始逐渐加强对危机治理与失衡调整的政治影响力。同为欧洲一体化发动机的法国,是区内的第二大经济体,在一体化发展进程也发挥了重要的影响力,其政策立场也直接影响了失衡调整的决策进程,是一体化治理的关键国家。

但是,法德共同领导下的欧洲经济一体化进程具有内在权力的不对称性。自一开始,欧盟治理框架的设计,就更趋近于德国而不是法国的立场①。从欧元区的机制设置来看,欧元区的创立主要体现了德国的偏好,反映出法德两国在区内不对称的博弈能力。欧元区准入门槛中对成员国通胀控制的要求、对欧洲中央银行政策独立性的要求、价格稳定的单一目标政策以及成员国"不纾困"条款,都是德国经济偏好的体现。法国建立"经济政府"的货币联盟构想,在欧元区的组建协议中并没有得以反映。随着德国经济实力的稳步增长,这种关系的不对称性也日益增强。欧债危机爆发初期,以"默科齐"为代表的法德合作在治理方案的决策上扮演了核心角色,但方案的核心主要反映德国的治理理念,法国立场对德国政策偏好的影响有限。时任法国总统萨科齐支持了德国加强预算纪律的立场,以换取德国在紧急救援方面的有限让步。但在欧元区危机治理与失衡调整进程中,法国仍然是最有影响力的角色之一。在法国的倡议下,欧元区建立了防止不确定性蔓延的危机救助机制。此外,法国一直强烈呼吁关注赤字国的经济增长,代表外围国提出紧缩压力下的增长诉求。

其他成员国由于经济政治实力的不对称,只能在法德的政策立场及其预设的谈判选项中做出抉择。不对称相互依赖带来成员国在失衡治理中的权力差异。法德以外的成员国尽管也各执一词、态度强烈,但无力独立扛起制度设计的大旗。可以认为,在某种程度上,区内实力偏弱的成员国在治理谈判上分别搭乘了法德两国的政策便车②。德国的实力使其基本能够根据本

---

① Mourlon-Druol, E., "Rethinking Franco-German relations: a historical perspective", *Bruegel Policy Contribution Research Report*, No. 29, 2017.
② Wasserfallen, F., Leuffen, D., Kudrna, Z., et al, "Analysing European Union decision-making during the eurozone crisis with new data", *European Union Politics*, Vol. 20, No. 1, 2019, pp. 3-23.

国偏好的优先事项来管理危机。作为区内经济力量最强大的国家,在危机决策的各个阶段,德国的立场都极大影响了欧元区危机治理与失衡调整的决策。德国拒绝创建欧元债券或其他债务共同化的方案,反对"欧洲转移联盟"的可能,强调对欧元区经济治理框架的改革需要建立在法律基础之上。由于德国的反对,彻底的债务重组等提议从来没有真正出现在欧盟的谈判议程中[1]。德国还力主国际金融机构共同加入纾困计划,"三驾马车"的参与既降低了赤字国债务违约的风险,也规避了盈余国内部调整的需要。德国立场为荷兰、奥地利等主要核心国接受并支持,盈余国与债权国的实力是其制度力量的关键来源。虽然理论上说,在丧失独立货币政策的情况下,财政政策是调节宏观经济失衡最重要的政策工具。但由于德国对转移财政的坚决反对,赤字国只能接受内部紧缩、加强财政巩固以调节经济的改革方案。欧元区宏观经济失衡调整方案的主要重点,如改革经济治理框架、加强成员国经济政策协调、加强财政纪律、建立防止过度宏观经济失衡的治理机制、外围国的结构性改革等,都是以德国为代表的盈余国立场的体现。通过引入欧洲学期,欧元区加强了对成员国的财政监督。通过宏观经济失衡程序,欧元区加强了对成员国的失衡预警,并引入了以具体指标为基础的多边监管以及对不达标国家的惩罚机制。

  赤字的外围国在失衡调整的谈判中无疑处于弱势地位。以希腊为例,2015 年 1 月,齐普拉斯领导的激进左翼联盟,凭借反对"三驾马车"以紧缩为条件的救助方案的立场,在国会大选中胜选。同年 7 月的希腊全民公投中,反对阵营以 62% 的压倒性优势胜出,拒绝接受财政紧缩和经济改革的纾困计划。齐普拉斯在公投结果揭晓后称,希腊人民做出了"非常勇敢的选择"。但希腊最终还是在治理谈判中做出妥协让步,接受了严厉的救助方案。作为获得 860 亿欧元纾困支持的条件,希腊同意欧盟对本国经济的严格监管,并承诺进行全面改革。虽然对救助方案不满,但对赤字的外围重债国而言,退出欧元区的经济后果更加难以承受。因此,外围国对区内失衡治理的话语权有限。由于法国和意大利同样面临经济困境,担忧过紧的财政约束对经济增长的制约,在失衡调整的政策立场上与赤字国政府观点相对一致。法国的政治实力使其有能力代表赤字国发声,在相当程度上能够反映外围国的治理诉求。在一体化成员国高度相互依赖的现实下,基于危机外溢效应的权衡与评估,德国对待失衡调整与危机治理的态度也随事态发展而调整。作为交换,

---

[1] Frieden, J., Walter, S., "Analyzing inter-state negotiations in the eurozone crisis and beyond", *European Union Politics*, Vol. 20, No. 1, 2019, pp. 134 - 151.

德国放弃了最初坚持的不救助立场,积极促成了成员国政府间谈判的达成,确立了纾困方案、纾困基金与财政契约等重大的改革协议,在危机管理决策和失衡调整的多方磋商中发挥了关键性作用。

二、失衡调整成本主要由外围国承担

一国的国际收支状况与其产品的国际竞争力密切相关。在加入共同货币区后,欧元区外围国外部获得的借贷资金大量被用于支持消费扩张与资产泡沫,而非真实生产能力的提高。希腊等国的劳动力成本始终居高不下,传统优势领域的出口竞争力也出现下滑,导致国际收支的持续恶化。一般而言,外部失衡调整可以通过改变相对价格来实现。但是,共同货币区剥夺了成员国以汇率方式调整价格的可能。当区内盈余国拒绝调整,紧缩政策和结构性改革就成为赤字国改善失衡的唯一路径。

由于欧元区尚未实现劳动力自由流动,也没有建立有效的财政转移机制,外围国只能依赖成本控制来重建竞争力,通过内部贬值,降低单位劳动力成本。欧债危机后,受债务约束的外围国不得不紧缩财政、削减公共支出、调整税收政策,着力降低劳动力成本,重塑生产的成本竞争力。一方面,受危机重创的成员国都加快了在政策领域的改革步伐。不论是从劳动力市场,还是从产品市场的改革指标来看,主要国家的改革活动都有所加速。另一方面,这种内部贬值和紧缩措施也极大削弱了外围国的国内需求。相关研究证明,外围国经常账户的改善,主要是国内经济收缩的结果[①]。爱尔兰实施了痛苦的国内改革,希腊等国在解决宏观经济和结构性问题方面经历了一系列政治困难。改革目标要求希腊在三年内将预算赤字占 GDP 的比例降低 11 个百分点。为了获得欧盟的纾困支持,希腊实施了几乎是现代经济发展史上最严厉的财政紧缩方案。爱尔兰被要求在五年内将预算赤字占 GDP 的比例降低 9 个百分点,葡萄牙也被要求在三年内将预算赤字占 GDP 的比例降低 6 个百分点。紧缩与结构改革并行,带来外围国失业率的急剧上升与短期经济的迅速下滑。由于实施紧缩措施和结构性改革带来的一系列国内经济问题,希腊国内退出欧元区的呼声高涨,激进民粹主义政党异军突起,吸引了众多选民的支持,加剧了国内政治的紧张局势。

以衡量一国竞争力的关键指标单位劳动力成本来看,外围国在危机前都

[①] Esposito, P., Messori, M., "Competitive or recession gains? on the recent macroeconomic rebalances in the EMU", *The North American Journal of Economics and Finance*, No. 47, 2019, pp. 147 – 167.

经历了工资成本的快速上升。自2009年起,外围国的劳动力成本呈现明显的下降趋势,反映出一定程度的竞争力改善。其中,爱尔兰单位劳动力成本的下降幅度尤其显著。单位劳动力成本的改善可以来自劳动生产率水平的提升,也可能源于工资或就业水平的变动。从成员国的劳动生产率来看,虽然除了爱尔兰以外的主要外围国制造业与服务业的劳动生产率都实现了一定程度的改善,但提升的幅度并不明显。再来看名义工资的变动情况。由于工资刚性以及削减工资可能造成的政治压力,除希腊外,各国的平均工资水平在欧债危机后并未出现大幅下滑,大部分成员国的名义工资仍高于欧债危机前。即使是在希腊,工会的强大力量也使薪酬下调的空间较为有限。从就业水平来看,外围国在欧债危机后都经历了失业率的快速上涨。希腊、西班牙是目前区内平均失业率最高的成员国。两国15岁以上人口失业率从危机前的8%左右,分别飙升至2013年的27.5%和26.1%,2019年仍高达16.3%和15.3%。[1] 由于危机前房产基建产业在西班牙经济增长中扮演了重要角色,因此西班牙单位劳动力成本的下降,很大程度上反映了房地产市场泡沫破灭所导致的结果。房产基建产业的不景气,同样影响了希腊的就业市场。财政紧缩下的市场低迷也造成国内经济中大量脆弱的中小企业破产以及就业岗位削减。由于特殊的地理位置,希腊成为难民进入欧洲的首选通道,对希腊社会稳定造成一定冲击,也影响其出口的支柱产业旅游业。根据"三驾马车"的救援协议,葡萄牙近年实施了多项结构性改革措施,受财政约束和国企私有化的影响,就业市场的岗位需求有所萎缩。爱尔兰在欧债危机初期的失业率也出现明显提高,由2007年的5%一度上升至2012年的15.5%。[2] 此外,外围国青年人口的就业情况都不容乐观,各国在欧债危机后的平均失业率均超过10%。加之外围国平均工资水平在欧债危机后的大幅下降,年轻劳动力人口受到的冲击尤其严重,引发潜在的社会风险。总的来说,欧债危机后外围国国际收支的改善在很大程度上是以就业率为代价的劳动力成本下降的结果。从成员国单位劳动力成本的相对变动情况来看,外围国的成本竞争力仍显著低于区内核心成员国。以单位劳动力成本体现的竞争力差距的改善,主要来自赤字国就业环境的恶化,而非成员国在产品质量、出口结构和国际分工角色的实际性改善。结构性改革在提升赤字国实际竞争力上的成效有限。失衡的改善主要是由于紧缩政策与就业下降引起的需求收缩,经济增长的内生动力不足。总体上,欧元区宏观经济失衡的调整负担主要由赤字的外围国承担。如果缺乏其他刺激增长的政策,成本竞争力和质量竞争力均尚存显著差

---

[1][2] 数据来源:欧洲统计局(Eurostat)。

距的外围国,将继续在重拾增长和增加就业的困境中挣扎。尤其是当前全球经济复苏的不确定性因素加强,脆弱的外围国经济增长更面临严峻考验。

从宏观经济失衡调整成本的国内分配来看,不同社会群体的负担分配也存在差异,分配冲突构成欧债危机后赤字国内社会矛盾的重要根源。由于欧元区内赤字国向盈余国转嫁调整成本的能力有限,失衡调整的主要负担基本由赤字的外围国承担。留给外围国的失衡调整选择,只有削减开支、增加税收的紧缩政策,以及经由结构性改革增加实际竞争力。不论是哪条路径,都会造成国内社会福利的大幅降低。虽然危机与失衡治理对外围国产生巨大的冲击,但其负面影响在国内不同社会群体中存在差异。一般来说,政府总是会力图保护自己的选民基础免于或减少遭受危机的影响[1]。从现实来看,结构性改革往往触动的利益范围更广、阻力更大、执行过程更加艰巨,并且可能冲击到具有政治影响力的国内集团的利益。因此,成员国宏观经济失衡调整的内部治理也存在着成本分配的不对称性。德国在欧债危机前经过主动的国内改革扭转了两德统一后的经济疲弱。外围国在欧债危机后迫于外部压力,不得不接受"德国式"的治理思路。但如前文所述,降低单位劳动力成本以恢复竞争力的治理举措,主要是以牺牲赤字国国内就业机会为代价。欧债危机后,主要赤字国的失业率与贫困率均显著上升,其中年轻人口受到的冲击更为强烈,尤其是教育程度相对较低的人群。2007年至2012年期间,爱尔兰的青年失业人数翻了三番,2012年至2014年期间,希腊和西班牙25岁以上的经济活跃人口中有一半以上没有工作。同样,意大利、葡萄牙、西班牙和希腊年轻人口的相对贫困率也大幅上升。由于利益集团的强烈抵制,结构性改革主要保护了具有政治影响力的群体,底层民众被迫承受了大部分的痛苦,并成为引发外围国社会不稳定与分裂的重要因素[2]。另一方面,欧元区主权债务危机爆发的结果,最终把私人债务转化为了主权债务。换言之,银行及其他金融市场参与者的坏账损失被社会化,负担被转嫁到了全体纳税人的身上[3]。

---

[1] Walter, S., "Crisis politics in Europe: why austerity is easier to implement in some countries than in others", *Comparative Political Studies*, Vol. 49, No. 7, 2016, pp. 841-873.

[2] Afonso, A., Zartaloudis, S., & Papadopoulos, Y., "How party linkages shape austerity politics: clientelism and fiscal adjustment in Greece and Portugal during the eurozone crisis", *Journal of European Public Policy*, Vol. 22, No. 3, 2015, pp. 315-334; Featherstone, K., "External conditionality and the debt crisis: the 'Troika' and public administration reform in Greece", *Journal of European Public Policy*, Vol. 22, No. 3, 2015, pp. 295-314.

[3] Blyth, M., *Austerity: The history of a dangerous idea*, Oxford: Oxford University Press, 2013.

总之,从经济调整情况来看,多数外围国外部失衡自 2008 年起逐步好转,但经常项目的改善主要通过压缩内需实现,长期经济发展仍然堪忧,欧元区通胀率持续在低位徘徊。主要外围国仍深受债务负担、就业不振的困扰。由于经济难以提振,外围国国内政治分歧加深,而社会政治矛盾反过来又限制了结构性改革,也阻碍了国内经济金融的修复发展。

三、核心国承担部分失衡调整成本

欧元区成员国间存在不对称的相互依赖关系。在维持一体化成果的共同利益之下,各国在失衡调整成本的具体分配上存在激烈分歧。这种复杂的关系构成了欧洲一体化成员国间艰难的博弈局面。尽管各国都存在规避、减少调整成本的强烈意愿,但对所有欧元区国家来说,一体化解体的风险太高。不论是对盈余的核心国,还是赤字的外围国来说,欧元区崩溃解体的后果都可能更加痛苦。虽然德国为代表的核心成员国基本主导了失衡调整的决策过程,但随着欧元区危机的逐步升级,核心国也不再坚持反对纾困的立场,同意分担部分调整成本。

理论上,盈余的核心国也可以通过内部调整实现经济的再平衡。2014 年 4 月初,德国政府通过史上首个全国性最低工资议案,从 2015 年起正式实行覆盖全行业的法定最低工资要求,标准为每小时 8.5 欧元。根据最新的谈判协议,自 2021 年 7 月 1 日起,德国法定最低工作时薪调整至 9.60 欧元,并在 2022 年 1 月提升至 9.82 欧元,2022 年 7 月提高到 10.45 欧元。此外,德国近年还出台了一系列相关的福利补贴政策。荷兰等国也采取了多项工资和福利改革措施。但是,核心国的失衡治理方案同样受到国内利益集团偏好的影响。在协调市场经济国家中,内部调整的重要政策,如工资政策、投资政策以及税收改革等,一般需要经过政府与利益集团之间的直接谈判。在失衡调整的具体方案上,国内经济利益集团总是尽可能选择自身受益最大或者成本最低的选项。当国内利益集团的偏好出现分歧时,危机管理就更具争议和困难[1]。经济再平衡有利于盈余国经济的长期可持续发展,提高工资物价水平、增加基础设施投入也有助于改善非贸易部门的福利水平,但内部调整会影响国内出口部门的利益。尽管加强国内需求在核心国内部也获得了广泛的支持,但不同群体在如何实现这个目标上存

---

[1] Walter, S., "Crisis politics in Europe: why austerity is easier to implement in some countries than in others", *Comparative Political Studies*, Vol. 49, No. 7, 2016, pp. 841 - 873.

在严重分歧。由于调整分配的国内冲突,盈余国内部调整在政治上难以实现①。盈余国总体经济的稳定也降低了其推动国内深层次经济改革的动力。所以,核心国更倾向于将内部调整的负担转嫁于外围国,仅在融资安排上予以妥协②。核心国通过纾困计划向外围国转移资源,在实质上分担了宏观经济失衡的调整成本。在希腊总计3 230亿欧元的债务中,欧元区各国政府和欧洲金融稳定基金提供的纾困支持占比达到76%。从各成员国的出资情况来看,德国提供了的560亿欧元贷款支持,是欧元区内出资份额最高的成员国。法国和意大利分别出资420亿和370亿欧元资金。

从欧洲中央银行TARGET2账户的变动来看,欧债危机后德国等核心国TARGET2净债权激增。一方面,TARGET2账户余额反映出欧元区成员国的收支分化依然严重;另一方面,加速膨胀的TARGET2净债权,也成为核心国对外围国经常账户逆差的被动资助,形成对赤字国实质性的成本分担。同时,TARGET2账户的急剧扩大还加剧了德国经济潜在的通胀风险。欧债危机后跨境流入赤字国的私人资本骤降,欧盟委员会、欧洲中央银行、国际货币基金组织提供的资金支持,在一定程度上抑制了外围国的进口收缩,有助于维持盈余国对这些区内成员国的出口贸易。但是,外围国通过TARGET2获得的融资,相当比例最终流入德国,推高德国的物价水平与实际汇率水平,也对德国经济产生负面影响。虽然通胀加剧并未完全表现在调和消费者物价指数(HICP)上,但德国的资产价格出现明显的上升趋势。这是素来厌恶高通胀的德国政府所不愿承受结果。而更为严峻的经济后果是,如果TARGET2账户净债务国最终违约,德国可能损失惨重,并且这种损失将最终落在国内纳税人身上。另外,欧洲中央银行扩张性的货币政策与德意志央行稳定导向的政策偏好存在冲突。虽然德国反对欧洲中央银行充当"最后贷款人"角色,但为挽一体化于危机,又不得不做出适当让步。事实上,外围国的赤字减少如果没有同时伴随着核心国的盈余下降,内部贬值的措施可能会产生适得其反的效果。基于赤字国内部调整带来的欧元区总体经常账户的改善,会造成欧元的汇率压力,如果外围国经济一蹶不振,长期来看也将影响核心国出口导向的经济增长。因此,虽然欧元区宏观经济失衡的调整负担主要由外围国承担,

---

① Redeker, N., Walter, S., "We'd rather pay than change the politics of German non-adjustment in the eurozone crisis", *The Review of International Organizations*, Vol. 15, No. 3, 2020, pp. 573–599.

② Walter, S., Ray, A., Redeker, N., *The Politics of Bad Options: Why the Eurozone's Problems Have Been So Hard to Resolve*, Oxford: Oxford University Press, 2020.

但也对包括德国在内的核心国产生了潜在的影响。共同货币区内成员国的相互依赖,使盈余国不可避免地要部分承担赤字国的失衡调整成本。

尽管部分承担了欧元区危机治理的调整成本,但相比赤字国而言,盈余国失衡调整的经济成本显然要小得多。理论上,宏观经济失衡的调整成本可以在赤字国和盈余国间分配。如果盈余国能适当改变劳动力及产品市场,同样可以在不提高赤字国失业率的情况下,降低赤字国的相对劳动力成本。但这种做法的结果,往往会推高盈余国的通胀水平。对于以价格稳定为主要调控目标的德国经济而言,这显然是难以接受的。并且,核心国参与一体化治理的成本分配还面临巨大的国内政治阻力,政府从执政基础考虑也进退维谷。因此,欧债危机后以核心国为代表的盈余国对危机治理的基调始终是财政整顿,以"道德风险"为由不愿接受债务减免、欧元债券的提议,极力避免通过内部调整分担调整负担。自20世纪90年代以来,德国的工资增长基本上处于停滞状态,尤其是工会力量相对薄弱的服务业薪资增长缓慢。工资抑制政策在很大程度上维持了德国在共同货币区内的相对竞争力。虽然德国自2015年起实行全国范围内的最低工资标准,并分阶段逐步上调了法定最低时薪要求,但从单位劳动力成本指标来看,2008年至今的工资成本并没有太大幅度的改变。德国的工资增长稳定,居民储蓄率仍然居高不下,消费占GDP的比重也没有太大增长。另一方面,2015年后受全球经济复苏进程的利好支撑,德国出口增长总体稳定。虽然大批移民进入带来劳动力供应的增加,但由于新增就业岗位的释放,就业市场基本保持良好态势。2019年,德国失业率为3.1%,远低于希腊17.3%的水平,青年人口的失业率也是区内最低的国家之一。比利时、奥地利、芬兰等核心国的劳动参与度和失业率指标也显著优于区内外围国。核心国在欧债危机后的出口贸易还在一定程度上受益于欧元区的币值下降。欧债危机导致的欧元汇率下跌,助力核心国对欧盟外市场的出口增长。区外贸易对核心国内生产总值增长的贡献,部分抵消了外围国进口放缓对经济的负面影响。德国在欧债危机后积极加强与新兴市场国家的贸易关系,弥补区内市场对德国制造需求的不足。弱势欧元也提高了"德国出口"的国际竞争力,促进了德国最具比较优势的制造业的出口增长。此外,由于市场对外围国的投资信心受到重挫,国际资本大量流入德国市场,降低了德国企业的借贷成本。因此欧债危机爆发后,德国的商业信心指数反而出现一定的上扬。尽管德国经济在欧债危机初期也受到直接冲击,但国内产业调整迅速,经济增长保持稳定。从通胀水平的变动情况来看,即使在国内消费需求有所提振以及全球能源价格调整的复苏阶段,德国的调和消费者物价指数也没有出现过快增长。德国的全要素生产率一直保持增长态势,始终超过欧元区平均水平。在"工业4.0"战略下,德国还存在较强的潜在劳动生产率上升空间。

四、结构性改革对失衡改善的贡献有限

经过欧盟与各国政府的协调努力,欧元区成员国宏观经济失衡状况有所改善。欧盟外市场的出口拓展对欧元区宏观经济区失衡改善贡献显著。从欧元区内部来看,失衡调整成本分配具有不对称性,实际调整负担主要由赤字的外围国承担。失衡的调整主要得益于赤字国的紧缩约束和进口收缩,结构性改革的贡献相对有限。

在外部市场和一体化治理压力之下,受债务危机重创的外围国进行了一系列结构性改革的努力。结构性改革的主要思路是从供给侧增加竞争力,改革的重点领域是劳动力市场和产品市场。外围国的劳动力市场改革旨在增强市场的灵活性。以希腊为例,希腊国内的工资谈判制度具有多层次的特点。其中,全国层级的劳工谈判居于主导地位。虽然工会的相对密度不高,但集体劳工协议的覆盖面较广,并且议价协议能够延伸至未参与谈判的企业。传统上,希腊企业工资谈判结果不允许低于集体协议确立的工资标准。葡萄牙、西班牙等国的工资谈判机制也有类似之处。欧债危机后,外围成员国在劳动力市场改革取得一定成效。希腊出台了一系列改革集体谈判制度的措施,削弱集体劳工协议在工资议价系统中的地位,定价权下放到公司层面,允许达成低于集体协议的工资标准,允许通过个人谈判协商确定薪酬水平与工作条件。西班牙也引入了分散集体谈判影响的相关措施,将薪酬谈判的权限转移到公司层面,增强企业经营管理的灵活性。除了重新设计集体谈判制度外,在放宽就业保护规则方面,外围国的结构性改革也取得一定成果。加入欧洲一体化后,希腊在经济赶超预期下,提高了社会福利保障水平,对劳动者的保护力度加强。欧债危机后,希腊政府出台了一系列放宽就业市场保护的法规,如员工解聘通知期从24个月缩短到6个月,试用期从2个月延长至一年,下调最低工资水平、削减加班工资标准、降低离职员工的遣散费等,并引入短时工作制和多种形式的工作时间安排。葡萄牙立法更改了禁止解聘资深员工的就业市场传统,允许因"不适合"的原因解聘雇员,并将遣散费降至欧盟国家平均水平。西班牙也立法改革了相关就业与员工离职的规定。

但是,外围国劳动力市场的政策变革并没有彻底打破传统的劳资关系体系。从实践结果来看,结构性改革进展在很大程度上受制于本国利益集

团的政治约束,失衡调整最终还主要通过紧缩政策得以实现。主要外围国政府支出大幅缩减,公共部门就业都出现大幅度下滑。紧缩政策造成的结果是普通民众可支配收入的减少和生活水准的下降。单位劳动力成本的降低以更高的失业率为代价,赤字国实际劳动生产率并未明显提升。虽然这种调整方式可以在短期内提高一国的价格竞争力,但欧元区成员国的发展差距却没有真正缩小。另一方面,紧缩措施所引发的社会效应十分明显。成员国经济社会调整造成的巨大痛苦,导致支持共同货币区的信念受到严重冲击。民众对欧洲一体化的政治支持急剧下降,成员国改革政策屡遭示威抗议,意大利等国不得不放缓了结构性改革的步伐。由于缺乏有效的经济改革,成员国间经济分歧依然显著。尽管外围国经济的疲软态势自2012年以来有所减缓,但经济增长前景并不乐观,潜在的结构性问题依然存在。总体而言,欧元区经济还相当脆弱,产生宏观经济失衡的关键问题至今未能得到根本解决。

第三节 欧元区宏观经济失衡治理的制约因素

欧债危机后,欧元区成员国经过多方谈判,达成一定的失衡调整共识,并启动了欧盟层面的宏观经济失衡调整程序,成员国宏观经济失衡状况有所改善。但是,欧元区宏观经济失衡调整成本分配不对称,结构性改革对成员国失衡改善的贡献有限,欧洲经济一体化的失衡治理仍面临一系列制约因素。

一、失衡调整压力催生认同危机

欧元区危机有外部因素的诱发作用,但实质是共同货币区的结构性问题。欧元区成员国在加入共同货币区后,没有实现预期的经济趋同,也没有出现所谓的"良性失衡"。欧元区经济的严重失衡以及随之而来的调整负担,导致欧洲经济一体化建设危机四伏。无论基于主动抑或是被动原因,欧债危机后以紧缩为主旨、强调结构性改革的欧元区治理改革,在一定程度上降低了赤字国的劳动力成本,有助于提升成员国长期的国际竞争力。欧元区危机治理取得一定成效,宏观经济失衡得到一定程度改善。但是,失衡调整进程的痛苦与成员国调整成本的不对称分配,都在现实上造成赤字国社会政治的多层压力,导致一体化的认同危机。

欧元区危机治理的影响不仅体现在赤字国的经济层面,也反映在政治领域。一方面,目前的结构性改革在改善赤字国竞争力方面的成效有限,单位劳动力成本的下降主要以牺牲失业率为代价,并非劳动生产率水平的真正提高。另一方面,失衡治理改革最终主要落实在紧缩政策上,造成失业率的急剧攀升与实际购买力的下降,赤字国民众深切感受到改革的沉重负担,国内矛盾激化。宏观经济失衡调整成本的不对称分配,加大了赤字国的通缩压力。欧债危机以来,欧元区赤字国国内总需求一直处于疲弱状态。通货紧缩提高了赤字国的实际利率,也抑制了其偿还债务所需的经济增长,进一步削弱其债务的可持续性。因此,无论欧盟层面,还是成员国层面,在切实推进治理改革进程中,都存在诸多政治与社会压力。只要成员国政府推进宏观经济失衡调整的政策措施,就会遭到国内民众的强烈抵制。

外围国在欧洲经济一体化的历史进程中一直是积极的支持者,这些国家将加入一体化视为实现经济腾飞的有效路径。然而,欧洲一体化进程并未如理想中实现经济趋同,危机更使普通民众深切感受到了收入下降、福利削减带来的生活压力。欧债危机的严重程度与持续时间都超出预期,导致民众对欧盟以及一体化治理的信任度显著下降,引发外围国的政治动荡。不论是希腊的激进左翼联盟、意大利的五星运动,还是西班牙左翼政党社会民主力量党的兴起,都反映出外围国中传统政治势力与民粹主义、一体化与反一体化的激烈交锋。另外,宏观经济失衡的调整成本不仅在共同货币区内分配不对称,在成员国国内也存在差异。由于共同货币区下成员国无法通过传统的币值调整促进外部需求、刺激生产,提升国际竞争力。因此,赤字国的外部失衡调整只能采取大幅削减名义工资的方式。内部通缩加上赤字削减的政策组合,使赤字的外围国政府和民众都承受了巨大的压力。尤其是外围国社会底层民众的诉求难以得到满足,民众在一体化中获得感极大下降。大规模削减支出与提高税收同步推进,导致失业进一步增加,经济衰退反过来又使政府的财政收入锐减,预算赤字更加恶化。全球金融危机后,欧盟各国经济复苏进程不同步,多速欧洲成为现实,成员国在艰难的谈判博弈过程日益产生离心倾向。欧盟民众对传统建制派领袖的不信任加强,经济一体化进程中的各种问题被政治化,治理改革一直难以得到社会的广泛支持。外围国原本经济基础就较为薄弱,极易受到不对称冲击的影响,加入欧洲经货联盟曾经被希腊、葡萄牙等国视为解决国内经济问题的良方。但是,危机治理的紧缩政策严重损害了这些成员国对欧洲一体化的信心,多方民调均显示民众对一体化的支持度下降。

近年欧洲一体化进程面临多重危机,各种反欧、疑欧浪潮兴起,成员国政府更迭频繁,意大利、西班牙、希腊各国政治动荡,默克尔在德国大选中遭遇挫折,其根源都是民众对欧洲一体化收益的失望与质疑。甚至有学者认为,一体化治理改革已成为欧盟成员国之间"越来越不团结的根源"[1]。毕竟,经济改革的顺利实施需要稳定积极的宏观经济环境。一般来说,经济前景越乐观,结构性改革的政治成本就越低。在全球经济增速放缓、复苏前景不确定的现实条件下,多数成员国财政空间有限,经济前景不明,改革压力可想而知。事实上,即使在有利的经济条件下,政治决策者出于争取国内支持的考虑,往往也不愿意做出不受欢迎的决定。毕竟,在缺乏更进一步超国家政治合法性的情况下,最重要的合法性来源还是国家层面的民主[2]。此外,德国、荷兰、卢森堡等国虽然一直是坚定推进一体化进程的核心国家,但面对潜在的危机治理成本,国内的不满情绪也在加大。欧债危机后欧洲经济复苏的缓慢和不同步,还为成员国内民粹政党的崛起提供了土壤,进一步加大了一体化的离心力。如果成员国治理改革与合作协调的社会基础不稳,欧元区的宏观经济失衡调整仍将阻力重重。

二、失衡治理改革缺乏统一领导力

欧洲经济一体化的发展进程一直危机缠绕。不过,危机驱动在一定意义上也被认为是欧洲一体化的深化模式。乐观的观点认为,欧盟拥有一体化的决心以及制度上的韧性,具备应对挑战、转危为机的能力。但是,危机驱动的发展模式要求共同体具备足够的领导能力,而欧盟超国家机构的领导能力受到各方掣肘,法德两个区内大国分歧显著,难以完全发挥共同的领导作用。在欧元区宏观经济失衡的调整与治理进程中,存在着明显的领导力赤字。

欧元区成员国具有不对称的讨价还价能力。欧债危机后,德国作为区内经济实力最强大的成员国,成为欧元区危机救助的主导力量,也是失衡治理改革最重要的支撑者。德国的政策主张影响着欧洲一体化的治理方向与发展前景。德国应对危机的态度立场强硬,始终强调失衡调整应以赤字国为主体,极力避免调整成本与风险分担,也使一体化的治理改革进展

---

[1] Leruth, B., Lord, C., "Differentiated integration in the European Union: a concept, a process, a system or a theory?", *Journal of European Public Policy*, Vol. 22, No. 6, 2015, pp. 754-763.

[2] Beukers, T., "The new ECB and its relationship with the eurozone member states: between central bank independence and central bank intervention", *Common Market Law Review*, Vol. 50, No. 6, 2013. pp. 579-620.

艰难。不过,德国政府一方面基于自身的利益与偏好诉求,祭出以稳定为基调的治理方略;另一方面,出于对一体化成本收益的理性权衡,也在危机治理的谈判博弈中不断修正、调整、妥协,并一次次做出让步,在实质上共担了部分调整责任。欧元区内其他成员国,既寄希望能在德国领导下解决欧元区经济政治危机,又因利益分歧对德国主导的治理方案意见重重。鉴于德国在欧元区内的经济实力与相对权力,危机后的德国声音最终往往能上升为欧盟战略。欧盟在欧债危机后出台了一系列内部监督与失衡治理措施,都是以德国为主导进行的。这些措施毋庸置疑对稳定危机中的欧元区,恢复欧盟整体竞争力,具有重要意义。但不可否认,"德国式"的失衡调整方案也是不对称的成本分配方案,成员国尤其是赤字国对德国紧缩为核心的危机治理药方,既无奈又不满。欧债危机后,欧盟对于"德国的欧洲"或是"欧洲的德国"的质疑扩大。尽管德国多次公开表态,不谋求"德国的欧洲",但德国在欧元区乃至欧盟中的主导地位已成为不争的事实。

客观上,欧元区宏观经济再平衡需要一个强有力的领导者。伴随着欧债危机的爆发,德国进一步走到了欧洲经济一体化的领导核心。作为经济实力最强大的国家、共同货币区最大的受益者,同时又是危机救助机制最大的贡献者,德国经济的发展已经与欧元区及其他成员国紧密联系在一起。从现实来看,也只有德国有能力承担这一领导角色。然而,在欧洲一体化的治理进程中,德国又似乎是一个"不情愿"的领导者[①]。德国在危机救助过程中表现出的种种犹豫、拖延和抗拒,对于失衡调整成本的极力规避,都使德国的领导者角色与成员国的期待存在差距。此外,德国国内的政治约束也削弱了其在欧洲一体化中的领导能力。默克尔领导下的基民盟和基社盟组成的联盟党,在默克尔第四任总理任期中的支持率已经降至其执政以来的最低水平,执政党自身面临各种危机。极右翼政党德国选择党(AfD)的崛起,相当程度上正是由于德国国内部分社会精英和民众对德国在欧元区内承担义务与损失的强烈不认同。难民潮带来了沉重的经济负担和社会压力,也引发德国民众和欧盟一些成员国的不满和反对,导致默克尔支持率持续下降。欧债危机以来,默克尔政府一直力求在秉持原则与稳定欧元、本国利益与一体化共同利益之间寻求平衡。但受国内政治环境的制约,执政联盟在欧元区治理上的行动能力受到限制,承担一体化的领导职责困难重重。现任德国总理奥拉夫·朔尔茨(Olaf Scholz)就任后,

---

① Paterson, W. E., "The reluctant hegemon: Germany moves centre stage in the European Union", *Journal of Common Market Studies*, Vol. 49, 2011, pp. 57–75.

对欧洲一体化的领导意愿增强。但面对内外因素的交织冲击,朔尔茨的执政能力并没有得到德国民众的广泛认可。德国政府在能源危机中的政策应对也引发其他成员国的质疑,对朔尔茨政府的领导能力提出严峻挑战。此外,德国虽然凭借经济实力成为地区强权,但在外交安全等领域并没有同步展现领导能力,也制约了德国在欧洲一体化治理中的权力地位。

法国是欧元区第二大经济体。托马斯·佩德森(Thomas Pedersen)将法德在一体化进程中的共同领导称为"合作霸权"(Cooperative Hegemony),意指欧洲一体化体系中的德国是潜在的霸权国,而法国获得的是"在不断演变的区域一体化进程中分享霸权统治的机会"①。但是,随着德国结构性经济实力的持续增长,这种经济关系的不对称性日益增强,在一定程度上削弱了法德"合作霸权"的基础②。自20世纪70年代以来,法国在欧洲的经济和政治领导力均有所下滑。传统产业领域上技术优势的丧失以及过高的社会福利保障,限制了法国经济的活力。债务危机、难民问题、恐怖主义等一系列社会经济问题,又加速了法国国内民粹主义力量的崛起。2017年,法国极右翼政党"国民阵线"领导人玛丽娜·勒庞(Marine Le Pen)在第一轮总统大选的胜利,引发国际社会对法国及欧洲一体化前景的担忧。马克龙总统执政后雄心勃勃,表现出积极推动欧洲一体化的意愿与姿态,意欲重塑法德在欧元区的轴心作用。德国默克尔政府也表态愿意加强与法国以及其他成员国的合作,共同推动欧洲经济一体化建设。但是,在欧元区的改革方向与具体措施上,法德两国的治理理念差异明显。在宏观经济失衡调整的方式、成本分配等问题上,法德均存在不同观点。德国持强烈的纪律约束倾向,坚持以改革提升竞争力,强调"国家层面上"的努力。法国则主张发展风险共担的货币经济联盟。推动投资与增长、消除转移支付壁垒,是法国治理方案的重点。此外,法德两国对欧洲中央银行的职能定位也长期存在观点分歧。法国虽然积极谋求在欧洲一体化中的主导权,但目前的经济实力显然无力独立承担欧元区经济改革的领导职责。马克龙胜选法国总统后,雄心勃勃想要重塑法国的领导力,一体化成员国也对欧元区在新"法德轴心"下重获生机寄予厚望。马克龙政府执政后,在国内实施了失业制度改革、医疗保险制度改革和退休制度改革等一系列举措,在经济治理上取得初步进展。然而,改革也伤害了国内普通民众的利益,遭遇各种政治阻力,马克龙政府的支持率下

---

① Pedersen, T., *Germany, France, and the Integration of Europe a Realist Interpretation*, London: Pinter, 1998.
② Paterson Paterson, W. E., "The Reluctant hegemon: Germany moves centre stage in the European Union", *Journal of Common Market Studies*, Vol. 49, 2011, pp. 57-75.

跌。2018年兴起的"黄背心"运动，是国内民众不满情绪的总爆发，对马克龙政府的执政力造成沉重打击。此外，法国政府债台高筑，财政赤字严重，贸易状况堪忧，政治领导力的发挥面临多重掣肘。2020年，法国财政赤字规模达1 782亿欧元，经常账户逆差489亿美元，均创近代历史最高纪录。疲弱的经济实力与捉襟见肘的财政能力严重限制了法国在欧盟的领导能力，导致其在欧元区危机治理的协调博弈中有心无力。事实上，对于马克龙提出的激进改革方案，德国也一直没有给予积极的回应。经济实力上的不对称性，使法国面对德国的强势偏好，只能周旋退让，有限影响德国的政策立场。

法德共识始终是欧洲经济一体化实质性治理改革的必要条件。法德两国在多大程度上能够达成一致，共同推动欧洲经济与货币联盟建设，仍存在诸多不确定性因素。一方面，法国和德国都在某种程度上将欧元区危机治理视为一个机会，希望按照各自的利益和偏好推动欧洲经济一体化的治理变革，但双方对失衡调整始终缺乏清晰一致的行动方案。另一方面，欧元区其他成员国对于"法德的欧洲"也存在质疑。外围国不仅对德国强力推行的"德国模式"不适，也对德国在治理改革中"咄咄逼人"的态度不满。但是，"相对于德国的强大"，成员国更担心的是"德国的无所作为"。[①]

三、失衡治理机制的有效性不足

欧元区组建时没有建立有效的宏观经济失衡预防和风险分担机制。欧盟虽然在欧债危机后先后建立了一系列成员国宏观经济治理的制度，但治理改革的范围过于宽泛，风险分担机制仍不完善，也缺乏切实加强经济趋同的机制措施。目前，欧元区直接针对成员国失衡治理的政策工具只有"宏观经济失衡程序"（MIP）。宏观经济失衡程序虽然实现了区内的失衡预警，通过监测成员国经济，加强对过度失衡国家的外部监督，但是仍缺乏有效的竞争力监测机制，失衡纠正计划对成员国实际竞争力改善的作用有限。欧洲稳定机制的建立从制度上实现了欧元区内核心国在对失衡调整的责任分担，不过，欧洲稳定机制的规模有限，只能在一定范围内缓解外围国的流动性与债务偿付危机。并且，欧洲稳定机制的主要功能在于对受困国的应急性救助，对于货币联盟内部成员国的经济再平衡无法起到实质性的促进作用。此外，欧洲学期下的治理机制对成员国宏观经济失衡的监督，主要还是以国别报告的形式提出预警与改善建议，尚未实施有效的失衡惩罚。如果缺乏成员国内

---

① 央视网：《欧债危机中德国得到的为何不全是掌声》，http://jingji.cntv.cn/cjrddc/20120116/123451.shtml，2012年1月16日。

部的有效配合与失衡调整的主动政策,宏观经济失衡治理的成效将大打折扣。从欧债危机后欧元区成员国宏观经济调整的实际成效来看,外部失衡的改善基本还是来自紧缩政策对赤字国内部需求的约束效应。宏观经济失衡程序与欧洲学期相结合,对于预警、纠正成员国经济的过度失衡具有重要意义,但难以真正保证区内成员国经济的均衡发展。成员国外部失衡与内部失衡密切相关,在相互依赖的一体化区域内一国经济还受其他成员国经济的外溢影响,单纯的国别监管也难以达到有效的经济协调。从本质上看,欧元区成员国宏观经济失衡的形成根源于共同货币区的机制缺陷,仅依靠对成员国过度失衡的监督建议,无法从根本上解决失衡问题。

在缺乏财政一体化的条件下,目前欧元区的宏观经济调控只能依赖于欧洲中央银行的货币政策调节。欧债危机之后,欧洲中央银行采取了包括负利率政策、资产购买计划等一系列非常规政策操作,向金融机构注资并提供信用担保,充当了事实上的最后贷款人角色。但扩张性货币政策加大了市场流动性,可能引发潜在的通胀风险,这又是德国所不乐见的结果。从前文对欧洲中央银行政策效应的研究中也可以看出,欧债危机后欧洲中央银行的货币政策调整存在一定的延迟。美国联邦储备委员会(以下简称"美联储")在次贷危机后就迅速采取行动,自 2007 年 9 月起至 2008 年 12 月,连续 10 次下调联邦基金利率,并于 2008 年 11 月启动首轮量化宽松操作,向市场注入流动性。此后,美联储又相继三次再次推出量化宽松政策。反观欧洲中央银行,在全球金融危机初期并未做出积极的政策反应。欧洲中央银行在 2008 年 10 月首次实施降息,2015 年才正式启动了欧版量化宽松。2011 年 4 月和 7 月,因担心通胀风险,欧洲中央银行又两次加息。2011 年 11 月,再度进入降息通道。此间反复,也反映出欧洲中央银行货币政策的左右为难。由于欧元区成员国经济结构的多元化,欧洲中央银行单一货币政策需要平衡各方利益,受到各国国内政治因素的掣肘。然而,欧元区成员国在货币政策上似乎从未达成过真正的共识。法国一直支持欧洲中央银行为赤字国融资,将量化宽松视为建立市场信心的重要手段。但德国对欧洲中央银行的资产购买始终存在质疑。2016 年 3 月,欧洲中央银行宣布扩大每月资产采购规模后,当时的德意志联邦银行行长延斯·魏德曼(Jens Weidmann)就公开表示,欧洲中央银行的"整体决策太过了"。[①] 2020 年 5 月,德国联邦宪法法院判决,欧洲中央银行实施的债券购买计划违反德国宪法。理论上,欧洲中央银行危

---

① 中国金融新闻网:《为何德国总与欧洲中央银行唱反调》,https://www.financialnews.cn/wh/gd_113/201603/t20160328_94665.html,2016 年 3 月 28 日。

机救助的宽松货币政策,能在一定程度上能缓解成员国的流动性紧缩压力,但无法根本解决由结构性问题引发的欧元区经济失衡。如果没有真正建立有效的宏观经济失衡成本调整机制,没有成员国竞争力的实际提升与经济的实际趋同,一旦外部约束放松,欧元区仍然存在成员国经常账户再次逆转恶化的可能。

第四节 本章小结

总体而言,欧债危机后欧元区在促进增长、纠正失衡与改善治理方面取得一定进展,成员国劳动力与产品市场改革初见成效,经济竞争力有所加强。在欧盟的积极协调下,成员国政府通过谈判协商努力弥合分歧,在多速发展中谋求共识,制定了宏观经济失衡监督纠正的相关制度。在欧洲学期的治理框架下,欧元区加强了对成员国宏观经济失衡的早期识别、预警和监督。目前,欧元区国际收支状况明显改善,核心国经常账户继续保持盈余,外围国经常账户扭亏为盈。

欧元区核心国在经济复苏中起引领作用,法德两国在一体化危机治理中承担领导角色。欧元体系给德国为代表的盈余国带来巨大收益,极大提升了德国的货币权力。不论从哪个角度而言,盈余国都有足够的动力捍卫欧元区的存续发展。因此,虽然盈余国一直力图避免和减少失衡调整的责任,但在救助过程中对成本分配的"容忍度"也在逐步提高。从德国对欧洲稳定机制的支持,到有条件支持欧洲共同债券及银行业联盟,都充分说明了这一点。此外,盈余国也在事实上开始加强国内需求对经济的推动作用,适当降低经济增长对出口贸易的依赖度,并积极拓展欧盟以外市场。但是,国际大宗商品价格波动、新兴市场经济增长放缓以及全球贸易保护倾向和趋强,都使仍处于结构性改革进程中的欧盟经济调整面临压力。自2018年起,德国经济增长疲弱态势显现,主要支柱产业受全球因素影响出口下滑,净出口对经济贡献度下降。法国经济改革陷入瓶颈,国内市场需求持续低迷,公共债务屡创新高。不断升级的能源危机加重了欧元区的通胀压力,主要核心国均面临经济下行风险。外围国在欧元区主权债务危机后被迫接受内部贬值、财政约束以换取纾困支持。历经多年艰难的宏观经济调整历程,民众饱受紧缩之苦。虽然包括希腊在内的所有重债国均已正式退出救助计划,但欧盟内外的多重危机令这些国家本就脆弱的经济复苏之路依然坎坷难平。

从欧元区宏观经济失衡的调整进程来看,以紧缩为核心的政策方案,使外围国付出了巨大的社会成本,拖累经济复苏进程。除爱尔兰外,主要外围国经济增长多年处于低迷状态,复苏进程缓慢,结构性改革对失衡改善的贡献有限。由于经济难以有效提振,加之去杠杆化的压力,民众对欧洲一体化的不满情绪上升。赤字国结构改革进程受制于国内的政治约束,对宏观经济失衡的改善作用有限。可以说,欧元区宏观经济失衡问题至今未根本解决,造成失衡的机制障碍与结构性因素依然存在。成员国的经济差异始终是制约欧洲经济一体化稳步发展的潜在风险。伴随着欧元区的东扩进程,成员国在金融结构、经济竞争力、出口敏感度和通胀水平方面的差异将更加突出,共同货币区内实现宏观经济均衡的挑战可能更加严峻。经济救助可以减轻成员国在危机期间的金融市场压力,但如果成员国经济分化长期无法弥合,又缺乏足够的利益趋同与政治认同,欧洲经济一体化的政策分歧将难以协调。

从宏观经济失衡调整的成本分配来看,虽然盈余国部分分担了失衡的调整成本,但调整代价主要还是由赤字国承受。赤字国需要对经济失衡付出代价,但对于外围国而言,过分激进的减赤措施,不仅其经济上难以承受,政治上面临压力,对欧元区长期的稳定发展也构成威胁。尽管外围国对自身赤字积累难辞其咎,不可持续的债务和财政扩张也需要纠正,但是调整负担的不对称分配效应明显,加大了成员国的离心倾向。危机治理成本催生的认同危机,是欧洲经济一体化进程目前面临的重大威胁。欧元区成员国经济的多速发展已然成为事实,并滋生社会政治问题。民粹主义政党借势兴起,欧盟成员国传统的政治生态受到冲击,民众对一体化的信心下降。

此外,欧元区宏观经济失衡治理存在领导力赤字。货币联盟各方在失衡调整与经济改革的治理方向、制度设计等问题上存在显著分歧,超国家机构的领导能力受到各方掣肘,成员国在经济一体化中的权力不对称。以德国为代表的核心国在危机治理的谈判博弈中具有更强的政治影响力。虽然欧元区宏观经济失衡调整的制度建设反映了成员国在加强对共同货币区可信承诺的共同利益与努力,但这些制度设计总体上更符合德国这个博弈能力最强的成员国偏好。德国坚持基于规则的治理原则,德国的纪律哲学主导了欧盟的治理改革进程。从"六部立法"到《财政契约》,以及对欧元债券和财政转移的否定,都反映了德国的政策偏好。荷兰等核心成员国与德国立场一致达成政治联盟,拒绝盈余国的内部调整,要求对债务国救助方案附加严格条件。德国作为区内政治经济权重最大的国家,具备转嫁调整负担、延迟本国失衡调整进程的能力;作为区内最具救助实力的国家,纾困计划的实施很大程度上要依赖德国资金作为担保。从理论上说,德国在失衡纠正安排中占据主导地位无可厚非。然而,如果没有全体成员国的共同努力与成本分担,欧元区要完全摆脱危机,困难重重。作为欧洲一体化的"双擎",法德在欧元区治理方向上意见相左,难以完全发挥协同的领导作用。总体上,欧元区治理框架的设计,更倾向于德国立场而不是法国,法德共同领导具有内在的不对称性。德国一步步在欧洲经济一体化的危机治理中充当了"不情愿的霸权"角色[①]。一体化的领导角色需要承担相当的经济成本和制度负担。德国既希望失衡治理方案符合本国利益,不违背其长期秉持的秩序与稳定原则,又因对共同货币区的责任分担受到国内舆论的牵制。因此,欧元区的宏观经济失衡治理决策始终踌躇不决,成员国只能在讨价还价中不断磨合并寻求解决分歧的方案。

欧盟围绕治理改革的权力与利益的牵扯博弈仍在进行,多重因素制约了欧元区宏观经济失衡的治理成效。欧元区自债务危机以来的失衡调整改革,重在对成员国经济过度失衡的预警监督,缺乏有效的成本与利益分配机制,也难以保证区内成员国经济的均衡发展。以宏观经济失衡程序为主要工具的经济治理改革,目前来看存在着诸多缺陷,失衡治理机制的有效性不足。在现有的一体化框架下,如果成员国竞争力没有真正提升,区内经济趋同长期无法实现,欧元区宏观经济失衡还可能再度恶化。

---

① Paterson, W. E., "The reluctant hegemon: Germany moves centre stage in the European Union", *Journal of Common Market Studies*, Vol. 49, 2011, pp. 57–75.

第八章　欧元区危机治理与欧洲经济一体化的未来

> 长期以来,各种荒谬的争论阻碍了欧洲的发展,令我们迷失目标……如果欧洲陷入琐碎争论的泥沼中,任何伟大的欧洲计划都将成为空想。
>
> ——弗朗索瓦·密特朗(François Mitterrand)

> 欧洲的政治如何演变,归根结底要由欧洲人自己决定。
>
> ——亨利·基辛格(Henry Kissing)

欧元区的创立是欧洲经济一体化建设迄今最具意义的阶段性工程,也是当今区域货币合作发展的最高形式,是无政府状态下国家寻求经济政治安全的实践探索。其基本逻辑是,以共同货币加深经济一体化,进而通过经济合作推动政治统一。从理论上说,共同货币区可以为成员国经济创造收益。单一货币消除了货币的转换成本,减少经济交易成本;汇率风险的杜绝,避免了因货币竞争造成的贸易冲突,抑制保护主义倾向,降低出口部门的不确定性;一体化市场的发展,促进了商品和服务的流动,有利于激励贸易、投资和其他经济活动。同时,产品价格透明度的提高,也有助于促进竞争,提高经济效率。政治梦想、理论支持、制度约束以及创建初期的平稳运行,共同构筑了缔造者对单一货币体系的信心。但是,经济一体化的实际收益建立在共同货币区稳健运行的基础之上。欧元区的制度设计天然存在结构性缺陷,政治先行的经济联盟中统一货币与独立财政并存,一体化自身的体系基础并不稳固。欧元区缺乏应对不对称冲击的机制措施,也没有危机治理的分配方案。近年频发的各种内外部危机,愈加突显出欧洲经济一体化治理模式的脆弱性。欧元区成员国政治经济文化多元,统一政策工具难以满足成员国经济的异质需求,各国在获得一体化提供的增长机遇的同时,也不得不面对部分主权丧失后的成本代价与政治挑战,造成内部风险的累积。在一体化市场下,欧盟成员国相互依赖、互相影响,形成不同的增长偏好,区内经济失衡渐趋扩大。

在宏观经济失衡调整进程中,成员国围绕责任与成本分配激烈交锋,政策协调困难。

欧洲经济一体化也是欧盟成员国利益协调、聚合的过程。在成员国不断的磋商协调下,欧盟从制度层面建立了宏观经济失衡的监督、预警和纠正机制。从机制改革到每一项具体的政策方案都经过了艰苦的谈判和努力,成果来之不易。在这场旷日持久的谈判进程中,欧元区成员国通过协议以不同的方式分配了危机的治理成本。经过痛苦的经济治理改革,欧元区在财政整顿方面取得一定进展,成员国结构性改革略见成效。历经欧债危机后长达近十年的痛苦调整,受益于全球经济的周期性回暖,欧盟经济逐步走出颓势,始现回暖迹象,成员国宏观经济失衡状况亦有所改善。但是,赤字国国际收支的改善主要来自内部需求的减少,失衡产生的深层次问题并未根本消除,危机阴影仍然盘旋在欧洲大陆上空。

欧元区的经常账户失衡有着深刻的结构性根源。货币政策工具的丧失以及财政联盟的缺失,大幅缩小了赤字国经济调整的政策选项。在缺乏财政转移的货币联盟中,赤字国唯有通过内部调整恢复竞争力。这在政治上存在极大困难,并需要经历长时间的痛苦。欧元区外围国虽然艰难走出债务泥潭,但多年以来为争取纾困支持被迫实施的严格财政约束和结构性改革,对经济产生紧缩效应,既限制了国内经济增长的空间,也使市场信心处于不确定性状态,经济向上动力不足。更重要的是,核心国与外围国在一体化发展方向与具体政策上的分歧,使民众对欧洲经济一体化的信任与支持不断减弱。债务危机和经济失衡已经在一体化内部成员国间产生了裂痕,日益严重的社会失业和难民问题进一步加深了隔阂。随着共同货币区成员国数量的增多,国家间经济社会的多样性会愈加放大,政策协调达成集体共识的难度也更高,一体化达成可信承诺的能力就更受限制。目前,欧盟成员国经济分化依然显著,"多速欧洲"在某种程度上已成现实。[①] 近年来,全球贸易摩擦加剧、新冠肺炎疫情扩散蔓延、俄乌冲突持续升级,外部多重冲击再次打断欧洲经济复苏进程。欧盟成员国经济合作屡陷困境,一体化治理举步维艰。

2019年底突如其来的全球新冠肺炎疫情危机,对各国社会经济都产生了巨大冲击。总体来看,此次危机对世界经济的打击更甚于2008年全球金融危机。全球金融危机始于美国次贷泡沫破裂,并从金融市场蔓延到实体经济。新冠肺炎疫情冲击则是直接导致了全球生产停滞与商贸往来的中断。

---

① 2017年,欧盟委员会发表《欧盟未来:27国一体化的路径白皮书》,"多速欧洲"成为欧盟未来发展的政策选项之一。

欧洲被迫采取严格的防疫措施，多国颁布封锁禁令，实施社交隔离，旅游、航空等行业几乎陷入停滞。新冠肺炎疫情给欧盟各国供给需求造成双重冲击，对处于疲弱复苏进程的欧洲经济而言，无疑是一记重创。新冠肺炎疫情蔓延前，欧洲经济就已出现不稳定信号。受全球政治冲突加剧、国际贸易争端升级等内外因素综合影响，欧元区多国再次出现经济增长率下滑，打乱经济复苏进程。2020年，欧元区实际GDP较上年下滑6.8%。欧洲中央银行将欧元区2021年经济增长预期下调至3.9%。被视为德国经济发展的风向标的ifo商业景气指数，在2020年4月一度下挫至74.3点，创历史纪录以来的最大降幅。[①] 意大利、西班牙、法国受疫情冲击最为严重，社会经济活动受限，主要生产服务都陷入瘫痪或半停顿状态，令原本就相当脆弱的经济基本面雪上加霜。意大利是欧元区疫情的风暴中心，确诊病例及死亡率均处于高位。欧债危机后，意大利经济经历了较长时间的停滞，传统制造业技术优势不显著，成本竞争力有限，经济复苏乏力。新冠肺炎疫情冲击再次将尚在虚弱复苏中的意大利经济拖入困境，2020年意大利国内生产总值下跌8.9%。西班牙也一直未能有效遏制新冠肺炎病毒的传播，旅游、汽车、服装等支柱产业出口受严重冲击，2020年国内生产总值大幅下跌10.9%。同样高度依赖旅游航运出口的希腊经济也备受打击，各项宏观经济指标均大幅恶化，加之原本就沉重的债务负担，财政压力进一步加大。此外，新冠肺炎疫情暴发后，欧元区多国的国债收益率再度飙升，金融市场再次蒙受巨大压力。

从新冠肺炎疫情应对情况来看，欧元区成员国由于财政能力的差异，在危机救助力度上也存在明显差距。德国、荷兰等核心国以减税、信贷担保等方式对本国经济提供了较大力度的支持，意大利等国受制于财政约束对经济援助的规模有限。欧元区内危机应对不对称，受新冠肺炎疫情影响相对较小的成员国，财政支持和经济刺激力度最强；受灾最严重的国家却因债务负担与财政限制无力应对，应对措施反而最弱。新冠肺炎疫情初期，欧盟层面的危机响应行动不力，成员国抗疫措施缺乏协调，甚至出现防疫物资相互截留的现象。在新冠肺炎疫情应对措施上，成员国也存在不同观点的交锋。法国、意大利、西班牙等国提议发行"新冠债券"，希望成员国共同举债以降低融资成本，提高债务的可持续性。但该提议遭到德国等主要核心成员国的反对。德国不同意债务共同化，认为欧盟应该优先采用欧洲稳定机制提供经济援助。荷兰、奥地利等国也强烈反对无偿的援助支持，主张以贷款而非赠款

[①] ifo德国商业景气指数是衡量德国经济发展最重要的先行指标，由德国慕尼黑的ifo经济研究所编制，参见https://www.ifo.de/en。

形式救助新冠肺炎疫情重灾国,要求贷款应附加对改革和财政约束的必要承诺。经济复苏方案难以达成一致,进一步加大了成员国间分歧,社会分化和激进化趋向加剧。意大利前总理朱塞佩·孔特(Giuseppe Conte)公开表示,"这已经不是意见不同的问题,而是产生了直接而严重的对峙"。欧盟经济委员保罗·真蒂洛尼(Paolo Gentiloni)也对成员国无法达成救援共识的风险提出警告,"如果欧洲国家之间的经济差异因这场危机增大,那么欧盟在未来将更加难以保持一致"。① 抗疫共同行动不到位,侵蚀了民众对一体化的信任,离心力进一步增强,经济民族主义情绪再度抬头。"欧洲晴雨表"2020年10月的调查数据显示,只有40%的民众对欧洲一体化持积极态度,48%的民众表示不信任欧盟。其中,意大利民众对欧盟的信任度最低,仅为28%,比2019年同期下降10个百分点,仅有48%的意大利人表示对欧洲一体化有归属感,折射出意大利民众对新冠肺炎疫情期间欧盟危机管理的强烈不满。②

随着新冠肺炎疫情在欧洲的快速蔓延,各国政府日益认识到共同抗疫的必要性,加强了一体化层面的合作协调力度。2020年4月2日,欧盟委员会主席乌尔苏拉·冯德莱恩(Ursula von der Leyen)发表公开信,就没有及时对成员国施以援手表示歉意,称"对不起,现在欧盟与你并肩"。③ 面对新冠肺炎疫情给各国经济造成的共同威胁,法德两国继续发挥了维护欧洲一体化稳定与平衡的核心作用。德国做出让步,与法国达成一致,同意以欧盟名义共同举债重振区域经济。2020年7月,欧盟成员国就一揽子复苏计划达成政治协议,推出史上规模最大的经济刺激方案。该计划包括1.074万亿欧元的欧盟长期预算(从2021年至2027年)以及7 500亿欧元的专项复苏基金(Next Generation EU),总规模逾1.8万亿欧元。复苏基金由成员国共同出资创建,为受灾国提供直接拨款和低息贷款。此外,除继续通过长期再融资操作(LTRO)和资产购买计划(Asset Purchase Programme,APP)为市场提供流动性外,欧洲中央银行还于2020年3月启动"紧急抗疫购债计划"(Pandemic emergency purchase programme,PEPP),目标对象为疫情重灾成员国的政府及企业债券。紧急抗疫购债计划经2020年6月和12月两次增资,总额1.85万亿欧元,资产购买至少持续至2022年3月底。在购买的资产

---

① 第一财经:《欧元区制造业PMI创8年新低,欧盟蒙"解体"阴影》,https://www.yicai.com/news/100576999.html,2020年4月2日。
② 标准欧洲晴雨表每年发布两次,自1974年成立以来,欧洲晴雨表一直是欧盟委员会等衡量欧洲民众信心的重要指标,参见 https://europa.eu/eurobarometer/screen/home。
③ 中国新闻网:《欧盟发公开信向意大利致歉:对不起,欧盟现在与你并肩》,http://www.chinanews.com/gj/2020/04-03/9146228.shtml,2020年4月3日。

范围和期限上,紧急抗疫购债计划比资产购买计划更加灵活,债券发行人不受限制,希腊主权债券也被纳入其中,并放宽了对一国主权债券持有比例的限制。同时,欧洲中央银行也将希腊主权债券纳入暂时性抵押品宽松政策的范围之内。2020年11月,欧元区成员国就推进欧洲稳定机制改革达成共识,同意加强欧洲稳定机制在设计、协调和监督金融援助方案的作用,并为单一清算基金(Single Resolution Fund,SRF)提供支持,向实现银行业联盟迈出重要一步。

在欧洲一体化面临公共卫生危机之时,欧盟成员国在利益权衡下再次选择加强协调,合作抗击新冠肺炎疫情冲击。成员国共同承担债务责任,是欧盟在一体化进程上迈出的实质性步伐。但目前全球疫情形势尚不稳定,欧洲经济复苏前景存在不确定性,俄乌冲突升级导致的能源危机更是沉重打击了欧盟经济竞争力的基础。同时,造成一体化内部分化的深层次因素犹存,在不同步的经济复苏进程中,欧元区成员国间分歧可能会进一步加大。主权债务危机之后,欧元区外围国在紧缩财政和结构性改革压力下,进口需求大幅减少。相应的,核心国对区内的商品出口下降,经常账户盈余扩大主要来自对外部市场的贸易增加。新冠肺炎疫情后全球经济增长前景不明,如果国际经贸往来无法完全恢复正常,市场总体需求低迷,欧元区成员国可能无法像欧债危机后一样,通过区外市场的出口增长来实现区内的失衡调整。共同货币成员国的宏观经济失衡以及一体化调整机制的缺失会被进一步放大,欧洲一体化的发展深化面临严峻的现实考验。

欧洲经济一体化是一项梦想工程,由异质性经济体组成的货币联盟一直面临着集体行动的困境。近年,欧盟频繁遭遇危机冲击,外部政治经济局势不稳,内部黑天鹅不期而至。危机促使成员国重新审视一体化进程的成本收益,阻力与矛盾、混乱与停顿,出现在危机之中,也激发着变革的渴望和动力。要应对挑战、将危机转化为推进一体化深入发展的动力,需要欧盟上下的决心与智慧。成员国的多样化一直是欧洲经济一体化进程面临的重要挑战,经济分化是制约欧洲一体化深入发展的关键问题。人口老龄化、经济转型不力等社会深层次问题也限制了欧洲经济的可持续发展能力。目前欧盟在危机中的各种紧急纾困措施只能解决短期的流动性问题,欧洲经济一体化要持续获得生命力,需要成员国更进一步的协调合作,建设坚实的制度环境,推动经济的实际趋同。欧盟东扩后,一体化成员国经济社会模式的差异更加显著,如何在有限趋同情况下稳定共同货币区,更是一体化治理改革需要应对的切实挑战。制度建设是加强欧元区成员国对经济一体化可信承诺的重要保障。欧洲经济一体化的深化需要在有效治理机制下,通过超国家层面的行动,推动成员国经济朝同一个方向前进,增强区域经济的实际竞争力。然而,如果没有各国民众的支持,一体化改革说易行难。自欧债危机以来,欧洲民众的信心屡遭打击,对一体化的认同感愈加摇摆不定。客观上,只有成员国共同从一体化中获得增长与福利,才能真正建立恢复民众对一体化的信心。毕竟,经济增长才是回应质疑最有力的武器。而归根结底,欧盟深层次结构性改革的能力,依赖于成员国主权上的进一步让渡。正如欧洲理事会前主席范龙佩所言,欧元区的基础"过于薄弱……需要更大范围的政治整合。但是在现实中,我们所做的恰好相反"。[1] 从宏观经济失衡的调整进程和疫情应对来看,虽然欧盟在失衡调整的制度建设和共同抗疫方面达成一定成果,但还局限于对现有机制缺陷的局部修补。欧洲经济一体化虽然维持运转,但并没有实质性地加强成员国在政治领域的整合,超国家机构的作用有限。现实中,欧洲一体化不仅面临着欧元区内部核心国与外围国的分裂,还面临着欧元区与非欧元区国家间的分裂,"一个欧洲、两种速度"的分裂。英国脱欧,更是对欧洲一体化进程的巨大冲击。从欧洲经济一体化的历史进程来看,丹麦、瑞典等国在货币联盟筹建之初就选择了暂时不加入欧元区。这些选择留在欧元区外的国家,并不是与内部市场相互依存度低或不符合货币联盟准入规则的国家,而是具有强烈民族认同感和对欧洲一体化持怀疑态度的国家。目前,欧洲一体化呈现"碎片化"趋势,"双速欧洲""多速欧洲""差异一体化"等概念在不同场合被欧盟官方和成员国多次提及。表面上看,欧元区危机围绕着债务、财政赤字、经常账户失衡、难民和公共卫生等问题,但实质深层的问题仍在于:欧洲的团结合作"可以、应该以及必须达到或上升到什么样的程度"[2]。

---

[1] 转引自[美]约翰·冯·奥弗特韦尔德:《欧元的终结?! 欧盟不确定的未来》,贾拥民译,北京:华夏出版社,2017年版,第10页。
[2] Bauer, M. W., Becker, S., "The Unexpected Winner of the Crisis: The European Commission's Strengthened Role in Economic Governance", *Journal of European Integration*, Vol. 36, No. 3, 2014, pp. 213-229.

后　记

　　本书是我在博士学位论文基础上多次增补、修订而成的。全球经济失衡一直是理论研究的热点问题，但区域货币合作中的失衡问题在欧债危机之前很少受到关注。作为欧洲经济一体化进程最重要的合作成果，欧元区从诞生之初就备受争议。不过，在欧元区顺利运行的前十年，我们更多关注的是这种超主权货币的创新实践及其对国际货币体系带来的深刻影响。欧债危机发生后，人们重新审视共同货币区在制度设计上的缺陷，探讨欧洲区域经济治理的经验教训，合作体系内部的经济失衡问题也开始受到重视。在观察欧元区危机治理进展的过程中，我也开始思考共同货币区宏观经济失衡与全球经济失衡在生成机制和协调方式上的差异性。在我的导师杨力教授的支持下，我以此为题完成了我的博士论文。有幸得到国家社科基金后期资助项目的出版资助，使我有信心坚持自己的研究，持续追踪、关注欧元区的危机治理和宏观经济失衡的调整进程。几经增补、修订，终于完成此书，也算是对自己在欧洲经济一体研究上的阶段性总结。

　　本书的出版建立在诸多良师益友对我多年的帮助与支持之上。

　　首先，衷心感谢我的博士生导师杨力教授长期以来对我的鼓励与悉心指导。杨老师带领我从研究欧洲经济一体化宏大课题转向专注于对成员国宏观经济失衡的研究。杨老师严谨的治学态度，使我在研究上战战兢兢，不敢有半点马虎。这些年，每次见面交流，杨老师总是真诚地鼓励我。不论是在学业、工作还是生活上，杨老师都给予我无私的帮助。

　　在我攻读博士学位期间，上海外国语大学国际关系与外交事务研究院的胡礼忠教授、汪波教授、汪宁教授、刘中民教授、赵伟明教授、武心波教授、孙德刚教授、刘宏松教授等老师的指导与帮助为我打开了一片新的研究视野。胡礼忠老师对我在学术研究上的鼓励一直铭记在心，"不写文章半句空"的教诲始终萦绕在耳畔；汪宁老师在问题研究上的系统严谨、汪波老师关于研究逻辑性的分析、刘中民老师在研究方法上的细致讲解都让我受益匪浅；刘宏松老师一次次拨冗与我耐心探讨，热情解答我的疑问，鼓励支持我的研究设计,并为我提供了许多非常有价值的研究资料。

我在美国丹佛大学完成了博士论文的初稿。感谢约瑟夫·科贝尔国际关系学院教授、美中合作中心主任赵穗生老师为我提供了珍贵的学习机会。赵老师和师母在学术上给予我指导与鼓励,在生活上对我悉心照顾,为我提供了良好的研究环境与充分的研究支持。

自到上海外国语大学国际金融贸易学院工作开始,我就得到各位领导、同事的关心和帮助,在此一并感谢。金贸学院的章玉贵教授和宋世方教授也是我博士论文开题答辩的指导老师,为我的论文写作提出了许多宝贵的建议。章玉贵老师帮助我进一步厘清论文的写作框架与研究思路;宋世方老师在研究方法上给了我诸多启发。

感谢复旦大学的石源华教授、唐朱昌教授和潘锐教授在我的博士学位论文答辩过程提出的中肯意见,激励我持续深入对欧洲经济一体化的研究,并为我进一步的研究工作提供了诸多富有价值的思路。

感谢上海外国语大学国际工商管理学院的傅军和老师,傅老师不厌其烦地和我一起进行数据处理与实证检验,对我的研究起到了极大的帮助。

感谢上海社会科学院出版社应韶荃老师对本书专业、严谨的编辑。应老师细致耐心的工作,才使本书得以面世。

特别感谢我的硕士导师林洵子教授。自我到上海求学起,林老师就一直真诚地帮助、鼓励与照顾着我。在我的心中,这份情谊早已超越普通的师生关系。

感谢我的家人。我的父母总是无私地为我伸出援助之手,使我得以安心学习。我的先生多年来相知相携,在精神上给我莫大的支持。谢谢我亲爱的孩子,感谢你和我一起成长。

任 嘉

2023 年 3 月